教育部人文社会科学重点研究基地重大项目"大学教师职业伦理和行为规范的国际比较研究"（课题编号：15JJD880004）

大学教师发展的理论与实践

——以美国、日本为例

林 杰 等◎著

人民出版社

总　序

　　在党的十八届五中全会上，习近平同志系统论述了创新、协调、绿色、开放、共享"五大发展理念"，强调实现创新发展、协调发展、绿色发展、开放发展、共享发展。牢固树立并切实贯彻这"五大发展理念"，是"十三五"乃至更长时期我国社会主义事业的发展思路、发展方式和发展着力点，是全面建成小康社会的行动指南、实现"两个一百年"奋斗目标的思想指引，也为我国的教育未来发展指出了方向。为了贯彻落实党的十八届五中全会关于"开放发展"的精神，2016年4月，中共中央办公厅、国务院办公厅印发了《关于做好新时期教育对外开放工作的若干意见》（以下简称《意见》），要求坚持扩大开放，做强中国教育，推进人文交流，不断提升我国教育质量、国家软实力和国际影响力，为实现"两个一百年"奋斗目标和中华民族伟大复兴的中国梦提供有力支撑。《意见》对做好新时期教育对外开放工作进行了重点部署，要求加快留学事业发展，提高留学教育质量；鼓励高等学校和职业院校配合企业走出去，稳妥推进境外办学；拓展有关国际组织的教育合作空间，积极参与全球教育治理；发挥教育援助在"南南合作"中的重要作用，加大对发展中国家尤其是最不发达国家的支持力度；实施"一带一路"教育行动，促进沿线国家教育合作等。

　　为了配合国家发展的整体战略，教育部人文社会科学重点研究基地北京师范大学国际与比较教育研究院选择"扩大教育开放与国家发展"作为"十三五"乃至更长时期的主攻方向，强调新形势下通过教育的开放发展来服务于国家发展的研究目标，围绕国际教育援助、全球教育治理、海外办学、来华留学和"一带一路"教育行动等领域，分析我国推行教育开放的现状及其效果，梳理并分析当前世界各国扩大本国教育开放、参与国际教育市场竞争与合作的政策措施，总结国际社会扩大教育开放的经验教训，探索为推进我国国家与社会发展而应采取的扩大教育开放战略的政策、措施与机制。该研究方向一方面探索教育开放在服务于国家发展的背景下所能采取的因应措施，通过梳理世界各国通过教育开放推动本国社会发展的经验，提出我国扩大教育对外开放的政策建议，更好地服务于国家发展的现实战略；另一方面能够在理念上加深人们对于教育开放与国家发展的关系的认识，总结教育开放在服务国家与推动社会发展中的规律与模式，同时推动国际教育和发展教育研究，拓展比较教育学科的研究领域。

"教育与国家发展"是基地长期的主要研究方向，而"扩大教育开放与国家发展"是基地基于比较教育学科特色和世界教育的改革与发展趋势，根据我国教育乃至社会经济发展战略的需要而在"十三五"甚至更长时期设立的主攻方向。为了开展研究，我们立足新时期教育对外开放工作中具有全局意义、战略意义的核心问题、热点和难点问题，设立了"一带一路"沿线不同类型国家教育制度与政策研究、国际教育援助发展态势与中国的战略选择研究、中国参与全球教育治理战略研究、中国高校海外办学战略研究、扩大来华留学政策研究五个项目，试图从不同方面对目前我国教育开放与国家发展的现状、存在问题和原因，教育开放与国家发展理论，世界各国（或国际性组织）推进教育开放、促进国家发展的经验，对新形势下我国扩大教育开放、促进国家发展的政策与措施等问题，进行系统深入的研究，从整体上把握扩大教育开放与国家发展的关系。

经过五年的研究，基地项目取得了丰硕的成果。现在呈现给大家的这套丛书，就是基地"十三五"课题规划成果之一。顾明远先生主持的"'一带一路'不同类型国家教育制度与政策研究"的系列成果，以"'一带一路'不同类型国家教育制度与政策研究"丛书的形式单独出版，基地其他相关课题研究成果则以"扩大教育开放与国家发展丛书"的形式出版。2020 年 6 月，《教育部等八部门关于加快和扩大新时代教育对外开放的意见》正式印发，要求坚持教育对外开放不动摇，主动加强同世界各国的互鉴、互容、互通，形成更全方位、更宽领域、更多层次、更加主动的教育对外开放局面；并以"内外统筹、提质增效、主动引领、有序开放"为工作方针对新时代教育对外开放进行了重点部署。我们深知，加快和扩大新时代教育对外开放是新时代教育改革开放的时代命题，也是需要不断深化的研究课题。我们研究团队将不忘初心，牢记使命，再接再厉，砥砺前行，不断探索教育对外开放中的新问题、新思路、新方法。现在我们把团队研究的阶段性成果奉献给大家，敬请大家批评指正。在丛书出版过程中，人民出版社王萍女士付出了大量的心血，再次谨致以衷心的感谢。

北京师范大学国际与比较教育研究院

王英杰

2020 年 9 月

目　录

第一章　大学教师发展的概念与理论

第一节　大学教师发展：内涵与策略

一、大学教师发展的内涵

长久以来，无论是西方发达国家还是我国，教师专业发展的概念一般多限于基础教育阶段的教师，对大学教师缺乏相关研究。西方发达国家的专业发展学校主要是大学教师与中小学教师组成协作小组，目的在于促进基础教育教师职前培养和在职教师专业发展的一体化。专业发展学校不过为大学教师提供了新的研究资源，而大学教师队伍的专业发展问题没有得到应有的重视。究其原因，这主要是由于传统观念认为中小学教师专业程度较低，有待于专业方面的提高，而高等教育专业分化为必然趋势，所以无须再刻意强调其专业发展。然而，大学教师作为一门特殊职业，需要高深的专业知识作为前提条件，教师专业发展不仅需要一定的知识积累，而且需要有效的知识增长和更新机制。大学教师发展是终身的、持续的过程，大学教师发展是个终身性、全局性的概念。

在当今社会情境中，教师职业出现了专业化的特征，这是由教师职业所履行的特殊职能决定的。所谓"专业"应具备如下要素：（1）一项独特且重要的社会服务行业；（2）进行服务时能应用一定的知识能力；（3）受过长期的专门训练；（4）具有相当大的自主权；（5）强调行业服务的非经济效益；（6）具备专业组织及专业伦理规范；（7）不断在职进修与训练。也有学者认为专业化具备七种基本条件：专业知识和能力、专业训练、专业组织、专业伦理、专业自主、专业服务及专业成长。[①] 教师专业发展不仅指教师专业规范化和教师专业自主权，更重要的是关注教师个体的专业自主发展以及教师得以安身立命的保障。教师职业已经远远超出普通职业性的特点，像律师、医生一样具有"专业"的特点。

1991 年全美教育联合会（The National Education Association of the United States，简称 NEA）对"大学教师发展"作出全面界定：大学教师发展基本围绕着五个目的，即个人发展、专业发展、教学发展、课程发展和组织发展。专业发展包括促进个人成长，获得或提高与专业工作相关的知识、技能与意识。教学发展和课程发展包括学习材料的准备、教学模式与课程计划的更新。组织发展集中于创造有效的组织氛围，促使教师采用新的教学实践。个人发展包括采取整体计划，提高教师人际交往能力，维护健康，进行职业规划。[②] 这一定义是建立在美国大学教师发展 20 余年的实践基础之上，因此颇具权威性。

大学教师不仅符合教师发展多种专业属性要求，更强调专业规范、专业自主和专业评价。台湾教育学者陈碧祥认为，大学教师专业发展是大学教师从事教学、研究及服务工作时，经由独立、合作、正式及非正式等进修、研究活动，以引导自我反省与理解，增进教学、研究及服务等专业知识与精神，主要目的在于促进个人自我实现、提升学校学术文化、达成学校教育目标，从而提升整体教育质量。大学教师专业内涵包括教学、研究和社会服务的专业知识与精神。教学专业能力与知识包括：教育理念与精神、课程能力、教学能力、学科知识、教学知识（包括学生特性、学习特性、教育环境脉络知识等）、评价知识、学习如何教学的知识。研究专业能力与知识包括：学术研究理念与精神、学术研究能力、学科专业知识、发表、欣赏及批判能力。社会服务专业能力与知识包括：服务理念与

---

① 陈奎喜：《现代教育社会学》，台湾师范大学书苑 1998 年版，第 252 页。

② National Education Association：*Faculty Development in Higher Education*：*Enhancing a National Resource*，Washington，DC，1992，pp.11-12.

精神、社会文化特性与知识、社会批判理念与精神。台湾地区高校的教师专业发展在起始阶段得力于当地政府的推动与资助，遵循了西方发达国家的教师专业发展模式，取得了丰富的经验。①

除了大学教师职业角色本身的要求之外，当代学习型社会也向大学教师提出了较高的标准，大学教师同时应该具备知识型教师、反思型的教学者、有效能的沟通者、有责任的教育者、自发的学习者、合作型的工作者等特征。因此，大学教师素质应包括教师专业知识、教学基本技能、反思教学实践以及管理能力等几方面。从教师角色及教师专业属性分析，大学教师专业内涵应包括上述内容，但就现状而言，当前大学教师专业一般局限在专业学术领域的知识与研究能力，对于其他领域，诸如教学技能及社会服务等，重视不够。当前高校教师职务晋升制度，也过多关注教师的研究素质，而缺乏一个优秀学者与优秀教师之间差异的考虑。在这种制度激励下，大学教师专业发展，过多集中于研究能力的提升与研究成果的增加，却极少考虑教学效能及社会服务能力的发展问题。殊不知教师专业发展也是影响教学效能及专业素质的关键因素。因此，要使教师专业能得到均衡发展，有必要纠正教师过度重研究，轻教学和服务的弊端。

二、大学教师发展的需要

教师发展是大学今后努力的方向之一。大学教师发展是通过各种方式，协助教师在专业和个性方面成长，以使其能胜任教学、辅导、研究、行政、社会服务等各项工作。教师发展的重心从学术研究、课堂教学转移到终生的职业生涯。而现实状况是，高校很少正视教师在各个生涯阶段可能会遇到的发展困境、身心问题或是家庭问题，这些问题大都被认为与学校无关，教师应予以自行解决。② 其实，当代大学教师与前辈相比，在职

---

① Flack，Bruce C：*Faculty Development Practices in Taiwan Higher Education*，ERIC Digest ED291275，1987.

② 黄雅蓉：《大学教师的挑战与发展》，《教育研究月刊》2002 年第 12 期。

业生涯发展经验方面有相当大的差异，必须要应对更多的挑战。这些问题对教师专业发展的影响巨大。高校应提供诸如心理咨询、生涯指导与体能训练等更多的服务。现有的高校教师聘任、晋升制度虽然在一定程度上能激励大学教师工作、研究的积极性，但高校为教师所做的并不多，没有关照全体教师各个生涯阶段的成长需求。

中国高校未将教师发展作为学校管理的一项重要任务来看待，没有意识到教师发展是个全局性、终身性的概念。在高等教育大众化时代，教师的专业发展状况直接影响到教育的质量与信誉。从以人为本的角度出发，学校也理应对作为社会个体的教师予以足够的关怀和重视：教师才是学校的真正主体。因此，不能将教师发展等同于岗前或在职培训。而国内高校的在职培训又往往流于形式，并不能帮助教师切实解决专业发展中所遇到的问题。要明白，教师专业发展包括教学、研究、社会服务等方面。中国可以借鉴西方发达国家成功的经验，但切忌望文生义，生搬硬套。比如学术休假制度。中国尚未建立起类似西方国家的学术休假制度，个别高校试行建立起专家的学术休假制度，其实质不过是以休假之名，组织知名学者教授外出旅游，并进行校际互访，"学术"含量少，受益者覆盖面小，与西方国家大学所普遍施行的学术休假制度不可相提并论。

中国高等教育近年来经历了一系列重大的变革，这些变革对教师成长或转型施加了不小的压力，使得高校教师远离安逸与稳定。每位教师都在思索自己的专长和实力是否能胜任教学科研的要求，明确自身"研究型"或"教学型"的定位。尤其是高校扩招之后的教师队伍规模也在不断扩张，青年教师所占比重愈来愈大，并承担了繁重的教学和科研任务。高校的青年教师是学校的未来，是创新的生力军，但又是一个弱势群体，处于事业的起步阶段，业务积累还不够深厚，他们中的一些人急于出成果而忽视了其质量和水平。由于更多地担负着时代的要求，也就很自然地成为受"约束"的对象。要面对来自教学、科研、社会工作等多方面的要求，在学历提高、职称晋升、聘任、考核等方面压力很大。青年教师的发展问题将成为中国大学教师发展中的重中之重。

三、大学教师发展的策略

大学教师发展运动最早可追溯至 20 世纪 60 年代的美国。当时，美国大学教师退休率的下降，职业流动性的减弱，招生规模的减少，传统教学方法的改变，都对教师提出新要求。私人基金会与联邦政府开始投资于有计划的教师发展项目，侧重于教学与指导。进入 20 世纪 80 年代初期，对高等教育的财政资助减少，生源不稳，而教师的赢利能力下降，在此情况下许多高校开始聘用大量兼职教师，他们不作为学校正式一员并参与学校管理，以节约办学成本。从 80—90 年代，一些四年制学院和社区学院的兼职教师比例不断攀升，个别学校甚至以兼职教师队伍为主。① 这需要对教师发展的蓝图重新进行规划。例如新泽西州的高等教育管理当局通过多方努力在全州推行教师发展计划，包括在所属州立高校建立大学教学与学习研究所。该州布鲁克代尔社区学院（Brookdale Community College）的教师培训计划分为：（1）成立教师发展委员会；（2）建立教育研究中心；（3）进行周期性轮训；（4）通过非正式渠道，如工作坊或习明纳（Seminar）。总之，这些项目是出自于教师的内在需要，而不是由于教育管理当局或别的什么机构的强制性要求。②

我国高校针对教师发展的举措，主要是在聘用新教师时进行简短的教师培训或进行短期的脱产进修。早在 1996 年教育部即颁布《高等学校教师培训工作规程》，提出将高校教师培训工作制度化。③1999 年，为应对高校扩招对于师资的压力问题，教育部印发《关于新时期加强高等学校

① Vesna Ostertag："Part Time Faculty Staff Development Model for the Nineties"，*Enhancing the Quality of Teaching in Postsecondary Institutions*：*Challenges for the 90's*，Charleston，SC，February，1991.

② Marshall A. Forman：*The Faculty That Stays Together Grays Together*：*The Faculty Development Movement*，Princeton University，NJ. Mid-Career Fellowship Program，1989.

③ 国家教育委员会：《高等学校教师培训工作规程》，教人 [1996] 92 号。

教师队伍建设的意见》，强调通过强化教师培训，提高教师队伍素质。高校教师培训工作要实现工作重点和运行机制的两个转变：从基础性培训和学历补偿教育逐步转变为着眼于更新知识，全面提高教师素质的继续教育；从主要依靠政府行为逐步转变为政府行为、学校行为和教师个人行为相结合。① 无疑，这些决策方向符合高校教师专业发展的潜在需求，但是在实际的教师培训工作中却存在着欠缺，如培训过程体现和发挥教师的主体性不够；培训不注重教师和培训者双方的专业发展及工作生活质量；培训双方的社会交往和互助活动缺乏；没有把培训课堂当作增强课堂教学技能及改进工作的演练场；整个培训过程缺少研究性特征。

　　因此，在宏观上，中国应该着手研究制度和政策层面如何为大学教师发展提供有利的外部环境；在微观上，应该研究在学校层面如何建立起完善的教师发展机制。西方国家在高等教育迈入大众化时代之后，针对教师队伍建设的严峻形势，开始考虑教师个体发展问题，并成立了国家级及校级教师发展训练机构。中国可以考虑借鉴它们的经验，先在学校建立起类似的教师发展中心，针对教学型知识和技能，建立工作坊。一方面对教师进行教学法的集中强化以及专业知识培训，帮助新教师在学校中安身立命；另一方面在条件成熟的时候，筹建全国性的培训组织网络。在教师培训方面，中国高校也已经摸索了一些经验。问题是如何完善，以适应大学教师发展的新需求。比如岗前培训，不是简单地请相关专家做几场报告，实际操作技能的学习才是更重要的内容。

　　在大学教师发展工作中，应明确责任人的问题。即大学教师发展到底是个人的责任，还是高校或政府的责任。这一点有赖于对高校组织特征的体认。即高校教师与高校的关系不同于其他社会组织关系。在全国性的高级人才市场建立起来之后，高校教师的自由流动并不能成为高校推脱教师发展责任的理由。不能将教师看作大学的雇员，教师从事的是特殊的知识生产，而市场化力量正改变着传统师生关系。学生作为高等教育消费

---

① 教育部：《关于新时期加强高等学校教师队伍建设的意见的通知》，教人［1999］10 号。

者，有权利向教师提出更高的要求。高校必须为此建立常规性的教师进修发展制度，在资源分配中考虑这一块经费的划拨。

要树立大学教师发展的全员性的观念，即大学教师发展不仅是知名学者专家享有的特权，而是所有大学教师的普遍权利。如在财力许可的条件下，可尝试建立类似西方国家的学术休假制度，降低标准，争取成为各高校普遍推广的制度措施。要重新考量现在实行的各项人才工程的科学性与合理性，即以工程运动的方式推动学术研究与高校人才队伍建设是否符合科学发展的规律与人才成长的规律。针对现今高校队伍建设中年轻教师被边缘化的问题，需要加以重视、解决。不能再依靠自发苦熬的方式培养新兴学术力量，而要变被动为主动，为年轻教师的发展提供便利。

最后，大学教师发展也要制定一个相应的评估体系，对各种发展举措的实施效果进行评价，总结经验教训。评估的内容可能包括指标体系、训练模式、目标行为变化、训练介质，等等。评价手段主要采取自我评价与同行评价相结合的方式，以教学、研究实际技能的提高为基准。建立有效的教学评估体系以选拔最佳教师，发现最佳教学模式，推广至全校。①高校教师的心理健康也是不可忽视的重要内容，如条件允许，可尝试建立教师心理咨询中心，以解决教师在发展过程中遭遇的心理障碍问题。

第二节　大学教师发展：理论模型②

大学教师发展从本质上讲就是通过大学教师学习、培训和实践，实现从新教师到成熟教师的转变，使其在专业领域成为熟练的专业人员，具备充足的知识、技能、态度和修养。大学教师发展不仅在实践上具有可行性和重要性，在理论和概念上也经历了一个逐渐成熟的过程。美国是较早重视大学教师发展的国家，相关的项目设计和组织活动始于 20 世纪 60 年

---

① ［美］亨利·莱文、徐则宇：《中国高等教育扩展中的问题及探讨》，美国哥伦比亚大学教育学院中国教育研究中心，2003 年，第 12 页。

② 本节系与李玲合作完成。

代中后期。20世纪70年代以后，美国大学教师发展运动进展迅速，开始
向制度化的方向迈进，大多数高等教育机构将教师发展作为一项必要的工
作。为能更好地理解大学教师发展的理论和实践，20世纪70年代中期之
后，学者们相继提出各种理论模型。其中，影响较大的主要有三种，这
对后来美国高等教育机构选择合适的教师发展行动模型具有重要的指导
意义。

　　大学教师发展的理论模型是对大学教师发展的基本内涵、组成部分
及相互关系的阐释和描述。它是指导大学教师发展活动的方法论，也是从
大学教师发展的实践中总结经验而提升至抽象层次的概念模型。当一个研
究领域逐渐趋向于成熟之际，自然会出现不同的理论模型。鉴于美国大学
教师发展运动的多样性、复杂性和长期性，大学教师发展的理论模型虽然
不一，但一般都可以从结构、过程和态度三个层次进行分析：结构的变化
导致了过程的变化，过程的变化又引起态度的变化。产生于20世纪70年
代中后期的三种主要的大学教师发展模型表明，任何一个大学教师发展项
目在理论上不外乎这三个层次，具体实践中侧重于哪个层次则取决于时间
的安排、项目的需要和制度的设计等因素。

一、伯格威斯特和菲利普斯的理论模型

　　大学教师发展的第一个模型是由威廉·伯格威斯特（William
H.Bergquist）和斯蒂文·菲利普斯（Steven R.Phillips）于1975年在《有
效大学教师发展项目的组成部分》一文中提出。这个模型是根据个案历史
研究以及作者参加大学教师发展项目的实践经验，并且综合了许多论著的
观点而设计出来的。[①] 伯格威斯特使用层次分析法，试图建立起一个概念
化的综合模型（Comprehensive Model）。这个模型是建立在这样的假设基
础之上：大学教师发展是在态度、过程和结构三个层次上展开的。如果仅

---

① 　William H. Bergquist & Steven R.Phillips, "Components of an Effective Faculty
　　Development Program", *The Journal of Higher Education*, No.2, 1975, p.184.

仅注重一个层次的变化，教师发展的项目便断难获得成功。① 大学教师发展是由教学发展（过程）、组织发展（结构）和个人发展（态度）三块相关的活动组成。

一般的教师发展案例首先是注重教学过程，主要体现在关注教学方法和技术、课程发展和学生教学评价等方面。菲利普斯在一篇商榷性的文章中干脆将"大学教师发展"定义为"提高大学教学效能的过程"。② 教和学是高等教育核心的且又复杂的问题。美国大学教师发展也正是在如何提高大学教学效能的动机中逐渐兴起的。20 世纪 60 年代美国大学生的"反叛"运动令大学管理者和教师不得不关注课程教学的效果。教师发展是与对学生学习行为和需要的研究不可分离的。

大学教学问题对于改善一所学校的教育质量至关重要，但这并不意味着光重视教学发展，教师发展活动就能取得完满的成效。当给教师介绍大学教学方法时，一些教师通常会避而不见或者采取一种消极的抵触态度。这种抵触情绪主要体现在教师对教学的态度上。如果一个教师不重视教学，或者不把自己首先当作一个教师，他就不会把时间花费在学习新的教学技术或探寻新的教学方法上。与此同时，他不敢正视自己在教学方面的缺陷，对教学的价值缺乏足够的认识，没有一套清晰完整的教育哲学，对新的课程改革无动于衷。因此，一个有效的大学教师发展项目必须涉及教师的态度，即和教育教学相关的价值观、哲学和自我认知等方面。

最后，如果大学教师有接受发展机会的意愿，对教学态度积极，愿意反省自己的教育哲学，但却遭遇到来自学校或院系政策、规章和程序方面的限制。换言之，教师发展受到来自于组织结构的制约，同样也不会成功。因此，与态度（个人发展）和过程（教学发展）一样，组织结构既能迅速和彻底地削弱大学教师发展项目的作用，也能使之事半功倍。所以，

---

① William H. Bergquist & Steven R.Phillips, "Components of an Effective Faculty Development Program", *The Journal of Higher Education*, No.2, 1975, pp. 181-182.

② Steven R.Phillips, "What is Faculty Development", *Association of Departments of English 049 Bulletin*, 1976, pp.11-17.

伯格威斯特和菲利普斯的理论模型认定，一个成熟的、完整的教师发展项目必然包含教师个体态度、组织结构和教学过程等几个层次，缺一不可。而在各个组成部分之间，在每个组成部分内部的活动之间存在着不同的作用关系，作用力大小也不同。（见表 1–1）

表 1–1　伯格威斯特和菲利普斯的理论模型

	态度	过程	结构
	个人发展	教学发展	组织发展
重点	教师个人	教师个人，教学进度，课程	学术与行政管理计划，系与部
目标	澄清价值观、态度和教育哲学，改善教师内心和人际关系的机能	提高教学效能	提高组织效能
活动	人生规划工作坊，教师访谈，人际交往技能培训，个人成长工作坊，支持性和治疗性的咨询服务	课堂观察与诊断，微观教学，教学评价，教学方法与技术，课程设计，课程发展	组建团队，冲突管理、进行决策，管理培训

资料来源：William H. Bergquist & Steven R.Phillips，"Components of an Effective Faculty Development Program"，*The Journal of Higher Education*，No.2，1975，p.183。

二、盖夫的理论模型

第二种大学教师发展模型是由杰里·盖夫（Jerry Gaff）在 1975 年出版的大学教师发展奠基之作《大学教师更新》中提出。盖夫别出心裁使用"教师更新"（Faculty Renewal）作为书名，以示"教师发展"是一个内涵更为宽泛的术语和全局性的概念。教师更新的对象包括所有高等教育机构的所有教师，无论其职位、专业和教学经验的差异与否。盖夫定义"大学教师发展"是一个"提高能力，扩展兴趣，胜任工作，从而促进教师专业与个人发展的过程"。[①] 盖夫澄清了大学教师发展的类型：个人发展（态

---

① Jerry G. Gaff：*Toward Faculty Renewal*：*Advances in Faculty*，*Institutional*，*and Organizational Development*，San Francisco：Jossey-Bass，1975，p.14.

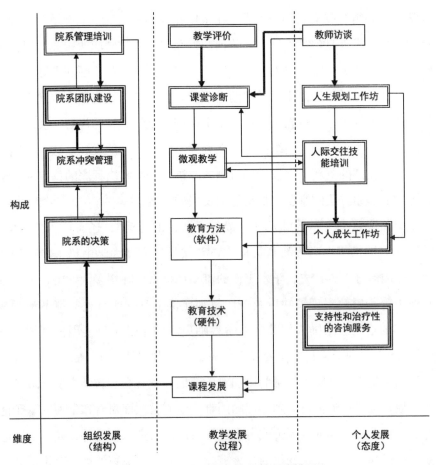

图 1–1　有效大学教师发展的理论模型

资料来源：William H. Bergquist & Steven R.Phillips，"Components of an Effective Faculty Development Program"，*The Journal of Higher Education*，No.2，1975，p.183.

度）、教学发展（过程）和组织发展（结构）。对盖夫而言，"大学教师发展"的概念涵盖了个人和教学发展所有的要素，然而他的"教学发展"更多地密切关注科目和课程设计，其目标是"学生学习的改进"。盖夫与伯格威斯特所提的两个模型之间最重要的差别是，当伯格威斯特的模型认为三个部分统一存在于一个成熟的教师发展模型中，盖夫的模型则认为三个部分任何一个都能独立发展，而不必参考其他两个的进度。

　　盖夫为大学教师更新提出一个全面的方法。教师发展由个人发展、教学改进和组织改革三部分组成，在条件允许的情况下，三者是能同步进行的。个人发展是包括澄清个人价值观、获得大学教师职业相关知识、缓解教师精神压力、增强对人的差异敏感性以及提高自我诊断和人际交往技能的过程。教学改进侧重于学习的过程和条件。该领域包括有改进学习需要和风格的评价，改进教学材料、单个课程和整体课程的规划、实施和评价。最后一个部分——组织改革，强调大学组织环境的发展，这种环境有益于大学教师的更新。高校激励机制的改进、冲突解决程序的稳定和大学教师发展小组方法的制度化都是组织发展的内容。

但盖夫认为大学教师发展要成为"真正的运动"，还有可为的空间。教师发展的措施在高等教育机构中，尤其是研究型大学中仍未能得到普及，原因有很多。首先，学术工作的流动性降低。在很多大学中，入学率有所下降，财政出现短缺以及兼职教师比例上升，所有这些都不利于教师工作的稳定。激励人们关注大学教师更新的第二个重要因素是"新学生"、新方法和新科目的重要性日益彰显。少数民族学生、成人学生和非全日制学生以及旁听生数量的增加对传统的教学观念和教学方法构成了新的挑战。很多教师都遭遇到类似的困难，他们首次面对合作学习、基于能力的课程、参考标准的评价或自主性学习而无所适从。此外，还需要发展新的科目和课程以满足变化的社会需要。大学教师更新的第三个推动力是高校问责的需求。大学作为培养人才的机构也要受公众的监督审查，州法院和议会、联邦拨款机构和公众对大学施加了种种压力，所以大学开始采取措施提高教师的技能，以应对外界的问责。因此，盖夫的大学教师发展模型是与美国20世纪70年代所发生的"自由教育"危机密不可分的。

针对传统学术权威的观念业已瓦解，学生厌学情绪蔓延，师生关系日渐疏远的严峻形势，大学教师如何传授给学生广泛领域的知识，让他们掌握了解社会的方法，传递有助于他们个人成长的基本准则，成为当时非常紧迫的问题。解决危机的办法最终落实到在教学中如何培养学生的探究精神、令他们思维敏锐，建立起正确的生活哲学和对世界的看法。① 所以，与伯格威斯特的模型相比，虽然盖夫也关注教师个人发展的问题，② 但他的重点是教学发展，在教学发展中重点又放在课程和课程设计上。盖夫破解了那种认为学术能力高，自然教学水平就高的幻象。③ 最后，盖夫也强调，师生之间的人际互动，需要组织环境的支持。组织结构、政策规章在形成良好的教学和学习成效上起着至关重要的作用。因此，有关组织的变量必须考虑进来。（见表 1-2）

表 1-2 盖夫的理论模型

	态度	过程	结构
	个人发展	教学发展	组织发展
重点	大学教师	教学进度，课程	组织
目标	促进教师成长，帮助教师获得所需的知识、技能、敏感性和技术	促进学生学习	创设能促进有效教学的环境
活动	研讨班，工作坊和评价	学习新教材，重新设计进程或课程，围绕设定目标的工作坊，评价学生	小组领导者或成员的工作坊，行动研究，修订组织政策

资料来源：Jerry G. Gaff：*Toward Faculty Renewal*：*Advances in Faculty，Institutional，and Organizational Development*，San Francisco：Jossey-Bass，1975，p.9.

三、伯格威斯特修正的理论模型

伯格威斯特和盖夫等学者提出的前两种大学教师发展模型基本澄清了大学教师发展的概念、维度、组成部分及相互之间的关系，肃清了实践

① 盖夫早在提出教师发展模型的前几年就针对教师教学进行了实证调研，其核心问题是：什么样的教师和教学会对学生的人生产生重要影响？既受学生欢喜，又受同事尊敬的优秀教师所具有的品质是什么？
② 盖夫所谓的教师个人发展不仅是指与改进教育与教学相关的个人态度和价值观的澄清和演化，也指向对教师个人情感和精神世界的关怀，所以，盖夫在论及个人发展时使用了 Affective Development 一词。
③ Richard A. Yanikoski，"Review ofToward Faculty Renewal"，*The School Review*，Vol.85，No.4. 1977，p.602.

活动中对于大学教师发展的误解和偏见，对这一领域的研究起到奠基性的作用。而稍晚，伯格威斯特和菲利普斯不满足已有成就，在 1977 年出版的《大学教师发展手册》中，重新检视了几种重要的理论模型，对 1975 年的模型进行了修正和补充，在一种更为宽泛的制度背景中提出了新的概念模型。①

这一模型在保持了对态度、结构和过程三个层次继往关注的同时，对前两个模型中的观点进行了拓展和深化。伯格威斯特认为，前两个模型的主要缺点是将教学发展限定为过程层次，把组织发展限定为结构层次。而第三个模型克服了这一点，将大学教师发展的三个维度和三个组成部分综合到一起，比如教学发展不仅影响到过程层次，也影响到结构和态度层次。虽然前几种理论模式都试图对大学教师发展进行清晰的分类，但是现实中的大学教师发展活动是不可能孤立存在，独立进行的。大学教师发展各个组成部分之间存在着部分重叠的现象。如教学发展包含在专业发展（Professional Development）之中；个人发展和共同体发展（Community Development）都关注教师个体的利益。② 然而，每个部分所追求的目标又是有所侧重的。如组织发展和共同体发展都是着眼于高等教育机构的层次，区别在于，前者是为教师发展创设有利的组织环境，并借以提高组织效能，后者则是着重于满足组织和社区中教师个体的需要。

除做了这一重要修正之外，伯格威斯特还提出一个非常重要的观点：任何大学教师发展都是在一定的制度环境中进行的。无论大学教师发展的维度与组成部分之间如何交叉、重叠，相互作用，相互影响，它们都是在一定的制度环境完成的。③ 伯格威斯特之所以将"共同体发展"的概念加

---

① William H. Bergquist& Steven R. Phillips：*A Handbook for Faculty Development*，Washington，D.C：The Council of Independent Colleges，1977，p.3.

② Community Development 一般译为"社区发展"。而在这里，Community 主要是指"学术共同体"而非"大学社区"，因此，"共同体发展"才有别于"组织发展"，即是通过学术共同体的营建，以满足作为学术人的大学教师的发展需要。

③ William H. Bergquist& Steven R. Phillips：*A Handbook for Faculty Development*，Washington，D.C：The Council of Independent Colleges，1977，p.11.

到大学教师发展的词汇表中，其主要意图正是因为教师发展既然脱离不了组织所处的制度环境，那么大学教师发展的领域就应该延伸到单个高等教育机构之外。在伯格威斯特所做的示意图中，个人发展、教学发展、组织发展和共同体发展皆包容在制度发展（Institutional Development）所创设的环境之中，而在制度发展之外，还有一个更宏观的制度环境（Mata-institutional Development）。[①] 这表明大学教师发展一方面受外部社会环境的影响越来越深；另一方面，成熟的大学教师发展项目也离不开外部制度环境的支持。当然，模型的修正也受到组织理论、社会变迁理论等相关研究的影响。（见表 1-3）

表 1-3　伯格威斯特修正的理论模型

	结构	过程	态度
个人	教学发展 课程设计的咨询与培训； 课程改革与教育技术 组织发展 教师评价；教师激励机制	教学发展 课程观察、诊断和培训；多人和小组合作技能的培训；课堂外与教师角色相关技能的培训	教学发展 备选教学方法的改善；教学讨论；价值澄清 个人发展 人生和事业规划；咨询
小组	教学发展 课程与教学进度设计咨询；跨学科与小组教学 组织发展 系所重组；时空的利用	教学发展 学科或系所的教学培训计划；同行观察和反馈 组织发展 小组过程观察	教学发展 知识利用；系所或学部引退 组织发展 组建团队；支持小组
制度 （institutional）	共同体发展 交流与支持网络 制度发展 研究与发展中心 大学教师发展 项目管理	共同体发展 小组协商 制度发展 实施发展项目 大学教师发展 项目规划与实施	共同体发展 创建共同体 制度发展 应对变化的发展 大学教师发展 支持新项目

---

① Institution 在英语中兼有"组织机构"和"制度"之义。这里应该取无形的"制度"之义，有别于有形的"组织"（organization），意指教师发展所需要的制度条件和制度环境。

续表

	结构	过程	态度
宏观制度 （Mata-Institutional）	制度发展 基金，正式网络和财团	制度发展 定义和澄清职业变化的新方向；教育变革机构的继续教育	制度发展 著作和期刊等的出版；示范项目；合作研究计划

资料来源：William H. Bergquist& Steven R. Phillips, *A Handbook for Faculty Development*, Washington，D.C：The Council of Independent Colleges，1977，p. 9.

四、总结

理论模型是从现实中抽象出来的概念模型，来于现实又高于现实。大学教师发展的理论模型不同于具体的行动模型，后者是实施大学教师发展活动的具体方案，它倾向于为大学教师发展项目建立一个完整的概念体系。[①] 如盖夫与伯格威斯特等学者提出的大学教师发展模型在很大程度上是启发性多于经验性。因此曾有学者置疑他们的概念模型是否能实际指导美国大学的教师发展活动，他们关于大学教师发展的分类是否符合实际？教育评价与教学研究方面的专家约翰·森特（John A. Centra）对全美的高校进行取样调查，以验证大学教师发展模型的有效性，结果证明：美国高等教育机构的大学教师发展活动开展程度不一，但与两种模型基本符合，区别在于实际活动中各部分的侧重点有所不同。[②]

这也正如伯格威斯特在提出大学教师发展模型时所预料的：从理论上讲，大学教师发展理应涵盖所有的教师和所有的高等教育机构，是一个全局性的概念。但现实的过程却是微妙而复杂的，现实也从来不会像理论界定得那样清晰。即使是成功的大学教师发展项目和活动也不能完全回应现

[①] 美国大学教师发展的相关研究大多具有很强的现实性与操作性，即针对具体的院校类型、教师类型和学科特点进行教师发展计划的设计与评估，因此，许多研究涉及具体的行动模型。

[②] John A. Centra，"Types of Faculty Development Programs"，*The Journal of Higher Education*，No.2，1978，pp.152-161.

实中教师发展的所有问题。例如 20 世纪 90 年代之后美国高等教育机构中的兼职教师数量越来越多，这迫使管理者们必须修正原来的教师发展项目，将重点转向兼职教师和研究生助教。但无论怎样，有一点是肯定的：成功的大学教师发展项目对大学校园影响深远。大学教师发展将最终与学术共同体的发展融为一体。[①]

就中国大学教师发展的问题而言，首先是管理者要重视大学教师发展，意识到大学教师发展是一个比简单的教师在职培训更为宽泛的全方位概念。在实际的教师管理和师资队伍建设中，不仅要重视教师的选聘，更要重视教师的发展。在进行教师发展的规划及实施时，美国学者设计的理论模型提供了一个很好的参照。随着我国高校问责制的逐步确立，全国性高校教学评估工作的展开，教师教学发展和课程发展的问题已提上议事日程。而美国大学教师发展模型则指出，在教师发展中还要注重教师的个人发展，尤其要重视组织发展，创造相应的组织结构与环境，同时在过程、结构和态度三个层次进行规划，这样，我国大学教师发展的实施才能收到实效。

---

① William H. Bergquist & Steven R.Phillips, "Components of an Effective Faculty Development Program", *The Journal of Higher Education*，No.2，1975，pp. 208-209.

第二章 美国大学教师的教学发展

第一节 美国大学教师教学发展的背景与实践①

教学发展（Instructional Development）是指一些旨在提高教学技能的活动，内容包括：对学生学习差异的理解；课程的组织和设计；教学方法的改进；课堂中教育技术的运用；学生的评价程序，等等。② 20世纪60年代以前，美国的学院和大学很少关注大学教师的教学发展问题，③ 极少有学院和大学提供持续的教学改进计划，尤其是对教学的参与性支持，缺乏致力于教学发展研究与服务的专业人员。④ 在1958—1968年这段所谓美

① 本节系与李玲合作完成。
② 20世纪70年代美国学者提出了"课程发展"（Curriculum Development）的概念，主要指一些改进课程的活动设计，内容包括：新学习材料的准备，新学科和跨学科课程的发展，课程结构的设计和现行课程的讲授方法，等等。课程发展与教学发展有许多交叉之处，通过修订课程，教师可以提高教学技能，改造教学材料以及形成新的教学模式。因此，后来也有学者用"教学发展""专业发展"等概念涵盖了"课程发展"的内容，而不专门用"课程发展"的提法。参见 William H. Bergquist & Steven R.Phillips, "Components of an Effective Faculty Development Program", *The Journal of Higher Education*, No.2, 1975, pp.177-211。
③ 在美国，教学发展最初是针对中小学教师而言。20世纪50年代美国社会各界共同关注基础教育质量下滑的问题，联邦政府颁布了《国防教育法》，又召集心理学教育学方面的专家探讨中小学教育改革问题，努力提高中小学的教学质量，于是中小学教师的教学发展倍受重视。
④ 有关大学教学研究的著作，一般认为最早的是美国心理学家威尔伯特·麦肯齐（Wilbert J. McKeachie）的《教学诀窍：大学新教师指南》（*Teaching Tips：A Guidebook for the Beginning College Teacher*, 1951）。

国高等教育发展的"黄金时代"，大学研究费用翻番，大学规模急遽扩张，持有博士学位的教师数量激增。这一时期，美国的大学普遍重视、支持教师的学术研究，针对教师发展活动的支持几乎都是学术休假和专业会议等形式的学术研究项目。

但是随着高等教育大众化阶段的深入，美国的学院和大学在发展过程中累积起来的矛盾日益暴露出来，其中教学质量成为学生和大众强烈批评的众矢之的。教师如何开展有效教学，如何保证和提高教学质量，如何促进学生的学习，成为相关专家和学者讨论的热点，作为大学教师发展运动重要组成部分的教学发展开始提上日程。1962 年，密歇根大学率先建立起"学习与教学研究中心"（the Center for Research on Learning and Teaching，简称 CRLT），暨美国第一个大学教师发展中心。随后，美国开始了一场有关大学教师发展的运动，其中教学发展始终占据着重要位置。

一、美国大学教师教学发展的背景

（一）高等教育大众化的压力

大学教师发展作为帮助教师增强能力和生命力的重要手段，在 20 世纪 60 年代成为美国高等教育的一个重大运动而兴起。伯格威斯特认为该运动是"越战、学生暴动、生源减少和财政缩减"[①] 的结果。正如丹弗斯基金会（Danforth）1964—1965 年的年度报告所称："几乎每一个有关学生暴动的讨论都指出了这个问题与拙劣的教学之间的关系，后者在学院和大学里司空见惯。"从 1970 年起，美国高等教育进入"停滞的十年"时期，美国的社会问题尤其是高通货膨胀和其他经济危机，进一步导致了入学率的下降和开支的紧缩。这种状况又导致了教师流动性的降低，大学教师的工作环境受到显著影响。

遽变的外界条件迫使大学管理者开始重视大学教师发展的问题，高

---

① William H. Bergquist&Steven R. Phillips：*A Handbook for Faculty Development*，Washington，D.C.：Council of Independent Colleges，1977，p.3.

等院校把大学教师发展作为一种手段，来应对学生对优质教学的需求，使大学重新获得公众的支持和信任。美国的学院和大学以及主管高等教育的政府职能部门越来越重视教学质量，并有所行动。在这一时期，创造了许多大学教师发展的新方法。约瑟夫·卡茨（Joseph Katz）等学者的报告说，"绝大多数的大学和学院都发起了大学教师发展项目，并且特别关注教学的改进"①。这种趋势导致了社会对大学教师成长和发展的关注：新教师如何获得教学技能，高等教育管理者为促进优质教学能做什么，教学评价在提高教学效能方面起什么作用，等等。

伯格威斯特等人指出，在 20 世纪 60 年代末、70 年代初大学教师发展项目出现之前，美国高等院校应对所面临的挑战有效的方法是"变革课程""招收优秀的学生""招聘从一流研究生院毕业的博士""降低生师比""建立一个教学资源中心""建立一个新的管理体系"或者"进行更全面的自学"②。在 70 年代之后，管理者们意识到要帮助教师适应新教学条件，必须采用一种与以往不同的程序。他们需要的是一种全新的大学教师发展模型。因此，伯格威斯特等学者把 20 世纪 70 年代称为美国大学教师发展的成熟期。

（二）大学教师教学的改进

20 世纪 60 年代之前，大学管理者与大学教师存在一种误解，认为美国大学的教学相对于中小学教学较好。因此，在中小学教学进行变革和发展的时候，大学教学无需改进。当时极少有教师对教学的开展予以积极的关注。大多数教师是通过模仿德高望重的教授从而形成自己的教学风格，或者向其他教师取经。很少有教师考虑在自己的课堂上开展最适合的教学活动，努力掌握新的教学方法和技能的教师更为少见。大学教师普遍缺乏

---

① Joseph Katz & Mildred Henry: *Turning Professors into Teachers: A New Approach to Faculty Development and Student Learning*, New York: American Council on Education, 1988, p.10.

② William H. Bergquist & Steven R. Phillips: *A Handbook for Faculty Development*, Washington, D.C.: Council of Independent Colleges, 1975, p.3.

改进教学技能的动力。他们的动机主要还是和科研生产力、专业研究和学术交流密切相关。

长期以来，在美国很多高等院校，尤其是一流大学中，开展本科生大班教学的主要是研究生助教，而不是第一流的教授。学生对学院式的课程与落后的教学微词颇多。另外，研究生数量的增长也对传统的教学方法提出了挑战，他们中很多人要求获得更富创造性的学习方法。在 20 世纪 60 年代末，随着教师职位的减少和学生抱怨的增多，很多大学开始把教师发展的努力方向放在教学上，积极关注教学的改进，重新考虑学校的资源配置及其利用效能。

20 世纪 70 年代，更多有意义和有目的的教师发展项目在许多院校开展起来。大学教师在教学方面无外乎三种类型：第一种是荣誉退休的教授，他们技能娴熟，或可谓"天生的教师"；第二种教师虽不是特别擅长教学，但如果给予积极引导，则非常乐意改进自己的教学技能；第三种教师虽然无能，却要么公开藐视旨在改进他们教学的项目，要么不敢承认自己的弱点。他们积极地反对改变他们目前的教学实践。显而易见，在这三类教师中，后两种是需要进行教学改进的。①

进入 20 世纪 80 年代之后，一些批评美国高等教育及其针对本科教育调查的报告相继出炉，这些报告唤起了人们对学院和大学中的科目和课程内容广度不足、教师过度专业化与教学和学习质量低下等问题的关注。报告呼吁美国的学院和大学需要给予教学以更多的支持，重建教师对教学发展的兴趣。到 80 年代中期为止，美国大约 60% 的学院和大学都确立了某种类型的教学改进计划。这些计划中大多都是由私人基金会和机构资助设立的。

（三）教育技术的进步

美国教育技术的发展源远流长，教育技术的内涵也数经演化。1970

---

① W.James Popham, "Higher Education Commitment to Instructional Improvement Programs", *Educational Researcher*, No.3, 1974, pp.11-13.

年美国教学技术委员会弃传统的"视听传播"（Audiovisual Communications）不用，提出"教学技术"（Instructional Technology）的概念。1972年独立后的美国"教育传播与技术协会"（AECT）开始采用"教育技术"（Educational Technology）的概念。1977年定义"教育技术"是"一个关于人、程序、观念、设备和组织的复杂的和整合的过程，用以分析涉及人类学习所有方面的问题，并想出、实施、评价和管理其解决办法"①。1994年定义为：教育技术是运用现代教育理论和现代信息技术，通过对教学过程和教学资源的设计、开发、应用、评价和管理，以实现教学过程和教学资源的优化的理论与实践。

从 AECT 关于教育技术定义的演化来看，20 世纪之后的美国教育和教学发展与教育技术之间的关系日益紧密。教育技术是和创造性地使用技术资源达到有效教学目的分不开的。甚至有学者把教学发展看作是教育技术的子集。教学发展的"根源在于 20 世纪 20 年代的视觉教学；30 年代和 40 年代的视听教学；60 年代的教育通信、系统设计和管理"②。20 世纪 80 年代以电脑多媒体和网络为代表的信息技术出现后，很快成为全美教师发展工作者主要的关注点，许多院校重视利用网络进行教学资源的建设。在利用技术进行课堂教学时，教师事先必须受到培训，要有所准备并得到技术上的支持。③

（四）教育观念的革新

加拿大教学发展专家理查德·台比斯（Richard Tiberius）将美国教育历史发展过程中影响了教学与学习实践的观念概括为以下几种："精通内容的教学"，"促进学习的教学"和"把师生关系作为学习的媒介"。在 20

---

① AECT Task Force：*The Definition of Educational Technology*，Washington，D.C.：Association for Educational Communications and Technology，1977，p.1．

② Robert M.Diamond，"Instructional Development：One Biased View（Problems，Issues，and the Future）"，*Educational Technology*，No.2，1980，p.51．

③ 张志桢、乌美娜：《1988—1995 年美国教育技术的状况与分析》，《开放教育研究》1998 年第 3 期。

世纪60年代中期之前，"精通内容的教学"一直是大学教学中的主导观念。它认为教学是研究的副产品，优秀的教师是天生的，而不是后天塑造的；教学是一门只能意会的艺术，而不是一门可以传授的科学。这一观念长期阻碍了对于大学教学的研究。以伯尔赫斯·斯金纳（Burrhus F. Skinner）为代表的新行为主义思潮的出现打破了这种盛行的观念，它一方面强调教师的教学行为可以后天习得，另一方面将教学的重心转向学生的学习。

从20世纪60年代中期开始，"促进学习的教学"开始逐渐深入教师与教学研究者的头脑。它标志着教师发展专业人员时代的到来：大学管理者承担起支持教学发展的责任和使命，大学教师发展机构中有能为教师进行服务的研究者和实践者。大学中的教学与学习中心提供了工作坊、咨询、关于教学的研究文献，以及旨在增进教师的知识、技能和策略的教师培训活动。中心工作人员通过传授技能给教师从而帮助他们更好地教学。占主导地位的教学理论是迁移、定形和塑造的观点。

20世纪80年代以后，建构主义理论逐渐盛行，它强调教学要将学习材料与学生先前适宜的社会情境中所获得知识和经验联系起来。在教学过程中，要求教师将教学与学习过程看作一种相互关系，因此，在师生之间建立和睦、相互理解的关系将有助于学习。"师生关系作为学习的媒介"这一观念在教学发展中被树立起来。教学发展中心要教师懂得倾听、理解和收到学生的反馈是很重要的。中心的工作人员不仅要帮助教师将学术研究成果转化为实际教学，还要与教师进行合作研究。一些研究者用认知发展理论来描述教学发展中心的工作人员与教师之间的交流，把认知理论作为理解教师学科知识和教学的手段。

二、大学教师教学发展的活动与组织

（一）大学教师教学发展的过程

美国大学教学研究与实践领域的资深学者玛丽琳·韦默（Maryellen

Weimer)① 指出，在大学教师发展过程开始之前，必须消除两个关于课堂效能的神话。第一个应该被揭穿的神话是"没有人知道什么能使教学有效"②。她引用同行学者的研究结果认为，有效教学具有特定的组成部分，可以在大学教师发展项目中得到解决。第二个神话为"好教师是天生的，而不是后天塑造成的"③。知道了有效教学的属性之后，如果大学教师想提高自身的效能，他们可以去实践。每个教师都与众不同，由教师自己去发现他们能把什么做得最好，确定他们的特性，并在这些强项的基础上努力找到适合自己的风格。她相信，如果当前的大学教师发展项目侧重于增强教师现有的优点，那么这些项目对他们会大有裨益。基于多年的实践经验，韦默提出大学教师的教学发展过程包含五个步骤：

第一步是形成教学意识。目标是：大学教师要对教学策略、技术和实践及其所隐含的教学假设有较清晰的认识。活动内容包括：用一览表来指导教师进行自我观察和自我反思；回顾自己的教学录像实例；通过阅读积累想法和思考；回顾课程材料。

第二步是收集信息。目标是把教师对自己教学方式的认识与其他人的反馈进行比较。教师需要向学生和同事收集信息，这些信息主要集中在三个领域：观察者如何看待该教师的教学；特定的教学政策、实践、行为或三者的综合体是如何影响观察者的；观察者认为可供该教师运用的政策、实践和行为应该是什么。活动内容包括：用调查表向学生收集形成性反馈；参观同事的课堂，并邀请同事参观自己的课堂；与同事交谈；参加

---

① 玛丽琳·韦默（Maryellen Weimer）是美国高等教育教学研究与实践领域的资深专家。她自 1981 年获宾希法尼亚州立大学语言传播学博士学位后，即投身于教学发展的研究与实践工作。她主管宾州大学教学发展项目达 10 年之久，曾在国家中等后教学、学习与评估中心担任领导工作。在 20 余年的教学研究与管理生涯中，韦默不断有论著问世，并主编了一些相关刊物。

② William H.Bergquist&Steven R.Phillips：*A Handbook for Faculty Development*，Washington，D.C.：Council of Independent Colleges，1975，p. 5.

③ William H.Bergquist&Steven R.Phillips：*A Handbook for Faculty Development*，Washington，D.C.：Council of Independent Colleges，1975，p. 7.

工作坊和习明纳；采访以前的和现在正在教的学生，让他们谈谈在自己的课堂上获得了什么学习经验。

第三步是对变化作出选择。在这一步中，教师需要对变化作出两种选择：应该改变什么，以及怎样去改变。活动内容包括：确定改变什么；鉴于教育目标和优先发展项，评论可能要被改变的政策、实践和行为；鉴于步骤一和步骤二中所获得的信息，确定如何改变教学政策、实践和行为。

第四步是执行备选方案。教师要把上一步中设想的变化付诸实践，纳入教师所参与的教学发展活动中。活动内容包括：系统地、专注地整合这些变化；逐步地适应这些变化。

第五步是评价备选方案。这一步是前四步的综合。通过自我观察和向他人收集信息，教师了解到应该如何去做以及为什么要这样做，进而教师对变化作出选择并付诸实践，继而对这些变化的效果进行评价。活动内容包括：进行自我评价；收集信息；作出变化选择；执行更进一步的备选方案；评价任何改进型的备选方案。①

（二）大学教学发展项目

教学发展项目（Instructional Development Programs）指的是一些旨在改进大学教师教学技能的活动，这是美国大学教师发展最早也是最广泛的组织形式。进入20世纪60年代之后，美国高等教育的教学质量成为学生、家长、立法者、媒体以及社会大众不断批评的目标，于是高等院校的教学发展项目得到了联邦政府拨款的大力推动。到20世纪70年代中期，美国有一半的院校建立起教学发展的项目和机制，其中大部分项目主要依赖于基金会的外部支持。② 在基金会的支持下，大学教师发展活动通常与大学

① Maryellen Weimer：*Improving College Teaching*，San Francisco：Jossey-Bass Publishers，1991，p.35.

② 例如私人基金会有 Danforth、Lilly、Kellogg、Mellon、Carnegie、Ford，联邦机构基金会有国家人文科学基金、国家科学基金会和中学后教育改进基金会（the Fund for the Improvement of Postsecondary Education），都非常支持高等教育教师发展项目。

教学与学习的研究计划联系在一起，知名者如西北大学、密歇根大学和加州大学伯克利分校的教师发展活动。

美国大学教学发展项目的专家约翰·森特（John A. Centra）在 1975年开展了一项全国性调查，了解全国共有多少所院校组织了旨在改进教学的发展项目或实践活动。[①] 他向全国 2600 所有学位授予权的高等院校的校长发放了问卷，大约有 60% 的校长反馈他们开展了教学发展项目和实践活动。随后森特又向项目协调者发放问卷做后续调查，发现 630 所院校中 44% 有此类发展项目。尽管到了 70 年代美国很多院校都有大学教师发展项目，但是管理者对这些项目的效能并不是很肯定。1976 年森特又开展了一项针对 1044 所院校的研究，目的是调查大学教师在教师发展活动中的参与情况，以便确定其大学教师发展项目的参与度和效能。结果证实：教学技能发展实践在改进教学方面是有效的，大学教师更愿意参与此类实践活动，大学教师发展项目的焦点问题必须是教学的改进。[②]

但并非所有的教学发展项目都是积极有效的。有些项目可能最后发现是无效的，更严重者，考虑不周的项目可能令人厌恶。朱迪思·罗斯（Judith Levinson-Rose et.al）等学者通过对大量文献的回顾，得出结论认为大多数项目只提供肤浅的经验，主要侧重于特定的教学技术，而对大学教师的教学环境及其先前的知识和经验未加考虑[③]，因此，需要对这些教学改进项目进行评价。伯格威斯特也声称，"有效的大学教师发展项目应该包括那些直接应用到课堂教学的要素"[④]。尤金·贾布克（Eugene H.

---

① 约翰·森特（John A. Centra）时任雪城大学（Syracuse University）高等教育学教授，他是最早面向全美院校开展大学教师教学发展项目方面的调查活动的专家之一。这方面代表作为：*Faculty Development Practices in U.S. Colleges and Universities*，Princeton，N.J.：Educational Testing Service，1976.

② John A.Centra，"Types of Faculty Development Programs"，*Journal of Higher Education*，No.49，1978，p.154.

③ Judith Levinson-Rose&Robert J. Menges，"Improving College Teaching：A Critical Review of Research"，*Review of Educational Research*，No.51，1981，p.410.

④ William H.Bergquist&Steven R.Phillips：*A Handbook for Faculty Development*，Washington，D.C.：Council of Independent Colleges，1975，p.19.

Jabker）等学者通过对伊利诺斯州立大学的实证研究发现：教学发展项目对于促进教师的教学，提高教师的满意度方面收效甚微，甚至有一些负面影响。许多受访的教师建议教学发展活动有必要与待遇、晋升等方面的满意度结合起来，[①] 单独实施教学发展项目不见得能够提高教师的教学积极性。

（三）教学发展活动

美国高等院校中开展的教学发展项目通常是和一些具体的实践活动联系在一起，教学发展项目的主要形式就是大量的发展实践和教学改进活动，这些活动综合起来也就构成了教学发展的整个过程。

材料阅读。对大学教师而言，阅读是一件易事，通常教师都要定期阅读和学习印刷材料。因此，阅读习惯很容易养成，而且阅读也并不需要高科技装备。对大多数院校而言，在教学发展项目中，与其他改进活动相比，阅读是一种经济节约的改进活动。阅读能够促进教师对自己的教学活动进行反思，并促使教师形成教学意识，不断更新自己的教学观念。

录像和微格教学。通过观看同事对自己课堂实况的录像，教师能够明确自身教学过程中存在的问题和不足，并积极寻找相应的解决办法。同时，观看其他教师的教学录像带，也有助于教师从不同的侧面发现自己的优点和缺点。教师既可以单独观看，也可以和同事一起观看，并且就某一个教学问题进行讨论，深化自己的理解和认识，录像使得讨论更有针对性，更加客观，有据可依。而且，录像可以随时拿出来观看，尤其是将经验丰富的教师的教学录像向缺乏经验的新教师开放，使得他们多了一个宝贵的学习机会。

同行对话。这类活动首先是习明纳和工作坊，其次是小组讨论，最后是同事之间私下交换意见。此类活动旨在鼓励教师就大家关心的教学问题进行讨论，从而帮助教师澄清自己的课程目标，形成有效的教学方法，

---

① Eugene H. Jabker& Ronald S. Halinski，"Instructional Development and Faculty Rewards"，*The Journal of Higher Education*，No.4，1978，pp.324-325.

更好地满足学生多样化的学习需要。通过相互之间的交流，也有助于教师形成教学意识，相互之间进行鼓励，并评价那些新的政策和实践活动的效果。即便是不同学科的教师，由于面对相同的学生群体，很多教学问题是共通的，教师们所面临的教学挑战大同小异，所以有交流的基础。

教学观察。教学观察所得到的信息在教学评价和人事决策上有重要的用途，但同时也是一种重要的教学发展活动。对他人的教学进行观察，不仅是被观察者发现问题、不断改进教学的过程，也是观察者通过学习他人、提高自己的过程。教师先对其他教师的教学进行观摩，以增强自己的教学意识和学习教学技能，继而要求同事对自己的课堂进行观察，查找自己的教学策略和技能在实际运用过程中存在的问题，因此，教学观察尤其对新教师非常有用。对于这些处于职业生涯初期的新教师而言，非常缺乏教学经验，急需教学技能、策略和方法的学习。通过观察和私下交流，可以解决他们关于教学的一些困惑和难题。

学生的反馈。此类活动为师生之间就课堂教学问题进行交流提供了机会。具体方法有二：一是运用质量控制（Quality Control）技术，即由班里的一组同学定期与教师开会交流课程教学中存在的问题。会议的主题包括关于家庭作业在教学中的作用，关于考试的讨论，关于讲义材料的进度和组织，关于教师在课堂上对提问的运用等。这种方法尤其适合大班教学，教师不能保证与每位同学交流，但可以通过与这些学生代表交谈，了解他们的心声。二是采用小组教学诊断法（Small Group Instructional Diagnosis）。待教师授课一段时间后，介绍一位教学发展专家给全班同学，由他来收集学生学习经验方面的信息。全班同学被分成若干小组，讨论他们在该课堂上所获得的学习经验和心得体会。各个小组分别向这位教学发展专家汇报意见。最后，专家再私下把这些意见反馈给教师。

教学专项基金。在教学发展机构的资助下，教师可以获得一些基金来发展自己的教学。这些教学资助可以直接面向某一门课程，或支持一些教学活动，诸如开发补充材料、视听图解、写作或计算机装备，或设计新的课程。教师先向教学发展机构提交资助申请，汇报自己即将开展哪些活动，申请批准后，教师还要接受机构的评估。此类资助活动在院校中普遍存在，主要是因为很容易获得外部基金会的资助，包括校友会和其他一些教育基金会。这些基金确实有效地提高了教学，它们能使教师专注于特定的课程，教学创新的积极性被调动起来。而且，教学专项基金也给予教师足够的自主权和独立性，给予他们足够的信任和支持。

上述活动为院校和教师个人的教学改进和提高作出了重大贡献，有助于创设教师成长和发展的良好氛围。在尊重教学差异性和多样性的前提下，通过这样一系列活动使得优异教学成为可能。这些活动也是教学改进的重要工具和媒介。

（四）教学发展的机构

1965年美国联邦政府专门出台法案支持全美为改进本科教育质量和推动更加系统、全面的教学改进策略而作出的努力。这些活动的成果之一就是教学发展机构的建立。由于对教学质量的提高越来越重视，因此高等院校通常会建立相关的机构和组织来支持和开展教学发展项目和活动。这样的机构通常是由教学开发人员及技术支持人员组成。这些机构一般还承担着教师发展的其他相关活动，提供多种服务和职能，但无一例外都包括教学发展。因此，尽管每所院校的教学（教师）发展机构名称不尽相同，但大多以"教学"来命名，如北伊利诺斯大学的"教师发展与教学设计中心"（Faculty Development and Instructional Design Center）以协助那些自愿改进其教学的教师作为首要任务；克莱顿州立大学的"教学发展中心"（Center for Instructional Development）支持教师对网络和多媒体的使用，探索新的教学技术；印第安纳州立大学的"教学、研究与科技中心"（Center for Instruction，Research & Technology）提供网络课程开发与支持等教学服务项目；匹兹堡大学的"教学发展与远程教育中心"（Center for Instructional Development&Distance Education）的一项重要任务是提供有关教学技术的服务，包括：计算机辅助评价、网路课程、互动电视、在线教学、学生回馈系统，等等。

其他相关机构还有"教学卓越中心"（Center for Teaching Excellence），

"教学与学习研究中心"（Center for Research on Learning and Teaching），"教学与学习中心"（Center for Teaching and Learning），"教学发展与研究中心"（Center for Instructional Development and Research），"教学设计与技术中心"（Center for Instructional Design and Technology），"教学效能中心"（Center for Teaching Effectiveness），等等。这些中心是在学校层面成立的教学发展机构和组织，通常要向学校某一位负责的领导汇报工作，这位领导一般相当于校长、教务长、副教务长或院长。中心的目标是促进大学教学质量的提高，为教师的教学发展提供良好的组织环境，最终培养出高质量的学生。中心的主要任务是为教学提供一系列的服务，为教师提供有效的教学发展项目和活动，促进教师的教学和学生的学习，并促进本校教师与其他学校教师之间的教学交流和合作。

三、总结

大学教师发展运动在美国经历了 60 多年的历史变迁，业已形成比较成熟和完善的体系。而教学发展一直贯穿整个教师发展运动的始终，并且是美国大学教师发展运动兴起的重要诱因。迄今为止，美国的大学和学院仍然十分强调教学质量的提高和教学技能的改进，这已经成为大多数院校的传统。教学发展是大学教师发展的一个子集，它通过采取一些发展策略以改进教师的教学技能，最终促进学生的学习，达到有效教学的目的。

大学教学相对中小学教学是一个更为复杂多变的过程，要受到诸如学生需要、教学自由、学科专业等多种因素的制约。但美国大学教师发展的实践已经证实：大学教师可以像中小学教师那样，通过后天学习，来不断提高自己组织课堂和开发课程的能力。很多教学发展项目和活动在改进教学方面卓有成效，很多大学教师不仅参与学校举办的项目，还自发组织起一些旨在改进教学效果的活动。如果校方支持教学发展活动，并适当给予激励，那么教师参与的热情会更高。因此，学校要为教学发展创设良好的制度环境，积极为教师提供教学方面的服务。

如今，作为美国大学教师发展运动最原始动力的教学发展已经被纳入院校更大的生存发展需要之中。美国大学教师和管理者对教学发展的理解更趋向成熟。在终身后（Post Tenure）教职的时代，随着终身教职的增多与教师生涯的延长，[①] 教学发展的问题不仅仅关注如何改进教师的教学技能，还要为教师创造全新的事业选择，为形成吸引新学生群的课程，为适应新的教学技术，以及为保持大学的活力和竞争力发挥不可替代的作用。而美国大学教师教学发展的历史经验对我国高等教育的发展也富有重要的启示意义：应借本科教学评估运动开展之机，建立起我国的大学教师发展体系，为切实提高大学的教学质量作出制度性保障。

第二节　美国大学形成性教学反馈的方法[②]

一、问题的提出

大学教学评价是高等教育教学质量保障的重要环节。大学教学评价可以为教师提供教学反馈信息，促进教师不断改进教学，本应受到教师的欢迎。但中国的现实却是，很多大学教师对教学评价态度冷漠，甚至充满敌意。[③] 究其原因，现行大学教学评价的主要形式以期末学生评教为主。这种终结性评价在操作中存在诸多问题。一方面，学生的期末评教只能提供教学质量的整体信息，评教的题目千篇一律，不能够直接反映具体的教学问题。且评教时间滞后，不利于教师在课程进行时及时地调控与改进教学，学生也感觉不到评教给自己带来的益处。期末评教的结果基本用于人事决策，而极少真正用来诊断与改进教学。另一方面，期末评教会影响正常的师生关系，表现在有的教师为取得较高的分数，有意识地降低知识难

①　Jeffrey W. Alstete：*Post Tenure Faculty Development*：*Building a System of Faculty Improvement and Appreciation*，San Francisco：Jossey-Bass，2000，pp.1-3.

②　本节系与邢俊合作完成。

③　王炜：《标准的尴尬与现实的焦虑：现行大学教师课堂教学评价的省思》，《浙江师范大学学报》2007 年第 3 期。

度和要求，迎合学生的需要，导致学生分数膨胀。① 而学生则心照不宣，给教师打高分，导致评教行为失真。中国高校普遍实行的期末评教制度由于其奖惩性、行政性以及与教师人事决策挂钩等特点，其保障教学质量、促进教师教学的成效饱受质疑。

在美国高等教育的发展过程中，自 20 世纪 60 年代，各个大学开始普遍采用学生评教的方法。② 但是，将期末学生评教作为单一的评价课堂教学效果的方法是存在问题的，因为学生评教无法准确反映实际课堂教学的质量、深度与多样性。③ 从 20 世纪 90 年代开始，尤其在 21 世纪后，美国大学教学评价的重点已从期末学生评教向中早期教学反馈转移，并积累了十分丰富的实践经验。④ 美国许多大学的教师发展中心为教师进行中早期反馈提供各种咨询、评估服务，对教师在学期中及时调整教学起到了很大的作用。与终结性、奖惩性、关注教师过去表现的评价制度相比，中早期教学反馈不将教师评价结果作为奖惩依据，而是更多关注教师自身的教学发展，属于发展性、形成性评价。

美国学者针对中期教学反馈实施的效果进行过实证研究，其中一项研究结果表明：89% 的教师认为他们会开展中期评价，因为他们相信这些评价能够提升教师的教学和学生学习，而学生也认为教师开展中期评价说明教师致力于教学，对教学富有责任感，并有让学生成功的强烈愿望。⑤ 而且，在课堂上实施了中早期教学反馈的教师，其期末学生评教的得分也相应得到提高。在另一项研究中，93% 的教师认为中期反馈促进

---

① 秦国柱：《课堂教学评估：学生有话要说》，《大学》（学术版）2011 年第 5 期。

② John A. Centra：*Reflective Faculty Evaluation*：*Enhancing Teaching and Determining Faculty Effectiveness*，San Franeisco：Jossey-Bass，1993，pp.45-47.

③ James Pounder，"Is Student Evaluation of Teaching Worthwhile? An Analytical Framework for Answering the Question"，*Quality Assurance in Education*，No.2，1993，pp.178-191.

④ ［美］威尔伯特·麦肯齐等：《大学教学精要：高等院校教师的策略、研究和理论》，徐辉译，浙江大学出版社 2005 年版，第 102—104 页。

⑤ Diane M. Hamilton，et al.，"The Effects of Using In-class Focus Groups on Student Course Evaluations"，*Journal of Education for Business*，No.3，2002，pp.329-333.

了教学，90% 的教师认为中期反馈促进了学生的学习，45% 的学生认为他们会在期末评教时给那些做了中期反馈的教师比较高的分数。[①] 这证明，美国大学课堂教学中所实施的中早期反馈不仅有利于教师的教学改进，也有利于提升学生学习的满意度。

二、形成性教学反馈的定义与特征

教学反馈和教学评价都有对教学过程进行评价的含义，但具体内涵稍有不同。教学评价是对教学活动的过程及其结果进行比较、分析和评价的过程，带有价值判断性。[②] 而教学反馈是师生双方的教与学的互动活动，是一个复杂的教学信息传递系统。教师在这个过程中是教学信息的传输者与学生反馈信息的接收者。学生除了要接收教学信息外，还要对接收到的教学信息进行加工与处理，将其输出，并传递给教师，教师则根据学生输出的教学反馈信息进行教学分析，作出教学判断与决策。这个过程就是教师有效地接受课堂教学反馈信息的过程。[③] 可见，教学评价作为对教学进行价值判断的活动，重在为管理者提供一些教师人事决策方面的信息。与教学评价过程相比，教学反馈的过程重在为教师和学生提供教学与学习的信息，重在诊断和改进，没有价值判断的意味。

形成性教学反馈是指教师与学生之间以信息交流的方式来改变思想或行为，并提高教师教学和学生学习的过程。[④] 在美国，有关教学反馈的称谓不一，有的称作早期反馈（Early Feedback）或中期反馈（Midsemester Feedback），有的称作非正式反馈（Informal Feedback）或形成性评价（Formative Evaluation）。中期反馈一般在学期中间进行，而早期

---

① Whitney Mcgowan：*Faculty and Student Perceptions of the Effects of Mid-course Evaluations on Learning and Teaching*，Provo：Brigham Young University，2009，pp.118-119.

② 于开莲：《发展性评价与相关评价概念辨析》，《当代教育论坛》2007 年第 3 期。

③ 彭豪祥：《有效教学反馈的主要特征》，《中国教育学刊》2009 年第 4 期。

④ Valerie J. Shute，"Focus on Formative Feedback"，*Review of Educational Research*，No.1，2008，pp.153-189.

反馈是大约在学期的第三周或第四周进行。娜塔莉·密尔曼（Natalie B. Milman）认为，中期反馈是在学期中征求学生反馈信息的一种评价工具，适用于学期中的任何时候。[①] 如果是第一次教学或者与以前相比作出了重大修整，就适用于早期反馈；如果课程已经讲授了很多次，则适用于中期反馈。中早期教学反馈，从其目的和时间上来看，是形成性的。[②] 教师使用中早期的学生反馈结果是为了诊断和改进教学。中早期反馈是形成性教学反馈的主要形式。本节将各种中早期教学反馈统称为形成性教学反馈。

史蒂芬妮·斯普林格（Stephanie Springgay）等人通过对中期反馈的实证研究发现其特点：（1）创新研究范式：提供了对学生的反馈和回复进行分析的机会，使教学发展的研究范式进入一个新的领域；（2）促进学生参与教学实践：为学生提供了融入当前教师的教学实践的机会；（3）促进教学相长，对教师和学生来说都是一个学习的过程；（4）同时发挥多种功能：与学生协商收集到的反馈信息，增进师生感情，消除教师和学生的担忧，利于查看缺席人数等。[③] 中期反馈所拥有的这些特点，也正是它区别于期末学生评教的优势所在。

基于美国教育学者和教师的实践和总结，形成性教学反馈具有如下特点：（1）形成性反馈可以克服期末评教的滞后性，反馈信息是在学期中进行收集，利于课程的改进；（2）与期末评教提供的课程和教学的总体质量的反馈不同，教师能够得到诸如微观教学行为或具体教学问题上的反馈；（3）教师不受任何管理及人事决策的压力，他们得到的反馈对自身是毫无威胁的；（4）学生知道教师在征求他们对课堂教学的意见时，对教师会充满感激，有利于教师期末评教的提升；（5）为学生赋权，当他们意识到自己在课堂教学中拥有的权利和自由时，能够促进他们更加投入学习内

---

① Natalie B Milman，"The Mid-term Tune-up：Getting Student Feedback before It Is Too Late"，*Distance Learning*，No.3，2006，p.67.

② Farr Darling，Linda.：*Collective Improvisation in a Teacher Education Community*，Springer Netherlands，2007，pp.23-25.

③ Farr Darling，Linda：*Collective Improvisation in a Teacher Education Community*，Springer Netherlands，2007，pp.23-27.

容或进行主动学习；（6）反馈的结果由教师保管和使用，其他人只有在教师授权后方可使用。[1]

三、形成性教学反馈的原则

根据美国实行中早期教学反馈的大学和学院的实践总结，大学教师在收集形成性反馈信息的过程中一般都遵循如下原则：

1. 形成性反馈在学期中可以不定时地、频繁地收集。教师在教学过程中要知道自己的位置，教学过程如何。改变教学行为是一个缓慢而痛苦的过程。因此，教师需要经常监控教学提升进程，并为每一次的教学进步进行自我鼓励。

2. 形成性反馈必须涉及具体的教学行为或问题。教师要促进自身的教学发展，就需要得到教学各个方面的反馈信息，如教学方法（讲座、讨论、小组合作），教学资源（讲义、阅读书目、大纲），评价技术（测试、论文、展示）等。同时，教师还要与学生进行书面形式或非正式的对话，以更好地了解学生在课堂内外的学习情况。

3. 形成性反馈必须是可描述、可诊断的。反馈信息要高度聚焦，了解具体的教学信息比起简单的总体评价要有用得多，对教师来说也是很有利的，因此，所提的问题以及收集反馈的方式都要聚焦于具体的问题上。

4. 形成性反馈必须要反映教师的个人目标。反馈的目的是提升教师的教学而非与其他同事比较，因此反馈中所提的问题必须要反映教师的个人目标，要将教师的个体教学方式、学科以及环境等因素考虑进来，这样才能真正反映教师教学的有效性。

5. 形成性反馈结果仅为教师本人所用。在收集形成性反馈的过程中，教师可以自由地收集自己认为重要的教学问题。收集到的信息仅为教师本人所用，其他人在教师允许的情况下也可以分享。

---

[1]　Carolin S. Keutzer. "Midterm Evaluation of Teaching Provides Helpful Feedback to Instructors", *Teaching of Psychology*, No.4, 1993, pp.238-240.

四、形成性教学反馈的方法

在形成性教学反馈中，学生是直接的教学接受者，因此，在所有评价主体中，学生的分量最重；教师同行是教师教学的"感同身受"者，是教学的专业人员，他们能够提供更加专业的建议和反馈；教师本人作为教学的当事人，学生和同行为其进行教学反思提供了丰富的资源；同时，教学的成功需要教师自我能动性的发挥，教师要善于进行自我评估、自我分析、自我反思。因此，大学教师收集形成性反馈的媒介有三种，分别为来自学生的反馈、来自同行的反馈以及来自教师本人的反馈。本节主要介绍来自学生的反馈的方法。

美国许多大学的教师发展中心都有为教师收集中期反馈提供的多种服务，如伊利诺斯大学香槟分校的教学与学习中心为教师收集来自学生的形成性反馈提供了早期反馈的题库，同时也会有咨询人员深入课堂帮助教师收集反馈。美国大学收集学生反馈的常用途径为通过交谈的口头形式、书面（问卷）形式以及电子形式等三类。

（一）口头形式的教学反馈

1.学生小组教学反馈

小组教学反馈（Small Group Instructional Feedback）由美国华盛顿大学约瑟夫·克拉克（Joseph Clarke）首创。克拉克认为这种方法可以及时地消除问题，并促进教师及时针对教学问题进行教学调控。[①] 它是一种由教学专家引导的结构化的中期评价活动，其目的是在学期正在进行时征集学生关于教学有效性方面的具体问题的反馈信息，并及时告知教师，为教师提供课程结构、教材和教学的各个方面的反馈。它是现今使用最广泛的形成性反馈方法。小组教学反馈还有多种演变形式，如小组教学诊断（Small Group Instructional Diagnosis）及在线小组评价（Online Small Group Assessment）。小组教学反馈受到学生欢迎的重要原因是它反映了形

---

① Beverly Black，"Using the SGID Method for a Variety of Purposes"，*To Improve the Acadmy*，1998，pp.245-246.

成性教学评价最本质的特点，即提升教学和学习过程。小组教学反馈在课程进行的早期便开始收集反馈；它需要训练有素的教学专家、教师发展中心的工作人员或同行来与当事人进行沟通并主持小组反馈；它依靠团队的力量发现教学中真正存在的问题；它需要教师对学生的反馈信息作出处理和回应。小组教学反馈遵循几个原则：第一，自愿性原则，教师自愿申请这项服务，而非强制；第二，保密性原则，反馈结果只服务于教师，专家在主持讨论时也要求学生不要与课堂以外的其他人讨论这些问题；第三，匿名性原则，学生提交的反馈信息是匿名的；第四，以提升教学和学习为导向的原则，小组教学反馈不是让学生发牢骚，而是要从中找出能够促进学生学习和教师教学提升的建议。[①] 小组教学反馈通常包括五个步骤：

第一步，解释程序，消除疑虑。教学专家在主持小组教学反馈前首先要与教师见面，向教师解释小组教学反馈的具体程序，解决教师提出的各种问题。小组教学反馈必须要由经过培训的外部支持者来进行，以确保反馈信息的客观性。教学专家要尽量让教师了解反馈信息的公正性，并且能够准确地反映学生的想法。教学专家也要鼓励教师在学生面前表明自己想要征求他们意见的愿望，以期让学生知道教师很重视他们的评价。

第二步，主持会议，教师离开，由教学专家在课堂中用大约半个小时的时间主持小组讨论，将学生分成几个组，进行讨论，并将各组的结果呈现出来，再由每位同学对每个组的每个答案进行投票表决是否同意。在主持小组教学反馈时，教学专家通常会提出三个问题："课堂的哪些方面促进了你的学习？哪些方面妨碍了你的学习？在提升你的学习方面有哪些建议？"教学专家要确保课堂气氛是放松的，学生能够自由表达他们的看法，教学专家则将答案进行分类并记录。

第三步，与教师见面，讨论学生反馈。教学专家和教师之间进行协商，为教师提供可以作出积极改变的信息。教师先不要试图解释学生的反

---

① Angela R. Linse&Denice D. Denton&Robin Adams，"Making Assessment Projects Sustainable：Using Mid-term Class Interviews to Gather Student Feedback in an International Research and Design Course"，*Frontiers in Education Conference*，2002，pp.34-37.

馈，而要先倾听教学专家对学生反馈作出的客观解释。

第四步，教师反思反馈信息，并作出行动计划。教师要反思学生的反馈信息以及教学专家的建议，并开始计划采取相应的措施。教师要保持客观、包容的心态，不要将学生的反馈看作是对教师个人的攻击。在这个过程中，教师成为反思者。

第五步，将计划付诸行动。教师要向学生强调他们反馈的重要性，并尽快让学生知道他们的反馈何时能够得到解决。①

2. 教学助理的反馈

在美国大学中，教学助理（Teaching Assistant）也是一个重要的学生教学反馈渠道。美国大学的教学助理一般为研究生，研究生为锻炼教学能力，提升教学技能，由学校或院系聘用，接受学校教学助理项目培训，并协助教师开展教学及相关工作。我国研究生的助理工作大致分为助教、助管、助研三种，而在美国对于助教的划分则更加详细，如斯坦福大学将助教的职位细分为：课程助理（Course Assistant）、教学助理（Teaching Assistant）、研究生教学辅助（Graduate Teaching Affiliate）和指导教学助理（Mentor Teaching Assistant）四类。② 他们所承担的责任各有不同。

教学助理的工作对研究生是非常有价值的。教学助理的设置在院系层面可以更有效帮助教师授课，提高院系教学声誉，妥善利用人力资源。在美国大学课堂中，教学助理可以授课，锻炼教学技能，与教师切磋教学问题。因此，美国大学的教学助理职位在一定程度上也是大学教师的职前教育。除了辅助教师完成课堂教学、锻炼教学技能与获得教学知识以外，对教师而言，教学助理也是一项极有价值的教学反馈资源。他们是教师和学生之间的中间人。一方面，教学助理本身是研究生，他们会从学生的观

---

① Douglas Mauger：*Small Group Instructional Feedback：A Student Perspective of its Impact on the Teaching and Learning Environment*，Portland：George Fox University，2010，pp.33-35.

② The Teaching Assistant's Role，2014-05-15，https：//teachingcommons.stanford.edu/grad-support/grad-teaching-development/teaching-assistant%e2%80%99s-role.

点来思考问题；另一方面，比起教师，学生更容易与教学助理建立更加密切的关系，教学助理因此能够为教师提供学生对于课堂讲授的较真实的反馈信息。教学助理的角色是双重的：一方面帮助学生理解知识，帮助教师开展教学活动；另一方面在教师与学生之间架起沟通的桥梁，为教师提供有价值的学生课堂教学反馈信息。

3. 来自学生咨询者的反馈

学生教学咨询（Students Consulting On Teaching）是杨百翰大学（Brighanm Young University）的特色项目，体现了以学生为本的教学理念。学生教学咨询项目安排接受过系统训练的学生咨询者观察教师的课堂并提供有价值的反馈信息。从1991年起，杨百翰大学的学生教学咨询项目便因其重视学生的声音而为世人所知。近年来，杨百翰大学每年会征召大约10—25名学生咨询者来为教师服务。学生教学咨询是对学生评教和同行评审的补充。学生咨询者扮演着多重角色：记录者（观察者），在课堂中，他们以书面的方式记录课堂情况并将其交给教师；旁听的学生，他们像正式的学生一样做笔记，并将笔记交给教师；课堂录像机，他们为课堂录像并交给教师；访谈者，教师会留出15—20分钟的时间供访谈；准备充分的学生，在课堂之前，他们已经与教师进行了会面并明确了观察的方向；学生咨询者，教师会向学生咨询者征求教学反馈和建议；其他角色，学生教学咨询可以协助教师开展课堂研究、反思性教学和行动研究等。①

学生教学咨询由教师提出申请。首先，项目协调者会告知学生咨询者和教师彼此的联系方式，也会为教师提供学生教学咨询手册等材料，学生咨询者要尽早联系教师；教师和学生咨询者会面，并提出明确的期望；学生咨询者访问教师课堂，并提供教师要求的服务；学生咨询者为教师准备口头或书面的反馈信息，并将反馈信息以附件形式发送给项目协调者；在完成第一轮服务后，教师决定是否要继续或终止此项目，教师也可以选

---

① BYU Center for teaching and learning.Students Consulting on Teaching（SCOT），2013-01-05，http://ctl.byu.edu/scot.

择其他的学生咨询者以得到不同的反馈信息；若教师不打算继续，学生咨询者要完成评估表格，并提交给项目协调者；最后，学生咨询者要完成电子版的学生评价表格并提交。学生教学咨询项目对于教师和学生咨询者而言是双赢的选择，学生咨询者作为同伴与教师合作，为他们提供了个人成长的机会，教师则能够从专业的学生咨询者那里得到很多有价值的教学信息。

（二）书面形式的教学反馈

1. 一分钟问卷

一分钟问卷（One-Minute Paper）是一种技术含量较低且操作相对简单的获取学生反馈的方式。在课堂结束前的几分钟内，教师提出两个问题要求学生作答：今天你学到的最重要的内容是什么？今天的课堂中哪些问题你认为还是盲点？[①] 第一个问题通常关注于学生学习的总体情况，即他们到底学到了什么；第二个问题则要确认学生的学习进展如何。与期末评教所不同的是，学生为正在进行的教学而不是将来的教学提供反馈。通过对学生的反馈信息进行简单的分析，教师便可以确定上节课哪些重要的问题没有被掌握或被误解，在接下来的课程中，教师将会回应这些问题，并将这些问题澄清。同时，通过一分钟问卷，学生也会意识到教师对他们意见的尊重，从而更加积极地投入学习。由于一分钟问卷简单易用，已经成为美国高等教育中不可或缺的评价工具。[②]

一分钟问卷至少有三个功能。首先，它为教师提供了学生学到了什么以及学习得如何的细节；其次，由于一分钟问卷是定期实施的，因此阻碍学生学习的问题大都会得到及时解决；再次，一分钟问卷能够传达出教师对学生学习的兴趣，提高学生参与度。相比日常测验，一分钟问卷更加节省时间、更加灵活快捷。

---

① John F. Chizmar &Anthony L. Ostrosky, "The One-minute Paper: Some Empirical Findings", *Journal of Economic Education*, No.1, 1998, pp.1-8.

② Felix Kwan, "Formative Assessment: the One-minute Paper vs. the Daily Quiz", *Journal of Instructional Pedagogies*, No.1, 2011, pp.1-8.

2. 链式记录

链式记录（Chain Notes）常常被应用于大班教学。教师事先给每位学生发一张卡片，并在一个大信封上写一个与课程相关的问题，学生用约一分钟的时间在卡片上写出答案并装入信封，传递给下一位同学，以此类推，最终教师会得到包含所有学生教学反馈信息的大信封，这就是链式记录。[1] 大班教学学生人数较多，师生之间没有太多接触的机会，链式记录帮助教师从大班的所有学生的角度了解课堂教学，通过从每位学生那里征集到的反馈信息，教师能够了解学生在课堂上关注哪些内容，他们的投入程度如何。除了为教师提供所有学生的教学反馈信息外，链式记录还可以帮助学生进行自我反思："到目前为止，我学到了什么？学得如何？"从而帮助他们调控自己的学习行为。关于链式记录的问题，教师可以依自己的需求而定，可以是开放式的，也可以是非常具体的。

链式记录具有很多优点：为教师提供所有学生的详尽的反馈信息，及早发现教学问题；其答案是匿名的，能够确保收集到的信息是真实的；鼓励学生反思、评价并监督、调控学习进度，使学生成为积极的自我监督者，促进主动学习。链式记录也存在一些缺点：由于其反馈信息的分散性，增加了教学分析和解释的难度；不适用于小班教学，小班学生少，学生常常由于惧怕教师认出笔迹，而给予不真实的反馈。

3. 教师自助反馈表

标准化的教师评估表经常由于其教学分析的长期性以及无法为教师提供详细的、具体的信息而遭受诟病。对此，教师可以针对具体的课程需要从标准化评估表中选择合适的问题，设计符合教学需要的、简短的反馈表。这种"教师自助反馈表"（Instructor Selected Items）由教师最关心的几个问题组成，教师根据自己具体的教学需要，从题库中选择适合的题目，或添加想要了解的问题。教师可以通过反馈表快速、轻松地获取教学

---

① ［美］安吉洛、克洛斯：《课堂评价技巧：大学教师手册》，唐艳芳译，浙江大学出版社2006年版，第266—268页。

反馈数据并进行分析。卡伦·路易斯（Karron G. Lewis）认为，任何的书面评价形式都可以通过改编而用于获得学生的中期反馈。[①] 教师自助反馈表的题目形式多样，可以是李克特量表题、选择题、填空题及开放性题目。通过教师自助反馈表，教师得到的反馈信息针对性强，易于分析，便于及时调整教学。于学生而言，教师通过对教学反馈信息结果的回应，他们能够感受到教师对自己需求的重视，学习主动性增强，也更容易在期末学生评教时给出高分。

在美国，很多大学的教师发展中心都有中早期反馈的题库。教师可以从中选择适合的主题，并根据个人需要，添加或删减。问题题库一般包括普适性的问题和具体的问题。普适性问题适用于任何课堂，可以从课堂组织、课程材料、教学热情、教师亲和力、教学内容等有效教学的维度进行细分。具体的问题，则要依靠课堂的组织形式进行划分，如细分为适用于讨论课的问题、适用于课堂讲授的问题、适用于实验课的问题、适用于使用技术的课堂的问题等。教师发展中心题库的设置依照各大学的具体实际来选择问题，它为本校教师收集学生反馈提供一种参照。

4. 阅读、作业和测验法

阅读材料、考试、作业评价是教师收集学生反馈的重要的形式。帕特里夏·克洛斯（Patricia Cross）提到的几种评价技巧包括阅读材料等级评定表（Reading Rating Sheets）、作业评价（Assignment Assessments）及考试评价（Exam Evaluations）。[②]

阅读材料等级评定表是指教师制定简单的评价表格，评定表的题目要一目了然，题目不宜太多。包括的题目如：目前为止，对于安排的阅读材料，你的完成程度如何？课堂材料的有用程度如何？清晰度如何？你认为下学期可以继续使用这些材料吗？也可以针对一两个问题要求学生给出

---

① Karron G. Lewis, "Gathering Data for Improvement of Teaching: What Do I Need And How Do I Get It", *New Directions for Teaching and Learning*, No.48, 1991, pp.65-82.

② ［美］安吉洛、克洛斯：《课堂评价技巧：大学教师手册》，唐艳芳译，浙江大学出版社2006年版，第283—294页。

详细的解释。教师制定阅读材料等级评定表的目的是从学生角度了解自己所选阅读材料的难度、趣味性及有用程度，便于教师根据学生的反馈及时调整阅读材料。一方面，阅读材料等级评定表肯定了学生对于阅读材料的判断，使学生获得评价并选择课堂材料的自主性；另一方面，教师要注意学生在选择阅读材料时趋易避难的倾向。

考试和课堂作业评价，即教师制作简单的课堂作业或考试评价表，学生对课堂作业、考试的重要性及有用程度作出评价，教师可以选择经常运用到的测试形式或作业形式，让学生回答：你认为这种测评形式或作业形式如何？能够公正地评价你的学习吗？你希望在剩下的学期中更多地采用哪种测评形式或哪种作业形式？教师从日常测验或课堂作业中既可以得到学生对教学内容理解程度的反馈，也可以通过学生对课外作业、考试本身的评价得到教师所安排的作业和考试的反馈信息，从而在学期进行时，对测评形式以及作业形式作出适当调整。

（三）电子形式的教学反馈

1. 在线评价

教师可以借助在线评价（Evaluation Online）来收集形成性反馈信息。与"教师自助反馈表"一样，在线评价反馈表由教师设计，教师从题库中选取题目形成自己的中期评价表或教师自主开发评价表，教师用电子邮件发给学生，学生完成这些表格，教师得到结果。在教师的允许下，管理者也可以浏览结果。与纸笔评价相比，网上评价有很多的优点，在不暴露身份和笔迹的前提下获得更多更真实的信息。[①]

2. 应答器

如果课堂有无线设备，教师还可以使用应答器进行即时调查。如美国很多大学使用选择器（I-Clicker）这种课堂回应系统，教师可以在课堂中选择一些单选项的问题，让学生选出正确答案。学生的回答会即刻显

---

① CELT. On-Line Course Evaluation，2014-08-11，http：//www.celt.iastate.edu/pdfs-docs/classclimate/research/2008_NJTI_online-student-evaluation-supportingmaterial-2008-10-13.pdf.

示，并形成对答案分析的柱状图。如果学生观点有分歧，可以让学生讨论，或者请答案不同的同学解释原因。在美国一些大学，即时调查系统被载入学生的手机。教师同时可以通过使用这种新的教学技术工具，不点名也能带来较高的出勤率。①

五、教师对学生反馈的回应

与终结性教学评价不同，形成性教学反馈，不仅要从学生和同行那里获得关于教学状况的信息，更重要的是教师要根据这些反馈信息对教学行为或课程标准作出改进。教师在获得反馈信息后，要反思他们的期望、价值观与教学方法。② 不论提供形成性反馈的主体是谁，反馈收集都包含四个步骤，即收集反馈前的准备；收集反馈；分析反馈信息；作出改进。③ 当教师收集到反馈信息后，就需要对信息进行分析，并对学生作出回应。

对反馈信息进行分析与回应的方式有口头形式（课后的讨论）、书面形式（列表和建议）与图表形式（反映变化）。路易斯提出使用"书面评价分析方格"（Written Comments Analysis Grid）来呈现教师教学的总体水平。④ 除了用高于或低于平均水平这个简单的维度，路易斯主张增加学科方面、组织和清晰度、互动、热情等有效教学的四个维度。分析方格由教学水平评价和有效教学二维构成。教师要将学生的反馈信息从有效教学的四个维度进行归类，并在每一个评价水平上写出有代表性的学生反馈，记下每一个类别学生反馈的次数。如表 2–1 所示，纵向为评价级别，横向为

---

① Barbara G. Davis：*Tools for Teaching*，San Francisco：Jossey-Bass，2009，pp.463-464.

② Robert J. Menges，"The Real World of Teaching Improvement：A Faculty Perspective"，*New Directions for Teaching and Learning*，No.48，1991，pp.78-79.

③ Whitney McGowan：*Faculty and Student Perceptions of the Effects of Mid-course Evaluations on Learning and Teaching*，Provo：Brigham Young University，2009，pp.87-89.

④ Karron G. Lewis，"Making Sense of Student Written Comments"，*New Directions for Teaching and Learning*，No.87，2001，pp.25-32.

有效教学的四个维度以及代表性的评论和次数。对于负面的评价，教师的
处理意见可分为三类：本学期可以作出改变的；需要等到下一学期才能改
变的；不予考虑的。

表 2-1　书面评价分析方格

评价	学科	组织、清晰度	互动	热情
精彩				
平均水平以上	考试比作业要复杂（1）	考试太长（3）	确保学生理解（4）	让我愿意去学习这门课程（5）
平均水平				
平均水平以下				
差				

对学生反馈的回应是形成性反馈最重要的部分。"书面评价分析方格"
提供了一种分析和回应教学反馈信息的范例。在实际教学中，不同学科的
教师可以根据不同的教学反馈方法，运用多种方式对学生反馈信息作出积
极回应，不必非得追求形式，只要有效即可。但在教师的回应中，必须要
让学生知道教师从他们的信息中学习到了什么，教师将会作出怎样的改
变。回应学生的反馈应该注意以下几点：要快速地回应，以便让学生知道
教师认为他们的信息有价值，并了解其他学生的不同观点；仔细考虑学生
给出的反馈；让学生知道教师将会根据反馈作出怎样的改变；选择合适的
回应方法。

六、形成性教学反馈对我国完善大学教学评价体系的启示

形成性教学评价作为一种理念从美国等先发国家较早传入中国，但
多年来一直停留在理念层面，鲜有技术层面的推进，中国的高校也很少从
制度层面进行建设和推广，教师始终处于自我摸索的过程，对形成性教学
评价的认知和实践滞后。目前，中国个别高校也在尝试建立形成性教学反

馈，但尚处于初始阶段。① 美国大学的形成性教学反馈经验和方法，为我国建立和完善基于教学促进的教学评价体系提供了有益参考。

第一，美国大学的形成性教学反馈已被证实对促进教师教学，对提高学生学习成效和教学满意度具有明显的实效。相对以行政性、奖惩性为特征的终结性教学评价，以自愿性、过程性为特征的形成性教学反馈和评价具有前者不可替代的优势，因此，要建立完善的有利于促进教学的教学评价体系，形成性教学反馈是不可或缺的一环。

第二，鉴于形成性教学反馈是自愿的、非强制性的，因此，要想让广大教师主动采用这种评价方法，有必要改进我国高校普遍存在的重科研轻教学的评价体系，将教学学术纳入学术评价的范畴。唯有畸轻畸重的大学教师评价体系得到纠正和平衡，教师才能真正重视教学工作，产生改进教学的动力，自觉接纳新的教学反馈和评价方法，大学教学评价才不会流于形式，缺少实效。

第三，掌握形成性教学反馈的方法并不难，难的是形成潜心教学、追求卓越的大学教学文化。② 前者是术，后者是道，两者须臾不可分离。我国高校的教务部门和教师发展机构可以将形成性教学反馈的方法和技巧向教师推广，培训教学助理和学生咨询者，让他们成为教师收集教学反馈信息的得力助手。既然不能依靠行政手段，那么，在形成性教学反馈的推广和培训工作中，就要使得重视教学、钻研教学逐渐成为大学教师群体的内在信念和行为方式。

第四，形成性教学反馈不仅有利于促进教师教学，还有利于改善当下日渐疏离的师生关系。因为形成性反馈的一些方法如学生小组反馈、学生咨询者反馈、在线反馈等为教师了解学生的学习需求，为学生理解教师

---

① 据了解，北京科技大学一些学院尝试在学期中对教师教学和学生学习效果进行评价，以期帮助教师和学生了解教学和学习中存在的问题并加以改进。西南财经大学教师教学发展中心专门制定了课堂教学早期评价量表，教师可在开学三周以后申请对课堂教学进行早期评价。

② 别敦荣、李家新、韦莉娜：《大学教学文化：概念、模式与创新》，《高等教育研究》2015年第1期。

的教学提供了机遇；为师生搭建起课堂内外的交往途径，消除彼此的隔膜和误解，拉近心理距离制造了良机。

第三节　美国大学教师教学发展项目评估[①]

美国是大学教师发展实践与研究的先发国家，美国几乎所有大学与学院都建立起了大学教师发展机构，作为其核心内容的教师教学发展项目是教师发展机构最早、也是最广泛的组织形式，旨在改进大学教师的教学技能。教学发展项目多是由大学的教师发展机构发起，由多种活动构成，如新手教师培训、教学技术培训、教师开展的教学实验等。自 20 世纪 70 年代中期以来，美国研究者对教师教学发展项目的评估广泛开展，其评估的对象明确且具体，评估的方法严谨且多样。评估结果表明，大量的项目改进了大学教师的教学技能与学生学习成效。[②]

2012 年，我国成立了 30 所国家级教师教学发展示范中心，自此，国内有组织的大学教师教学发展项目得以展开。经过近十年发展，关于教师教学发展项目取得的成效如何以及评估应该如何进行等问题，已经成为国内教师发展机构亟须回应的问题。然而，通过对国内文献与教师发展机构官方网站资料的分析发现，国内缺乏项目评估方面的研究与实践，项目评估的内容与方法均不明晰。因此，本节主要对美国大学教师教学发展项目的评估文献与实践进行分析，重点分析其评估的内容与方法，以期对我国的大学教师发展机构与相关研究者开展项目评估提供借鉴。

一、美国大学教师教学发展项目评估的背景

20 世纪 70 年代中期以来，美国大学教师教学发展项目的评估变得

---

① 本节系与晁亚群合作完成。

② Greg Light&Susanna Calkins&Melissa Luna et al., "Assessing the Impact of a Year Long Faculty Development Program on Faculty Approaches to Teaching", *International Journal of Teaching and Learning in Higher Education*, No.2, 2009, p.169.

日益重要，这主要源于以下几个因素的共同作用：一是各利益相关者的诉求，不同利益相关者的诉求构成了项目评估的重要动力；二是高校外部环境的变化，如高校外部问责等间接促进了项目评估；三是教师发展机构自身的定位，机构应该就项目的成效进行评估，为教师开展教学评估做表率。

首先，回应利益相关者的诉求。各利益相关者都关心项目能否带来教师教学技能与学生学习成效的改善，不同群体基于不同立场，对项目成效有不同诉求。为使各利益相关者得到各自关注的项目成效信息，证明项目所花费的时间、精力与金钱的合理性，对项目进行评估显得尤为重要。美国大学教师发展的知名学者迪·芬克（L. Dee Fink）提出，评估结果主要有以下四类潜在利益相关者，分别是项目领导人或实施人（关注成本与师生发展）、未来的教师参与者（关注当前教师的参与成效）、学校管理者（关注投资回报率与师生发展）以及外部资助机构（关注项目吸引力与成效）。[1]

其次，高等教育外部环境压力增大。美国高校外部环境的变化间接促进了大学教师教学发展项目的评估。20 世纪 80 年代以来，由于美国政府大幅削减高等教育预算造成大学财政紧缩，高等教育从公共产品变成有一定价格的商品，[2] 加强大学问责的呼声高涨。此外，2009 年，美国高等教育技术协会（EDUCAUSE）指出，当今高等教育面临的最紧迫挑战之一是创建旨在促进创新性教学与学习的教师教学发展项目，如将技术与教学设计深度融合、评估教学模式对学生学习成果的影响等。[3] 因此，教学发展项目评估比以往任何时候都更加必要和紧迫。

最后，教师发展机构的身份具有特殊性。美国大多数教师发展机构与其他服务机构追求的目标不同，不仅要为教师提供服务，而且要成为教

---

① L. Dee Fink, "Innovative Ways of Assessing Faculty Development", *New Directions for Teaching & Learning*, No.133, 2013, p.49.

② ［美］詹姆斯·杜德斯达：《美国公立大学的未来》，刘济良译，北京大学出版社 2006 年版，第 65 页。

③ Veronica Diaz, P. B. Garrett & Edward Kinleyet al., "Faculty Development for the 21st Century", *EDUCAUSE Review*, No.3, 2009, p. 47.

师的表率。① 既然多数项目鼓励大学教师在学生咨询、研讨会以及课堂中观察其自身教学实践对学生学习的影响，那么教师发展机构也应该以身作则，观察项目自身对教师教学改进的影响，即将项目评估作为机构规划的重要组成部分。

二、美国大学教师教学发展项目的评估内容

（一）教学发展项目评估的活动

美国大学教师教学发展项目主要由各种活动构成，如教学研讨会、初级教师培训、教学技术培训等。从评估项目活动的视角出发，评估内容是指项目重点评估哪些活动。评估的目的不同，决定了所要评估的活动重点也不同。项目评估的活动重点主要分为两类：

其一，基于投资回报率目标的全方位评估。如果评估目的是向学校管理者汇报项目是否实现了高投资回报率，则必须收集教师发展的所有项目活动信息。例如，南达科他大学教学与学习中心的主任布鲁斯·凯利（Bruce Kelley）便在中心的年度报告中评估了中心的所有教师发展活动。②

其二，基于项目改进目标的特定活动评估。倘若某项特定活动在整个教师发展项目中特别重要，想得知其成效或者改进这项活动，则研究者会重点评估这项特定活动，较为常见的是对特定教学发展项目的评估。例如，2009 年，西北大学的格雷格·莱特（Greg Light）等人报告称，在一项为期四年的研究高等教育教学模式各要素关系的实证项目中，包含多项旨在促进教师教学的活动，他们就其中一项教师发展项目对非终身制教师教学方法的影响做了评估。③

---

① John Kucsera&Marilla Svinicki，"Rigorous Evaluations of Faculty Development Programs"，*Journal of Faculty Development*，No.2，2010，p.5.

② Bruce Kelley，Center for Teaching and Learning AY15 Annual Report，2019-08-07，https：//www.usd.edu/-/media/files/ctl/ay15-annual-report-ctl.ashx？la=en.

③ Greg Light & Susanna Calkins & Melissa Lunaet al.，"Assessing the Impact of a Year Long Faculty Development Program on Faculty Approaches to Teaching"，*International Journal of Teaching and Learning in Higher Education*，No.2，2009，p.169.

（二）教学发展项目评估的对象

从评估项目参与者的视角出发，迪·芬克提出教师教学发展项目所要评估的四个对象：教师、学生、管理者以及教师发展活动，并将其称为"潜在"的对象范围（见图2–1）。[1] 其对教学发展项目评估对象的划分具有较强的代表性。

首先，对教师与学生的评估。教师方面的评估主要包括教师在参与项目期间的参与度与满意度，以及参与之后的教学改进，美国研究者重视对教师满意度以及教师特定教学技能的测评。美国研究者也尤为强调对学生学习成效的评估。箭头B指教师在参与教学发展项目并改进教学技能后，学生的学习方法、研究方法的改善，以及学生课堂参与度的提高。

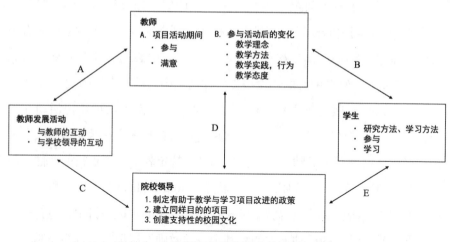

图2–1　大学教师教学发展项目的潜在对象

其次，对教师发展活动的评估。由于已有的学校政策与组织文化等会制约教师教学发展活动的实际成效，所以教师发展工作者需要通过加强与教师、管理者的互动来促进组织发展。箭头主要代表相关群体之间的互

---

[1]　L. Dee Fink, "Innovative Ways of Assessing Faculty Development", *New Directions for Teaching & Learning*, No.133, 2013, p.49.

动关系。箭头 A 是指项目工作者与教师之间的互动，教师包括全职教授、副教授、研究生助教等，这种互动基本上是所有项目的主要功能。箭头 C 指项目工作者与学校管理者之间的互动。许多项目工作者意识到，除非他们能够鼓励改变校园政策、校园文化等组织因素，否则项目的实际影响将会受到限制。

最后，对院系管理者的评估。管理者对教师与学生行为产生影响的方式有很多。箭头 D 强调管理者对教师与学生的影响，越来越多的教师发展工作者认识到，管理者能够有效影响教师对参与项目的反应，当管理者大力支持并鼓励教师参与项目时，项目通常会有较好的教师参与度，也更容易对师生产生积极影响，反之亦然。例如，当管理者表示，教师想不想参与教师发展都没关系时，预计教师参与项目活动的积极性会变低。箭头 E 是指管理者还可以通过实行学校层面的学生学习档案，或新生研讨会等项目，以促进学生学习。

实际上，大多数教师教学发展项目评估的对象主要是教师和学生。德克萨斯大学奥斯汀分校的约翰·库斯拉（John Kucsera）在其关于教师发展项目评估的文献综述中，只将 90 篇重点分析项目对教师教学或学生学习影响的文献计算在内。[①] 如下原因可以解释上述现象：一是项目自身目的决定了所要评估的对象，如多数项目旨在促进教师教学改进，故只将教师作为评估对象，即不是每个项目都需要评估四类对象。二是很多项目均旨在通过改进教师教学，最终改善学生的学习成效，因此，大多数研究者重点关注项目对教师、学生或师生双方的实际影响。

当然，随着教师教学发展项目被越来越多美国高等院校纳入到学校战略规划中，教师教学发展成为学校组织文化的一部分，一些研究者逐渐重视院校领导在项目中的作用。如克里斯托弗·布鲁克斯（D. Christopher Brooks）、麦金尼·凯思琳（McKinney Kathleen）等人曾就如下问题做过

---

① John Kucsera & Marilla Svinicki, "Rigorous Evaluations of Faculty Development Programs", *Journal of Faculty Development*, No.2, 2010, p.7.

评估：教师能否与他人分享其想法，即是否有一个开放性的论坛，使他们能与同事或管理者分享教学理念？[①] 学校政策与实践是否影响了教师参与项目活动或实施所学教学理念的意愿？[②] 迪·芬克四维框架中所强调的"院校领导"的重要性日益突显。

三、美国大学教师教学发展项目的评估方法

美国研究者多使用严谨而多样的方法收集数据，以评估项目对师生分别产生的影响、院校领导对项目的支持情况以及项目对师生双方的影响。研究者主要采用严谨的实证研究方法，如问卷法、观察法、访谈法以及混合方法，教案分析、戏剧表演、学习评估工具与学生学习成果分析等也是常用的评估方法。

（一）对教师教学影响的评估方法

其一，对教师的课堂观察与对学生的访谈。由大学教师发展工作者现场观察教师的课堂教学，并记录教师对特定教学方式的使用情况，是确定项目是否对教师教学实践产生影响的最佳方法之一。约翰·库斯拉等人提到五项使用课堂观察法评估项目对教师教学影响的研究。[③] 使用课堂观察与学生访谈相结合的混合方法，对于教师及时了解其教学成效并调整教学策略具有重要意义。例如，密歇根大学学习与教学研究中心（CRLT）设有"学生期中反馈"项目，在学期中期，专家会观察教师课堂教学并访谈学生，将结果反馈给教师，并为教师提供建议采取的教学策略，以使教师在后半学期改进教学。2017—2018 学年，密歇根大学 290 名教师与近

[①]　D. Christopher Brooks&Lauren Marsh &，Kimerly J. Wilcox et al.，"Beyond Satisfaction：Toward an Outcomes-Based，Procedural Model of Faculty Development Program Evaluation"，*Journal of Faculty Development*，No.3，2011，pp.5-12.

[②]　Kathleen McKinney&Pat Jarvis，"Beyond Lines on the CV：Faculty Applications of Their Scholarship of Teaching and Learning Research"，*International Journal for the Scholarship of Teaching and Learning*，No.1，2009，p.4.

[③]　John Kucsera & Marilla Svinicki,，"Rigorous Evaluations of Faculty Development Programs"，*Journal of Faculty Development*，No.2，2010，pp.14-18.

8800 名学生参与了该项目。教师参与者对此项目表达了高度认可，有教师称，项目为其提供了更多来自学生的真实反馈，有助于其大幅度提高教学质量。①

其二，对教师与学生的问卷调查。通过对教师的问卷调查，可以了解教师参与项目的满意度、参与项目前后的教学态度与行为变化等。通过对学生的问卷调查，如调查学生对教师教学变化的认识，则可以减少以教师为研究对象可能带来的社会赞许性偏见②。帕特里克·内利斯（Patrick Nellis）等研究者使用问卷法测量了教师参与项目后的教学意识与教学行为变化。③南达科他大学的凯利·布鲁斯（Kelley Bruce）使用"教学发展 & 考核评估"学生问卷，调查了教师使用特定教学策略的频率，如团队协作、小组学习等策略。④

其三，基于戏剧表演的教师问卷调查。密歇根大学学习与教学研究中心（CRLT）常常采用基于戏剧表演的教师问卷调查法，以评估戏剧表演项目对教师教学意识转变的影响。密歇根大学学习与教学研究中心（CRLT）创设了全美首个戏剧表演项目，该项目在美国高校中产生了广泛影响。戏剧表演即主要面向教师与助教的教学模拟情景剧，通过戏剧表演这种高效的呈现方式，展示高等教育中与个体相关的一些重要问题，并在表演之后由专业人员引导参与者进行讨论，以激发参与者的教学反思。⑤2017 年，密歇根大学学习与教学研究中心（CRLT）的表演者在罗切斯特大学表演了两个短剧，如"卡特"（Carter）短剧展示了当一位教师

① CRLT. Center for Research on Learning& Teaching 2017-2018 Annual Report，2019-06-10，http://crlt.umich.edu/sites/default/files/AnnualReport_CRLT_2017-2018.pdf.

② 社会赞许性偏见是指个体为了获得认可、维护自尊，使自己看起来更适合社会需要，倾向于使自己的态度、行为符合社会的要求与期望的一种动机性倾向。

③ John Kucsera & Marilla Svinicki，"Rigorous Evaluations of Faculty Development Programs"，*Journal of Faculty Development*，No.2，2010，p.16.

④ L. Dee Fink，"Innovative Ways of Assessing Faculty Development"，*New Directions for Teaching & Learning*，No.133，2013，p.51.

⑤ 林杰：《美国大学教师发展组织和项目》，山西教育出版社 2018 年版，第 30—31 页。

忽略学生的种族言论时，一名非裔美国学生的担忧。研究者采用李克特五点量表对参与者进行了追踪研究，以分析该表演是否增强了参与者对"边缘化行为"（Marginalizing Behaviors）① 危害的认识，是否改变了参与者跨越身份差异进行对话的意愿。②

其四，其他评估方法。除观察法、访谈法与问卷法、戏剧表演等较常使用的调查方法外，基于特定的评估目的，美国研究者也使用教案分析、多种方法的混合、情景模拟等方法进行评估。有研究者使用教案分析作为辅助手段，以评估教师的课程设计情况。研究者格雷格等人同时采用问卷法、参与者报告以及项目后访谈三种方法，分析项目对教师教学方法的影响。③ 马克·奎克（Mark E. Quirk）等研究者则采用情景模拟法，即让教师观看关于无效教学的情景模拟后写下对情景的分析，再由专家判断教师对情境中所反映教学问题的分析程度，旨在使教师明确改善无效教学的方法。④

（二）对学生学习影响的评估方法

首先，对学生的问卷调查与访谈。美国研究者经常对学生进行问卷调查或访谈，以评估教师参与项目后的学生学习改变。凯利·布鲁斯使用成熟问卷调查教师参与项目后，学生在 12 种特定学习方法上的改进，如

---

① 边缘化行为是将某人贬低为不重要的或无能的行为，使他们感到就像被挤到了社会边缘。其表现方式多样，可能显而易见，也可能非常微妙。例如，由于刻板印象而假设某人会根据其身份（种族、性别、性取向等方面）以某种方式行事；由于某人的身份而拒绝向其提供平等的资源访问机会；贬低性语言或欺凌；由于某人的身份（如种族主义、性别歧视、残疾歧视）而拒绝向其提供工作机会等。

② Greg Light & Susanna Calkins & Melissa Luna, et al., "Assessing the Impact of a Year Long Faculty Development Program on Faculty Approaches to Teaching", *International Journal of Teaching and Learning in Higher Education*，No.2，2009，p.169.

③ Greg Light & Susanna Calkins & Melissa Luna, et al., "Assessing the Impact of a Year Long Faculty Development Program on Faculty Approaches to Teaching", *International Journal of Teaching and Learning in Higher Education*，No.2，2009，p.170.

④ Quirk M. E., Dewitt T., Lasser D., et al., "Evaluation of Primary Care Futures：A Faculty Development Program for Community Health Center Preceptors", *Academic Medicine*，No.6，1998，pp.705-707.

学生使用课程材料的情况等。① 也有研究者基于对学生的访谈资料，编制问卷并进而调查了教师参与项目后，学生学习观念等变化。② 密歇根大学学习与教学研究中心（CRLT）的玛丽·莱特（Mary Wright）等人对参与密歇根大学"定量推理要求"项目的学生进行了评估。该项目旨在促进学生使用并分析定量信息的能力，包括 QR1 与 QR2 两类定量研究课程。2009 年秋季，研究者采用对照比较实验设计，对 1419 名参加 QR1 课程与 384 名未参加该课程的学生发放问卷，调查秋季课程结束后，两组学生分别在 14 种定量推理技能上的改进情况，以及教师采用的哪些特定教学方法促进了上述技能的改进。③

　　其次，基于学科特色的学习评估工具。根据不同学科教师的独特需求，密歇根大学学习与教学研究中心（CRLT）帮助教师设计或实施特定的学习评估工具，以测量学生的学习成效，如学习评价量规④（Rubrics）与概念清单⑤（Concept Inventories）。在密歇根大学学习与教学研究中心（CRLT）的帮助下，密歇根大学英语语言文学系的特雷莎·廷克尔（Theresa Tinkle）等人就"反复练习"这一教学策略能否影响学生的精读技能进行了追踪调查。在特雷莎开设的大型课程中，主要采用 6 分制"精读评分量表"测量了学生的阅读技能，量表得分越高，表明学生的精读技能水平越好。特雷莎在一学期先后进行了三次测验，以追踪调查学生的阅

---

① L. Dee Fink, "Innovative Ways of Assessing Faculty Development", *New Directions for Teaching & Learning*, No.133, 2013, p.53.

② Marina Micari& Gregory Light &Susanna Calkins, et al. "Assessment Beyond Performance：Phenomenography in Educational Evaluation", *American Journal of Evaluation*, No.4, 2007, pp.458-476.

③ CRLT, LSA Quantitative Reasoning Assessment, 2019-07-24, http：//www.crlt.umich.edu/assessment/lsaqrassessment.

④ 评价量规是由教师或评价者开发的一种描述性的评分量表，其目的是为了分析学生学习结果。评分量规作为表现性评价的评价工具，主要由教师或评价专业人员开发，事先详细地规定了学生所要达到的学习目标的标准，用来评价学生的复杂表现或作业。

⑤ 概念清单是一种可靠且有效的多选题测试，旨在评估学生对某一领域关键概念的了解，最常用于科学、数学和工程学科。密歇根大学数学系是使用概念清单评估学生学习的一个案例院系。2008 年秋季，数学系开发了经国家认可的微积分概念清单。

读技能变化，结合研究生助教对学生的简要评语，特蕾莎对学生的阅读技能进行了严谨的定性评估。[①] 密歇根大学数学系的教师则使用"概念清单"评估学生对相关数学概念的理解程度。研究者使用此清单作为测量工具，在课程开始和结束时分别对学生实施了前后测，以评估学生在课程参与前后对微积分相关概念理解程度的变化。[②]

最后，其他评估方法。在项目对学生学习影响的评估方法方面，除了常用的问卷调查法、访谈法、学习评估工具的使用等方法之外，研究者有时也采用教师的课堂记录分析、学生的学习成果分析、学生自我评价等方法。帕特里克·内利斯等研究者分析了教师参与项目前后，学生的选课与退课情况，出勤率与及格率等。苏珊·海因斯（Susan R. Hines）研究发现，一些教师发展工作者收集学生的学习成果，以此来分析项目对学生学习产生的影响，还有教师发展工作者采用学生自我报告学习变化的方法收集数据，以评估项目对学生学习产生的影响。[③] 通过对学生学习成果的分析与学生的自我评价，能够得到关于学生学习变化的直接证据。

（三）对院校领导支持程度的评估方法

布鲁克斯认为，院校领导对教学发展项目的支持程度会影响项目的成效，如学校政策或文化等组织因素会影响教师的项目参与意愿、程度等。已有研究主要以教师为研究对象，通过调查教师的项目参与情况以间接评估院校领导的支持情况，主要采用问卷法或访谈法。例如，当教师乐于向同事与管理者沟通其教学理念、当教师熟悉学校为其教学改进提供的政策与资源（如教学发展项目），或当教师更愿意参与教学发展项目时，也是院校领导支持教学发展项目的侧面反映。

---

① CRLT，Teaching Close Reading Skills in a Large Lecture Course，2019-07-02，http：//crlt. umich.edu/sites/default/files/resource_files/Close_Reading_FINAL.pdf.

② Julie Libarkin，Concept Inventories in Higher Education Science，2019-08-07，http：// sites.nationalacademies.org/cs/groups/dbassesite/documents/webpage/dbasse_072624.pdf.

③ Susan R. Hines，"Investigating Faculty Development Program Assessment Practices：What's Being Done and How Can It Be Improved"，*Journal of Faculty Development*，No.3，2009，pp.6-7.

　　2008—2009年间，布鲁克斯对明尼苏达大学教师参与项目后的组织意识、领导能力等改进情况做了评估。研究者采用基于问卷调查的单组前后测设计，问卷设有领导能力、教学学术、组织意识等八个维度的题项。在18个月期间对教师参与者分别进行了四次问卷调查。研究者特意在前后测期间收集了两次数据，能够为项目管理者提供了解教师参与者需求的形成性数据。研究发现，在参与项目后，教师参与者在领导能力与组织意识维度均有明显改进，教师更乐意与同事、管理者讨论并分享教学法与教学技术相关问题；教师更加了解学校关于教学技术方面的资源、政策与程序。[①] 这也表明，院校领导为教师提供了与同事、管理者分享教学理念与教学行为的平台与组织支持。

　　值得注意的是，一些美国研究者采用混合方法，同时调查大学教师教学发展项目对师生双方的影响，以更全面、深入地了解项目的实际成效。例如，密歇根大学学习与教学研究中心（CRLT）对密歇根大学文理学院的青年教师项目进行了评估，采用问卷法、访谈法以及数据分析的混合方法，调查了教师的项目参与满意度、项目对教师教学以及学生学习的影响。[②] 具体而言，首先，采用问卷法与访谈法调查教师参与者的项目满意度；其次，采用前后测准实验设计，使用问卷法调查教师参与项目前后的教学准备改善情况；再次，使用中心既有的数据库追踪数据，分析与未参与该项目的教师相比，教师参与者参加教师发展活动的频率是否有显著增加；最后，采用问卷法调查学生，进而用多因素分析教师参与项目与学生对教师的评分、学生学习成效之间的相关关系。

　　通过上述多种评估方法的使用，美国研究者证明了大量项目对师生发展产生了积极影响。美国研究者所使用的评估方法具有其特色与优势：

---

① D. Christopher Brooks & Lauren Marsh &，Kimerly J. Wilcoxet al.，"Beyond Satisfaction：Toward an Outcomes-Based，Procedural Model of Faculty Development Program Evaluation"，*Journal of Faculty Development*，No.3，2011，p.10.

② CRLT Center for Research on Learning & Teaching 2017-2018 Annual Report，2019-06-10，http：//crlt.umich.edu/sites/default/files/AnnualReport_CRLT_2017-2018.pdf.

其一，各种实证研究方法的采用，以及基于上述方法，研究者采用的严谨对照组实验与前后测实验设计，促进了评估的科学化；其二，混合方法的广泛使用能更加全面了解项目成效，多种方法之间能够互为验证与补充；其三，典型的戏剧表演能够促进教师对自身教学理念与行为的深度反思，专家能够根据每个教师的问题"对症下药"；其四，特意设计的学习评估工具，能够满足不同科目教师的特定评估需求，提高了评估的针对性。

四、美国大学教师教学发展项目的评估效果

通过上述多种评估方法的使用，美国研究者证明很多教学发展项目对师生发展产生了积极影响，达到了项目旨在促进师生发展的目的。项目对教师教学的影响通常是直接的，对学生学习的影响则主要通过教师教学的改进而间接实现。

（一）对教师教学影响的评估效果

研究表明，教学发展项目改进了大学教师的教学理念、增加了教师的教学相关知识，并改善了其教学行为。如马克·奎克等研究者发现，参与教师发展研讨会项目后，教师提高了对教学相关概念的熟悉程度，对11个教学概念在熟悉程度上有显著、积极、即时的提高；教师在分析角色扮演中的师生互动情况时，对7个教学风格等概念（如协作性的、独断的、暗示性的）中5个概念的使用频率显著增加；教师在参与项目3个月之后仍继续使用在项目中学到的6个有效教学行为，如在教学中考虑学生的学习风格、要求学生评估教学、坚持自我评估等。[1]

密歇根大学学习与教学研究中心（CRLT）的戏剧项目则对教师的教学观念起到重要影响。研究者对观看"卡特"短剧的教师进行的问卷调查发现，项目提高了教师对"边缘化行为"相关危害的认识，并大大改变了教师跨越身份差异进行对话的意愿。具体而言，大多数教师认为其开始更

---

[1]　Quirk M. E., Dewitt T., Lasser D., et al.. "Evaluation of Primary Care Futures: A Faculty Development Program for Community Health Center Preceptors", *Academic Medicine*, No.6, 1998, pp.705-707.

多地思考"边缘化行为"对学生身心、情感、学习经历以及教育成果的影响，大多数教师更乐于参与关于身份与跨越身份差异问题的对话。密歇根大学的"学生期中反馈"项目则改进了该校教师的教学实践。参与该项目的教师认为，对于如何回应学生对教师的建设性批评，密歇根大学学习与教学研究中心（CRLT）专家提出的建议非常有启发性，教师会将这些建议用于其教学实践之中。有教师称，专家就教师课堂教学提供的反馈非常有用，专家对课堂动态的观察不仅给予教师从未有过的启发，而且能帮助教师适应之后几周的课程，并改进其未来的教学。还有教师认为，项目为其提供了更多来自学生的坦率反馈，这有助于教师极大地改善教学，并且专家的建议也非常及时。①

（二）对学生学习影响的评估效果

教学发展项目在改善教师教学的基础上，进而达到了促进学生学习的目的，主要体现为学生学习信心与学习成绩的提高、学习技能的改进等。如圣地亚哥州立大学教育学院的"技术创新伙伴"项目提高了教师的教学技能与学生的学习信心。该项目旨在促进教师对智能教室中技术资源的利用，并支持以学习者为中心的教学。项目为14名教师参与者提供了密集培训与后续支持，项目实施一年后的正式评估结果表明，项目不仅提高了教师将技术整合到教学中的能力，也增强了学生学习与使用技术的信心。②

内布拉斯加州林肯大学（University of Nebraska Lincoln）的"同行评审教学"项目则改进了教师的教学实践，并提高了学生的学习成绩。该校7名教师参加了最初由美国高等教育协会（AAHE）设计的同行评审教学项目，并均对该项目持积极态度。通过参与该项目，教师认为其在与同行

①　CRLT Center for Research on Learning & Teaching 2017-2018 AnnualReport，2019-06-10，http：//crlt.umich.edu/sites/default/files/AnnualReport_CRLT_2017-2018.pdf.

②　Margie K. Kitano&Bernard J. Dodge&Patrick J. Harrison et al.，"Faculty Development in Technology Applications to University Instruction：An Evaluation"，*To Improve the Academy*，No.17，1998，pp.263-290.

讨论教学过程中的收获很大，所有教师都从同行的反馈以及学习同行的教学过程之中受益，从而改善了自身教学。在三年的时间中，又有 30 名教师参与了该项目。研究表明，参与同行评审教学项目后，约有三分之一的教师对其教学实践的部分环节做了重大调整，而这些教师所教授的学生也通常表现出学习成绩的提高。具体而言，在教师提高对学生作业反馈的质量，并提高对学生表现的期望后，也促进了学生学习成绩的提高。[①]

密歇根大学的"定量推理要求"项目则提高了学生的定量推理技能。学生提到"获得考试反馈""复习笔记""听讲座""参与课堂小组讨论""完成习题"等教师教学活动促进了其定量推理技能的发展，学生在"使用算术、代数或统计学方法解决问题"和"使用定量信息解决问题"两项学习技能中的进步最为明显。[②] 参与教师发展项目的特雷莎对学生的阅读技能产生了积极影响。其在课堂采用的"反复练习"教学策略促进了学生的精读技能发展，且特雷莎用于评价学生阅读技能的"精读评分量表"这一工具被证明是有效的，能够为学生提供关于其发展技能与需要改进领域的明确指导。[③]

四、总结与反思

自 20 世纪 70 年代中期以来，在利益相关者的诉求、高校外部环境压力以及教师发展机构自身内驱力的共同作用下，美国大学教师教学发展项目的评估研究日益增多，证明了美国大学开展的诸多教学发展项目在很大程度上促进了师生发展。其评估对象从教师、学生扩展到院校领导，评估方法以严谨的实证研究方法为主，评估活动旨在促进教师发展而非问责。

---

① Bernstein D. J., Jonson J., Smith K., "An Examination of the Implementation of Peer Review of Teaching", *New Directions for Teaching and Learning*, No.83, 2000, pp.81-82.

② CRLT, LSA Quantitative Reasoning Assessment, 2019-07-24, http：//www.crlt.umich.edu/assessment/lsaqrassessment.

③ CRLY, Teaching Close Reading Skills in a Large Lecture Course, 2019-07-02, http：//crlt.umich.edu/sites/default/files/resource_files/Close_Reading_FINAL.pdf.

尽管美国大学开展教学发展项目评估与我国高校在国情、文化传统等方面有着明显差异，但是，总结美国大学教学发展项目评估的经验，对于推进我国大学教学发展项目评估工作仍有较大的参考价值。

（一）扩展项目评估对象，丰富项目评估活动

美国大学教学发展项目评估主要以教师、学生为对象，从最初重点关注教师参与项目的满意度，到日益重视评估项目对教师教学与学生学习的实际影响。近年来，随着越来越多研究者的关注与呼吁，院校领导在项目成效中的重要性逐渐受重视，也被纳入到项目评估的对象中。基于促进师生发展的目标，项目评估的活动包括教师的教学理念、教学行为与策略、组织意识，学生的学习理念、方法与成绩等各个方面。反观我国，通过对国内文献的查阅发现，自2012年国家级教师教学发展示范中心成立至今，鲜有对教师教学发展项目的评估研究。通过对我国大学教师发展机构的年度报告与官方网站资料的分析发现，评估局限于教师参与项目的满意度调查，鲜有以学生、院校领导为对象进行的评估，也缺少对教师的组织意识、对学生学习改进的评估，在评估对象与评估活动上都有待拓展。①

（二）加强实证研究设计，提高评估的科学性

美国大学教师教学发展项目评估的方法，尤为强调实证方法的使用。尤其是2010年以来，随着库斯拉、布鲁克斯等研究者对严谨实证研究设计的呼吁，基于问卷调查的前后测实验设计与对照实验设计越来越多，问卷法与访谈法、观察法与访谈法、戏剧表演与问卷法，上述多种方法的混合，也越来越受重视。由于国内没有对项目评估的研究，对部分教师发展机构官方网站资料的分析发现，有的教师发展机构未提到项目的评估问题。② 有的教师发展机构虽然提及了评估问题，但是其往往直接给出评估

---

① 《北京师范大学教师发展简报》，2019-06-10，http：//fd.bnu.edu.cn/docs/2017100916321
6812865.pdf。

② 北京大学教师教学发展中心，2019-10-25，http：//cetl.pku.edu.cn/peking/cetl/view1/
index.jsp。

的结果，如教师参与项目后学生的课堂参与度有所提高，并未提及其对项目的评估是基于何种方法、采用何种研究设计，也未就研究的信效度进行说明。[①] 因此，其项目评估的可信度无从得知。随着我国大学教师教学发展项目的快速发展，亟须加强对项目评估工作的重视，而开展项目评估的前提是进行严谨的实证设计。我国项目评估工作者可以借鉴美国的项目评估方法，进行严谨的实证研究设计，以提高评估的有效性与可靠性。

（三）重视形成性评估，确保评估的连贯性

与学科评估等正式评估相比，美国大学教师教学发展项目的评估通常是非正式、非强制的，多由教师与教师发展工作者合作进行，教师往往出于教学困惑或兴趣主动参与其中。由于评估目标并不旨在绩效考核，而是掌握个体教师存在的问题并提供相应的解决方案，因此，美国研究者更为重视形成性评估。例如，专家观察教师课堂教学，并及时为教师反馈评估结果，使其在学期中间得以不断调整并改进其教学。针对教师教学改进与学生学习成效的追踪研究也很常见，有的项目评估跨度长达 18 个月，期间多次将形成性评估结果反馈给教师，使教师不断调整自身教学。[②] 项目评估不能只看当下对师生的影响，也要考察项目对师生发展的长期影响，追踪研究能够实现这一目标。这给我国将来的项目评估以启发，要重视形成性评估与追踪研究。通过对国内教师发展机构相关负责人的访谈发现，我国大学有时会因行政权力的过度干预而造成评估工作的中断，挫伤了教师发展工作者的主动性与积极性，大学应该赋予教师发展中心更多自主权，确保评估的连贯性。

[①] 《北京师范大学教师发展简报》，2019-06-10，http://fd.bnu.edu.cn/docs/20171009163216812865.pdf.

[②] D. Christopher Brooks & Lauren Marsh &，Kimerly J. Wilcox，et al.，"Beyond Satisfaction：Toward an Outcomes-Based，Procedural Model of Faculty Development Program Evaluation"，*Journal of Faculty Development*，No.3，2011，pp.8-10.

第三章 美国大学教师发展项目

第一节 美国大学教师发展项目 [①]

一、大学教师发展项目的内涵

大学教师发展项目是在大学和学院内开展的旨在促进本校教师在教学技能、科研能力等提升的一些发展活动或计划，通常是由政府或私人基金会赞助，由校内专门的教师发展组织和机构负责设计和实施，面向全校教师开展。大学教师发展项目在美国的大学校园中是非常普遍的，它作为大学教师发展的一种必不可少和主要的实施形式，作为一种手段或者媒介，发挥着非常重要的作用。大学教师发展的内涵包括教学发展、专业发展、组织发展、个人发展等。而大学教师发展项目的类型和内容也与之相对应，有教学发展类项目、组织发展类项目和个人发展类项目等。教学发展项目指的是一些旨在改进大学教师教学技能的活动，这是美国大学教师发展最早也是最广泛采用的组织形式。

20世纪70年代中期，美国有一半的高校都建立起了教学发展的项目和机制，其中大部分项目来源于外部基金会的支持。[②] 属于教学发展类项目的有很多[③]，例如得克萨斯大学的教学效能中心提供的教学项目，该中

---

① 本节系与李玲合作完成。

② 林杰、李玲：《美国大学教师教学发展的背景与实践》，《中国大学教学》2007年第9期。

③ Maryellen Weimer：*Improving College Teaching*，San Francisco：Jossey-Bass Publishers，1991，pp.174-199.

心提供的发展项目中 80% 与教学改进有关，其余 20% 是教师专业发展项目，项目评价采用非正式的自我评价；西南密苏里州立大学的教学与学习中心提供的发展项目 90% 是教学改进方面的，其余 10% 则是教师个人发展，项目评价采用正式和非正式的自我评价；东密歇根大学的大学教师教学效能中心提供的发展项目 100% 都与教学改进有关，全部都是教学发展项目，采用非正式评价形式，由教务长办公室负责拨款；等等。可见，在大学教师发展项目中，教学发展项目占到了相当大的比例，教学发展始终是高校教师发展的核心内容，贯穿于美国大学教师发展运动的始终。各个时期大学教师发展的内容和侧重点不同，也深深影响着大学教师发展项目内容的变化，可以说大学教师发展是大学教师发展项目设计的风向标，反过来，大学教师发展项目也体现着大学教师发展的动向。

大学教师发展采用项目制的形式，便于活动的开展和管理，每一个项目都有专门的机构和组织来负责设计和执行，有专款拨付，在学校层面还有专门的领导对校园内的教师发展项目的整个运作进行统筹，项目有特定的参与对象，有特定的评价方法，由此从项目的设计到项目的评价，有一套非常科学和高效的程序，保证项目的人力、物力、财力各种资源的作用最大化。每一个项目中基本上包含了工作坊、习明纳、会议等零散的活动，可以说项目是这些具体活动的综合体，而这些活动又是项目的具体实施形式。

大学教师发展是教师发展项目实施的目的。教师发展项目的形式可以多样化，采用的策略也可以多种多样，但归根结底目的只有一个，即通过这些发展项目的实施和开展，促进大学教师的教学、研究和服务能力的提高，进而推动学生学业的进步。教学发展项目是为了促进教师教学技能的提高，最终目的是为了提高学生的学习；组织发展项目是为了创设良好的组织环境，更有利于教师的专业成长和发展；个人发展项目是为了给教师职业生涯一个合理的规划，帮助他们在职业道路上顺利前进，实现教师个人的成长，帮助他们获得需要的知识和技能。

二、大学教师发展项目的类型

大学教师发展项目旨在提高教师士气，增强教师生命力，以及强化教师责任，帮助大学教师应对那些直接和间接影响其专业表现的挑战。它能够为教师提供很多服务，例如培训、咨询和资源。大学提供有效和有意义的教师发展项目来满足教师不时之需，从新教师定位项目到学术休假，从学生课堂评价到教学技术中心的活动都有涉及。教师发展项目包含各种各样的活动，学术休假是一种重要的发展活动，还有很多其他活动，例如时事通讯、教师讨论小组、个人咨询、工作坊和习明纳、同行指导项目、课堂观察、生涯咨询、研究帮助、研究员基金、研究生助教项目，等等。

1975 年，约翰·森特（John A. Centra）对美国 2600 所大学和学院的校长进行问卷调查，旨在了解其校园里是否设计并开展一系列的大学教师发展项目和实践活动，这些发展项目的类型有哪些。其研究结果显示，大约 60% 的高校都承认它们有教师发展项目和实践活动，并且指定了专人负责这些项目和活动。

按照这些项目活动的运用程度，可以分为以下四种：（1）教师参与度高的项目。大多数的此类活动不仅是为大学教师来运作，而且是由教师自己来实施，教师不仅是参与者，还是实施者。各种教师聚集在一起学习讨论，交流教学经验和心得，经验丰富的教师和缺乏经验的教师，专家型教师和新手教师，等等。这类项目主要是用于小型学院。（2）教学辅助项目。专家对教师个人在教学和课程发展方面给予指导，帮助他们提高教学技能和策略，这不仅是教学发展项目的主要内容，也是更宽泛的教学改进和大学教师发展项目的组成部分。此类项目主要是在两年制学院和大学中，四年制学院中很少有，公立大学比私立大学用得更多。（3）传统的项目和实践活动。包括访问学者、年度教学奖、学术休假、教学改进基金和旅行，以及临时性的教学工作量缩减等项目。其中，工作坊和习明纳是用以帮助教师改进他们的科研和学术能力。此类项目在高校的开展幅度仅次于第二类。在大学和较大的四年制学院运用较为广泛。（4）侧重评价的项目。此类项目强调，把各种各样的评价技术作为改进教学的手段。教师评价包括学生、同事和管理者对教师的正式评级。对教师的定期评价是高校一项常见的发展项目。但教学录像和非正式的同事评价活动却不包含在此类项目中，而且此类项目和活动在两年制学院尤其是公立两年制学院中比较常见。

按照这些教师发展项目开展的效果来看，可以分为以下六类：（1）教学辅助项目。即在课程设计、教学策略、视听辅助设备、测试和教学技术等面对教师进行专门指导。（2）工作坊、习明纳和类似的讲座，这些项目用于提高教师的科研和学术能力。（3）基金会和旅行资助。资助教师出差参加专业会议或者更新知识，以及资助他们参与教学改进计划。邀请访问学者到校园中，或者派遣教师到其他地方学习新项目。此类项目主要是由基金会或者联邦政府来资助。（4）侧重评价的项目。此类项目中包括很多评价活动，诸如学生和同事对教师的正式评级。专业和个人发展计划，也是一种评价形式，它们也包含在此类项目中。此类项目需要很多教师的参与，在很多校园里，收集学生的教学评价信息已经成为教师的一项强制性工作。（5）传统的项目和实践活动。教师交换、无薪休假、学术休假和为新教师安排较轻的教学工作量等，这些都是传统的教师发展项目，在很多大学中都已实施多年，其资金主要来自学校的常规资金。相比其他类别，此类项目需要最少数量的教师参与。（6）公开活动。包括年度教学奖的评定和教学研究论文的发表。这两项实践活动被用来宣扬教学的重要性，从而引起公众对此问题的关注。但教学奖并非对所有教师都具有吸引力。此类项目主要适用于较大的院校。

"高等教育专业和组织发展网络协会"（Professional and Organizational Development Network in Higher Education，简称 POD）是一个国际性的协会和组织，它认为，不管项目的侧重点是什么，有很多不同的主体负责开展这些活动。下面就是一些最常见的：

1. 大学教师委员会开办的项目。很多刚起步的项目是由大学教师委员会负责开办的，大学教师委员会（Faculty Committee）是由对教学质量有特殊兴趣的成员构成。他们通常是无薪的志愿者，负责筹备和监管捐款。当这成为发展项目的组织结构时，那么发展项目将非常依赖于同行之间的合作以开展实际的工作坊、咨询、研究及其他活动。

2. 个人开办的项目。很多新项目也由个人来负责监督整个项目。这个个人可能是一个负责教师事务的管理者，也可能是一位兼职负责发展活动的教师。和上一个组织结构相比，这个个人必须依靠同行之间的合作才能开展实际工作。他 / 她通常要接受大学教师委员会的一些建议。

3. 集权制中心负责开办的项目。一些高校，尤其是较大的或者实行教师发展项目已有很多年的学校，通常会有一个行政管理单位负责发展活动，这些单位的人员主要配备一些专业人士。工作人员的数量取决于发展项目的类型和程度。例如，教师个体发展项目往往比较小，而教学发展项目往往比较大，因为它涉及多媒体服务。这些中心在行政管理层级上通常处于学术事务办公室之下。

4. 分权制中心负责开办的项目。有些较大的高校在高校下属的一些组织机构开展发展活动，很多较小的学院采用的就是这样的方式。

从项目针对和实施的对象看，大学教师发展项目主要可以分为三大类：（1）研究生助教发展项目；（2）新任教师发展项目；（3）终身教授发展项目。

三、大学教师发展项目设计的影响因素

（一）不同职业生涯阶段教师的需要

对大学教师而言，处于不同的职业生涯阶段会有不同的发展需求。作为新教师，他们刚从研究生院毕业，就承担起教书育人的职责，必须对自己的学科发展有清晰的认识，此时他们会遇到种种困惑和问题，尤其需要发展自己组织教学和课堂的基本技能。讲解课程、引导讨论、组织考试和协调试验课等方面的工作坊对新教师非常有用，能帮助他们在授课中避免犯一些错误。而对于职业生涯阶段中期的教师而言，掌握新的教学技能和采用新的教学方法更有吸引力，以成功晋升为终身教授。而对终身教授而言，由于学校对他们的评价也日益重视，所以他们必须寻求新的事业突

破点。在传统的大学教师发展项目中，中年和理想破灭的教师通常被忽略，这个教师群体往往对教学和科研消极倦怠，对自己的工作也非常厌倦，对校园里的活动参与热情不高。这一年龄阶段的教师更容易产生职业倦怠，因此决不能忽视他们的发展问题。

罗杰·鲍德温（Roger G. Baldwin）和罗伯特·布莱克本（Robert T. Blackburn）通过实证研究，提出大学教师的职业生涯有五个发展阶段：在头三年，做全职负责大学教学的助理教授；具有三年以上的大学教学经验，仍然是助理教授；副教授；离退休至少还有五年的正教授；正式退休五年之内的正教授。在这五个阶段，有些特性是相对稳定的，而另外一些特性则随着阶段的不同而有所变化。[①] 因此，在设计大学教师发展项目时，必须考虑不同职业生涯阶段教师的个人需求，必须灵活多样，把不同教龄、不同学科的教师组织在一起，通过一些有效和富有吸引力的活动来促进教师教学技能和效率的提升。在设计教师发展项目之前，必须先收集足够的教师信息，包括教师的一日活动、教学经验、授课能力和教学风格，等等。

（二）学校的政策和条件

唐纳德·贾维斯（Donald K.Jarvis）通过对新教师发展项目的研究，指出在设计教师发展项目时，首先要确定能得到稳定的行政支持。[②] 很多教师发展项目可以自下而上进行，但是学校领导的支持能够保证大量教师的参与。学校的行政支持包括在发展项目的目标和对组织的意义方面要达成一致。青年教师和行政人员必须相信，这些项目对他们很重要，否则他们参与热情不高。一个好的教师发展项目需要具备足够资金、负责此事的学校领导、会议和办公场所和人员支持等。学校管理者偶尔参加一次

---

① Baldwin，Roger G&Blackburn，Robert，"The Academic Career as a Developmental Process：Implications for Higher Education"，*The Journal of Higher Education*，No.6，1981，p. 601.

② Donald K.Jarvis：*Junior Faculty Development：A Handbook*，New York：The Modern Language Association of America，1991，pp.39-41.

会议，并表达他们对发展项目目标实现的信心，则会大大鼓励其他的参与者。

其次，要有良好的项目管理。有效的发展项目要有结构清晰的决策机构，该机构由教授和管理者组成，他们负责设计和实施项目。成功的管理团队对其项目目标和评价指标有清楚的认识，善于运用各种方法，并善于人际沟通。良好的人际沟通能力能够扩大发展项目在校园里的宣传力度，从而获得普通教师群体的支持和参与。组织因素和学校政策对教师参与发展项目有很大的影响。因此，在设计教师发展项目时，组织因素是必须考虑的。

（三）社会的需要和国家的政策

高等教育的深刻变化也极大地影响着教师发展项目的内容。20世纪60年代，受政府资助的刺激，美国大学迅速扩张，博士学位空前增加，此时的教师发展活动项目主要是以学术休假和进修假的形式对教师的科研活动给予支持。70年代，教师流动性降低，学生批评声高涨，学生抱怨大学不关心他们的需要，教师的教学质量有待提高。因此，这一时期，教师发展项目的重心是教师的教学发展，培养教师教学技能和提高教学水平。进入80年代以后，公众对高校的问责和对本科教学质量的空前关注，以及信息技术的出现，都深深影响了高校教师发展项目的内容和形式。90年代以后，兼职教师和终身教授的发展问题日益引起人们的关注，因此此类教师的发展问题提上高校的日程。可见，不同时期大学教师发展项目的内容是和当时的高等教育发展态势紧密联系在一起的，而且，项目经费有一部分是来自联邦政府和州政府的资助，所以高校在设计和规划教师发展项目时，社会的需要和国家的要求也是必须加以考虑的。

四、大学教师发展项目设计的保障机制

（一）资金保障

鉴于财政上的限制，很多美国高校，不论规模大小，都不得不考虑教师发展项目和活动的成本问题。大学教师发展的资金主要来源于政府和私人基金。基金会主要有卡内基基金会、布什基金会、李莱基金会、乔伊斯基金会、丹弗斯基金会、埃克森教育基金会等。1978 年有项大学教师发展项目的调查显示，教师发展活动总开支中 70% 来源于高校的常规资金，20% 来自于基金会和联邦政府的资助，另有 7% 来自于州的资助，剩下的 3% 来自于校友捐助和专门基金。在两年制学院和授予博士学位的大学，都是 70% 或 71% 来自本校的常规资金，15% 或 16% 来自基金会和联邦政府的资助。而在四年制学院，情况就有很大的不同，27% 来自于基金会和联邦政府的资助，仅得到州政府3% 的资助，[1] 原因在于很多四年制学院是私立学院。在 1970—1980 年 10 年间，政府和私人用于大学教师发展的基金达到 5 亿美元，这些钱流入本科学院和大学以及主要的研究型大学，很少一部分进入了专业学校。[2] 随着政府拨款和私人捐助的减少，各个大学教师发展项目之间必须进行激烈的竞争才能获得资助。为此，高校必须提交令人信服的计划，并且要对基金会展开迅猛的攻势，以便引起它们的兴趣。

各高校对大学教师发展项目和活动的投入也比较多，1993 年美国联邦教育部国家教育统计中心对全日制高校教师进行了一项调查（见表 3–1)[3]，调查显示美国各高校都比较重视在教师发展上的资金投入和支持，不同高校对不同发展活动的投入力度有差异。公立大学对专业旅行的支持率最高，其次是带薪休假和免除学费的培训活动，再次是改善培训和教学技能的活动和专业会议；最后是再培训活动和项目。

---

[1] John A.Centra，"Types of Faculty Development Programs"，*Journal of Higher Education*，No.49，1978，p.160.

[2] Bergquist，W.H.，& Phillips，S.R.，*A Handbook for Faculty Development*，Washington，D.C：The Council of Independent Colleges，1981，pp.294-305.

[3] 王春玲、高益民：《美国高校教师发展的兴起及组织化》，《比较教育研究》2006 年第 9 期。

表 3-1　不同类型高校对教师发展项目所需资金的支持

机构类型	免除学费的资金	专业协会会费	专业旅行资金	改善培训、教学技能费用	再培训资金	带薪休假资金
公立研究型大学	44%	32%	76%	46%	14%	52%
私立研究型大学	59%	38%	71%	40%	14%	46%
公立博士学位授予大学	52%	45%	79%	48%	14%	48%
私立博士学位授予大学	57%	50%	79%	47%	14%	47%
公立综合型大学	50%	40%	80%	50%	17%	53%
私立综合型大学	72%	55%	84%	57%	18%	60%
私立文理学院	66%	58%	86%	59%	18%	62%
公立文理学院二类	63%	47%	78%	63%	25%	55%
其他	54%	49%	79%	52%	18%	47%
平均	55%	43%	78%	52%	17%	52%

资料来源：National Education Association，*Faculty Development-Opportunity and Satisfaction*，Update，No.2，1996，pp.1-4.

以研究型大学辛辛那提大学为例，大学教师发展委员会支持以下几类项目活动[①]：

1. 5000 美元的个人奖金：这些奖金主要是被教师个人用在与教学法、学术和研究提高有关的发展活动中，这些活动能够促进教师的技能、知识、技术、教学、师生互动和其他的专业需要。这些奖金可以由教师个人或教师小组申请获得。

2. 100000 美元的合作奖金：这些奖金主要被教师小组用以帮助他们促进研究技能或改进教学法。这些奖金对该大学的学术使命施加影响。在资助方面，给予跨学科合作强有力的鼓励和支持。

[①] Lanthan D.，Camblin Jr&Joseph A. Steger.，"Rethinking Faculty Development"，*Higher Education*，Vol. 39，2000，pp.7-9.

3. 100000 美元的系所奖金：这些奖金的目的是资助一个全面的系所或跨系所规划以增进系所里教师的发展。这个规划应该表明发展活动是如何与现存的计划和大学的学术使命密切合作的。

4. 教师暑期学院：支持大约 30 名教师参与教学技术工作坊。

5. 技术工作坊系列：为教师提供机会拓宽他们在多媒体、电子邮件、电子阅览室服务、网络、远程学习和数学／统计辅导包等方面的技能。

6. 捐赠基金：经美国大学教授联合会（American Association of University Professors，简称 AAUP）批准，按照集体谈判协议，教师发展委员会决定每年从资助未来教师发展活动的捐款中拿出 200000 美元设立大学教师发展基金。这些资金与校长办公室的拨款是相配的。

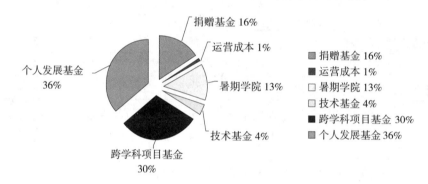

图 3–1　1995—1998 年度辛辛那提大学教师发展基金

三年中，资金总额在每一类的分配情况如下：个人基金：5000—1290191 美元；跨学科合作基金：100000—1117798 美元；技术系列的基金：122570 美元；暑期学院基金：122570 美元；操作成本：28394 美元；捐款：600000 美元（与大学基金合起来总共是 1200000 美元）；滚动资金（指向捐款）：839909 美元。

再以密歇根大学为例，在 2006—2007 年，学习与教学研究中心（CRLT）为密歇根大学的教师提供了八种专项基金以资助他们改进教学和学习。教务长和大学事务执行副校长办公室负责其中三项基金的拨款：两类吉尔伯特·惠特克（Gilbert Whitaker）基金，讲师专业发展基金。密歇根大学学习与教学研究中心直接资助五种基金：大学教师发展基金，多媒体教学基金，教学发展基金，教学技术短训班基金，以及大型讲座课程基金。大约有 96 个教师获得了总共 325000 美元的资助。

（二）组织保障

组织保障不仅指成立相关的教师发展机构和组织，指定专门的人员来设计和开展教师发展项目，而且也指学校、院系为教师发展项目的开展所给予的支持和帮助，为其创设良好的组织氛围。任何成功的教师发展项目都离不开学校各个行政管理层的支持。

在院系层面，可以从以下几点入手：教授会主席和院长应该明确规定晋升和终身教职决定的标准；应该特别强调在晋升过程中阐明教学的作用和权重。同样地，主席和院长应该将有效的教学作为聘用新教师的一条标准。系所应该考虑达成统一的评价教学有效性的程序；收集和散播教学信息（把利用资源和参考书目作为开始）；创建一个委员会使教学这一话题能够继续下去。这个委员会可以通过安排午休时间讨论教学，通过鼓励同行间的课堂观摩，通过找出教师发展资源等做到这一点。为教师提供大量的发展项目，通过组织定期的工作坊和习明纳，推动教师不断进步。

而在实际的教师发展项目开展过程中，国家和州层面有相关的组织机构，如芝加哥地区大学教师发展网络、大学教学与学习进步协会、新泽西州大学教师发展网络、大平原区教学发展协会等；学校和院系层面都成立了相应的教师发展支持机构，包括大学教师发展办公室、教学与学习中心、大学教师发展委员会、学习与教学研究中心等，对本州、本校的教师发展进行指导和帮助。

（三）人员配备

在大学的教师发展办公室、教学与学习中心、卓越教学中心或者大学教师发展委员会等教师发展机构，都配备了一定数量的工作人员，起初人员比较少，兼职居多，后来逐渐是专职的居多，人员也逐渐多了起来，而且这些人员基本上是具备一定专业技能的教师发展工作者（Faculty Developer）。

根据森特对于大学教师发展项目的调查研究（见表 3–2），可以看出在四年制学院，教师发展机构存在的时间最短，而且只配备了一名专职人员或兼职人员负责指导发展活动。46% 的四年制学院配备了一名人员作为指导者或协调者，19% 的四年制学院有一名兼职协调者。设有教师发展机构的两年制学院，56% 配备了一名全职指导者，而在大学里，通常会配备更多的人员，29% 的大学的教师发展中心雇用了 4 个以上的工作人员。①

表 3–2　大学教师发展项目的组织

	所有院校 （N=756）	两年制学院 （N=326）	四年制学院 （N=315）	大学 （N=93）
设立大学教师发展或教学改进机构和人员的院校比例	44%	49%	34%	65%
机构存在的年数中值	2.3	2.5	1.4	4.0
人员配备（基于上面的数据得出的百分比）	少于 1%—15% 1%—48% 2 或 3%—16% 4% 或 更 多 —21%	少于 1%—12% 1%—56% 2 或 3%—14% 4% 或 更 多 —18%	少于 1%—19% 1%—46% 2 或 3%—11% 4% 或 更 多 —24%	少于 1%—13% 1%—27% 2 或 3%—31% 4% 或 更 多 —29%

以研究型大学密歇根大学学习与教学研究中心（CRLT）为例，作为美国第一个大学教师发展机构，其现在的人员配备比较齐全，其中包括有主任兼副教务长（1 人），项目经理（12 人），协调者（2 人，1 人是预算管理者，1 人是项目协调者），项目工作人员（7 人，其中 3 人是项目助理，1 人是管理协调者，1 人是计算机系统专家，1 人是主任助理，1 人是办公室服务助手），他们分别负责不同的工作。

---

① John A.Centra，"Types of Faculty Development Programs"，*Journal of Higher Education*，Vol.49，1978，p.160.

五、大学教师发展项目的评价

在任何一个资源、人力和时间有限的社会系统中，项目评价和问责都是必不可少的。大学教师发展项目评价的原因更为复杂，主要有如下五个方面：

1. 为教师发展项目提供资助的组织要求对其进行评价。提供资助的组织有私人基金会、联邦政府及其他组织机构等，他们要求对被资助项目进行评价，并要求学校将其作为申请提案的一部分，在下次申请项目资金时提交给他们。

2. 检验该项目是否达到其最初的目标。一般而言，此类项目有两类目标。一方面是一些具体的目标，例如为一些教师开办一些工作坊，为一些教师举办交流活动，通过评价可以确定这些目标是否成功地实现；另一方面，每一个教师发展项目都面临着特定的政治和组织压力，项目评价正好证明了该项目的成功，从而确保项目的继续进行。

3. 项目评价使得项目参与者能够提高自己的绩效。项目评价为项目参与人员提供了一个反馈，使得他们能够看到自己对于项目的假设和期望之间的距离，例如项目应该如何发挥作用，而实际上项目又是怎么发挥作用的，以及个人工作表现是否取得了成功，等等。

4. 项目评价与政治因素密切联系在一起，评价是为了达到决策的目的。评价的目的就是加速决策过程，在评价过程中，将教师发展项目固有的假设和价值与预期的程序和成绩联系起来，并把这些计划与实际的作用和结果进行对比，从而为下一步的决策服务。

5. 评价过程对学校里的其他项目和活动具有潜在的影响力。如果一个大学教师发展人员想要推动院校的革新和问责，那他就应该通过提交甚至帮助设计项目的评价过程来举例说明该项目具有这些价值。因为他直接参与了这个过程，因此对于该项目的好处和问题最有发言权，而在项目评价的讨论中很少提及项目的这种特定功用，而从教师发展项目对院校的长远影响来看，项目的这种功用是非常重要的。

关于如何进行教师发展项目评价，伯格威斯特和菲利普斯提出了八个一般性步骤。（1）确定项目的目标、优先权和价值，因为它们与评价过程相关；（2）确定衡量项目成功的合理标准，因为这些标准与项目目标、优先权、价值和目的相关；（3）确定待评价项目的活动和结果，因为这些活动和结果与成功标准有关；（4）确定评价项目活动和结果要用到的程序、工具和策略；（5）收集已确定的项目活动和结果的信息；（6）对收集到的数据进行分析，同时要考虑到这些数据与成功标准之间的关系；（7）运用创造性问题解决法提交数据及其分析；（8）由评价者和当事人对项目评价过程进行评价。这八个步骤是环环相扣，紧密相连的。①

至于教师发展项目的评价标准，伯格威斯特和菲利普斯提出了存在两种看法，一种观点认为，衡量大学教师发展项目成功与否的重要指标是该项目是否对学生学习产生了推动作用。任何教育评价的最终结果指向的都是学生学习，如果一个教师发展项目不能对学生学习产生实际的影响，那么它也只能维系一段时间。另一种观点认为，衡量大学教师发展项目成功与否的重要指标是教师是否实现了成长和发展。② 如果以此为评价标准，参与发展项目的教师和相关人员就会受到极大的鼓舞，评价实施起来会更加容易，而且这个标准对教师发展项目而言更加实际。应该将两者结合起来考虑，学生学习结果是大学教师发展项目实施的最终目的，而教师的成长和发展则是直接目的。教师的成长和发展最终还是为了促进学生的学习进步，因此两个评价指标并不矛盾。

康柏（Bai Kang）等学者③ 指出大学教师发展项目的评价必须考虑如下一些评价标准：（1）大学教师发展项目被实施的程度；（2）高校从大学教师发展项目获益多少；（3）教学绩效的提高；（4）新知识、新技能和新

---

① Bergquist, W.H.& Phillips, S.R., *A Handbook for Faculty Development*, Washington, D.C.: The Council of Independent Colleges，1977，pp.290-294.

② Bergquist, W.H.& Phillips, S.R., *A Handbook for Faculty Development*, Washington, D.C.: The Council of Independent Colleges，1977，pp.288-289.

③ KangBai&Michael T.Miller&Richard E.Newman，"Sabbatical Assessment Measures: Evaluating Faculty Leave Programs"，*Journal of Staff Program & Organization Development*，No.1，2000，pp.31-38.

技术在教学中的应用；（5）科研生产力和学术成果的增加；（6）学术成果的价值和质量。他们建议，那些先前通过大学教师发展项目来追踪自己教学、科研和服务业绩的教师应该积极地指导后来者，以保证发展项目的效能得到最大程度的发挥。

威尔伯特·麦肯奇（Wilbert McKeachie）在《通过大学教师发展促进本科教育》一书中，列举了大学教师休假项目的评价步骤：

1. 项目生效的步骤

（1）有多少教师申请了休假？

（2）哪些人获得了批准？他们是不是合适的人选？评选的标准又是什么？

（3）教师是否去休假了？

（4）他们休假期间做了什么？这些活动是否能顺利实现休假的目的？

2. 项目的结果

（1）此次休假对教师的动机是否产生了影响？① 由个人报告显示出；② 由同行评价得出；③ 由管理者的评价得出；④ 由学生对教学的评价得出。

（2）此次休假对教师的学术工作是否产生了影响？① 由出版书籍显示出；② 由教师的报告、论文和习明纳得出。

（3）此次休假对教师的教学是否产生了影响？① 从课程提纲、阅读书目、考试和课堂笔记反映出；② 从学生的学习排名看出。

（4）此次休假是否对教师同事或所在学校产生影响？① 课程方面的变化；② 同事关系的变化——在非正式的午餐会、小组教学、委员会活动等反映出；③ 所在学校组织的变化；④ 对新设备、图书馆扩建、资源材料的需求，以及所在学校与其他高校的联系等方面的变化。

（5）从课程目标的实现方面看，此次休假对学生学习是否产生了影响？此次休假是否有一个持久的效果？休假所带来的影响或变化是否会随着时间的推移而继续保持？①

第二节　美国的学术休假制度

学术休假（Sabbatical Leave）是指大学教师服务于高等教育机构一定期限后的一种休整方式。卡特·古德（Cater V. Good）主编的《教育辞典》将"学术休假"解释为："工作服务满一定期限后，作为一种补偿，提供给教师的自我发展机会的一种计划。"② 1994 年肯尼斯·萨哈斯基（Kenneth J. Zahorski）认为这个定义很权威，并做了两点补充：休假后仍回原单位效力；需要提交休假报告。③ 美国大学教师的学术休假起源于 19 世纪末期，随着美国研究型大学的建立而创制，如今已成为美国高等院校普遍采纳的用于教师发展与提高的主要制度形式。

一、学术休假的起源

学术休假中"休假"的英文为 Sabbatical，从词源学上进行考察，颇富宗教色彩。Sabbatical 大概源于希伯来神话：亚洲西部古国米底的一条古老的河流，这条河六天时间流淌不息，而到第七天就停止流动。因此，这个词在希伯来语里即"安息日"。后来又派生出 Sabbatical Year，即每隔七年农业的休耕。19 世纪末期，"学术休假"一词被首次援引到美国院校中来，如其原始含义一样，它意味每隔七年就轮休一次。现在"学术休假"的含义一般指每隔一定年限，大学的教师和管理者在全薪与减薪的情况下，外出休整一年或更短的时间，学习、休养或旅行。最初休假期限是每隔七年，后来就变化多样了。

---

① Kenneth Eugene Eble. &Wilbert James McKeachie，*Improving Undergraduate Education Through Faculty Development：An Analysis of Effective Programs and Practices*，San Francisco：Jossey-Bass，1985，p.181.

② Carter V. Good，*Dictionary of Education*，New York：McGraw-Hill，1959，p.424.

③ Kenneth J. Zahorski：*The Sabbatical Mentor*，Bolton MA：Anker Publishing，1994，p.5.

学术休假项目最早在 1880 年由哈佛大学首创。关于起因，有不同的说法。据 1989 年出版的《牛津英语词典》称：在 1880 年 5 月 30 日，哈佛学院的校长查理斯·艾利奥特（Charles W. Eliot）批准工作七年以上的教师可以休假，休假期间享有半薪。萨哈斯基研究发现，艾利奥特当年慨然而有此举是为了把当时霍普金斯大学著名的文献学家查尔斯·莱曼（Charles Lanman）吸引到哈佛来。而另有学者认为，艾利奥特在 1880 年就职典礼上发表了有关学术休假的演说，这不过是他 40 年哈佛改革生涯中的一项具体而微的措施而已。[①]

在 19 世纪 80 年代中期，美国除哈佛外，还有东海岸两所大学——康乃尔与威斯利建立起学术休假制度。其中，威斯利是第一所给女性教师学术休假的学院。随后，五所私立大学——哥伦比亚大学、布朗大学、阿默斯特学院、达特茅斯学院与斯坦福大学，以及两所公立大学——加州大学与伊利诺斯州立大学，相继建立起学术休假制度。到 1890 年，至少有十所大学将学术休假制度作为教师发展的重要手段。[②]

美国大学学术休假的产生与 19 世纪末期研究型大学的崛起，与大学教师的教学功能向研究功能的重点转向有直接关系。弗雷德里克·鲁道夫（Frederick Rudolph）在所著《美国大学史》中提到：1877 年后霍普金斯大学与芝加哥大学率先创立许多学术性期刊、学术社团及大学出版社，美国的研究型大学越来越重视教师的学术生产，于是带薪休假、学术休假制度开始慢慢发展起来。到 19 世纪 90 年代，学术休假变得较为普遍，教师们也形成学术休假的回报意识：发表观点新颖的论文、有新的实验发现、撰写出新的著作。学术休假在本质上是促进教师学术创造力提升的重要途径。[③]

---

① Walter C. Eells& Ernest V. Hollis，*Sabbatical Leave in American Higher Education. Washington*，DC.US Office of Education Bulletin 17，1962，p.1.

② Bai Kang& Michael T. Miller，"An Overview of the Sabbatical Leave in Higher Education：A Synopsis of the Literature Base"，*Information Analysis*，1999，pp.7-9.

③ Frederick Rudolph：*The American College and University：A History*，New York：Vintage Books，1965，pp.402-405.

由于这些研究型大学的示范作用，学术休假制度为越来越多的高等院校所接受。在 20 世纪前 20 年间，美国大概有 40 所院校采纳了学术休假制度。到 20 世纪 30 年代，全美则有 178 所院校将学术休假作为教师发展的重要措施。亨利·班尼特（Henry G. Bennett）在 1932 年向 268 所公立大学、技术学院及师范学院的校长发放了问卷，结果发现：有 48% 的院校建立了学术休假制度。当然，州际与校际之间存在差别。其中，州立与市立院校在学术休假方面处于优先地位，政策也很稳定。那些没有学术休假的高校，主要原因是由于财力有限。有关建立起学术休假制度所用的时间，一般是 7 年左右，具体从 1 年到 30 年不等，校际差别较大。[①]

从 20 世纪 60 年代末期之后，由于美国高等教育规模的扩张，学术休假以更迅捷的速度在美国高等院校中得到普及，且形式多样。查里斯·安德森和弗兰克·阿特塞克（Charles J. Anderson & Frank J. Atelsek）在 1982 年的报告称，全美有 84% 的四年制学院、64% 的两年制学院都建立了学术休假制度。据《教育统计摘要》（*Digest of Education Statistics*）的统计，截至 1992 年全美约有 3400 所私立院校与公立两年和四年制度学院，其中 2500 所院校设有各种形式的学术休假。[②]

二、学术休假的价值

学术休假的重要动因之一在于推动大学教师的国际化。二战后，美国高等教育扩张，带来教师多元化的压力。管理者们也被迫考虑提供相应措施，鼓励教师出国。美国的学术休假在 20 世纪 60 年代后期获得较快发展，归根结底是为了满足高等教育机构的根本利益。世界变化太快，大学教师必须紧跟时代变化，在本研究领域不断进行知识更新。传统的广泛阅读、参加会议与专业组织很有助益，但已经显得不够充分。大学教师需要

---

① Bennett, H.G.& Scroggs S., "Sabbatical Leave", *The Journal of Higher Education*, No.3, 1932, pp.196-199.

② Charles J. Anderson&Frank J. Atelsek, *Sabbatical and Research Leaves in Colleges and Universities*, Washington, DC: American Council on Education, 1982.

受到那些优秀教师的激励与鼓舞，与各种小组成员进行互动。一些学者认为，除了智力与个性因素外，教师职业活力还受专业化、组织结构与组织环境的影响。因此，促进教师的职业发展是教师个人与组织的共同责任。[①]

学术休假政策的宗旨在于提高教师队伍的士气以保证教师教学与服务质量逐步得到提高。获得学术休假的教师一般都会对组织心存感激，因此，这项政策对于稳定教师队伍极为重要。一个灵活、管理良好的学术休假项目可以为教师营造出健康的求知氛围。实践也反复证明，一个规划完善、富有建设性、面向全员的学术休假计划对于提高教师的士气与创造力都至关重要。[②]

学术休假在教师发展过程中起重要作用。大学教师工作久了就会陷入模式化，思维与行动越来越狭窄，因此，有扩展更新的必要。教师的知识、技能、策略都需要被重新刺激一下。学术休假的教师一般都会有意或无意地对原先的知识与实践进行重估，对自己及原来所在的大学重新认识。在大学教师发展途径中，学术休假在提高教师效能、增进知识创造力、学术能力，以及加强教师的使命感及对大学组织的忠诚方面扮演着不可替代的角色。

哈罗德·鲍恩和杰克·舒斯特（Howard R. Bowen & Jack H. Schuster）认为，由于大学教师职业的特殊性与长期性，很容易发生职业倦怠，而学术休假能够有效防止倦怠的发生，促进教师个人成长与专业发展。[③] 大学教师的职业生涯分为三个阶段：初级、中级与高级。不同阶段的发展需要有很大差异。教师在职业生涯初期进步较快，但在获得终身聘任之后，就

---

① Bai Kang & Michael T. Miller，"An Overview of the Sabbatical Leave in Higher Education：A Synopsis of the Literature Base"，*Information Analysis*，1999，p.4.

② Gayle A. Brazeau & Jeanne H.Van Tyle，"Sabbaticals：The Key to Sharpening our Professional Skills as Educators. Scientists，and Clinicians"，*American Journal of Pharmaceutical Education*，2006，p.109.

③ Howard R. Bowen&Jack H. Schuster，*American Professors：A National Resource Imperiled*，Oxford University Press，1986，pp.3-4.

会慢下来，创造性降低，再往后可能进入创造力停滞阶段。哈依姆·加济尔（Haim H. Gaziel）研究表明，教师在工作到一定年限后，工作满意度会下降，职业倦怠感会上升。① 保持教师活力，提高教师素质最重要的途径之一是为教师提供发展项目服务，以期提高教师的职业技能，促进在学术领域与相关学科领域的学术增长，提高教师素质，改善组织形象。

　　20 世纪六七十年代，美国大学学术休假政策的重心一般放在为年轻教师提供攻读博士学位的机会，但对于那些中年教师，也给他们深造的机会，让他们在体力与智力上进行调整，应对中年时期的问题，甚至做好退休的准备，这些同样非常重要。伦纳德·斯特兰特（I. Leonard Stright）曾著文谈及学术休假对自己这样一位正当盛年的教师的积极影响。斯特兰特在印第安纳州立学院任教 17 年后，在 1963 年秋季学期终于得到学术休假的机会。这距离他获得哲学博士学位已过去了 18 年。他去芝加哥大学作博士后研究，芝加哥大学的秋季学期是最富有价值的，而且他不必受学分与课程的限制，可以围绕自己的项目进行研究、学习，一年下来受益匪浅。②

三、学术休假的目标

　　大学教师的个体发展无疑也会促进所在组织的发展，准备进行学术休假的教师一定要做好详细而具体的计划以期得到最大收获。但在大多数情况下，申请学术休假的教师的服务期限都超过了规定。教师的学术休假申请是否被批准取决于一些因素，如入学人数、院系的财政状况、教师退休的情况，以及学术休假最直接的目标。因此，学术休假的目标不仅关系到休假的效果，也直接关系到申请能否获准。通常而言，美国大学教师学术休假较大的目标有三个：学习、旅游、身体康复。

---

① Haim H. Gaziel, "Sabbatical Leave, Job Burnout and Turnover Intentions Among Teachers", *International Journal of Lifelong Education*, No.4, 1995, pp.331-338.

② I. Leonard Stright, "Sabbatical Leave: A Critique", *The Journal of Higher Education*, No.7, 1964, pp.388-389.

在不同历史阶段，鉴于美国大学发展需求的变化，学术休假的具体目标也随之发生变化。但无论如何，学习自始至终都是学术休假的中心。学习的目标具体包括：提升学术水平、促进教学、促进课程发展、完善个人表现。H. 道尔蒂（H. Jr. Daugherty）经过调查发现，在20世纪60年代，高等教育机构的学术休假项目70%以上的目标是为了获取研究生学位。[①]许多学术休假的教师会希望在访学的大学的研究生院修习早就企盼的高级学位。一些教师带有特殊的研究计划，另一些则渴望师从名师。许多大学的研究生院对博士后研究人员免费，一般大学都会为休假教师提供教室、图书馆及其他需要条件。[②]

塞丽娜·西玛（Celina Sima）曾对一所公立大学1991、1992、1993三个学年被批准的学术休假申请进行调查，从中发现学术休假的预期目标排序分别是：（1）学习新的研究方法；（2）推动研究；（3）从事研究；（4）学习；（5）撰写论著；（6）进行综述、研究设计；（7）课程发展；（8）向同事展示研究成果。而休假后所达到的实际目标排序分别是：（1）从事研究；（2）撰写论著；（3）学习；（4）研究设计；（5）学习新的研究方法。[③]可见无论是预期还是实际的目的，首要者都推学术研究。

西玛还系统统计了根据学术休假目标而达到的实际收益情况，包括发表论著、开设新课、会议发言、研究设计，等等。但这仅仅是对学术休假收益的保守估计，也是可见收益，还有大量的潜在收益是无法估算的。在193位休假者中68%是休假一学期的，164位能够如期完成休假，125位能够递交休假报告。个别教师休假过程中计划有所调整，但基本都达到预期目的。休假的学术收益表明休假的主要目的在于提高学术生产力，通过学术报告、发言与参会了解前沿学术信息。另外，对改善课程，提高教

① H.Jr.Daugherty：*Sabbatical Leaves in Higher Education.*，Bloomington：Indiana University，1979，p.77.

② Ralph E. Heiges，"On Sabbatical Leave"，*Peabody Journal of Education*，No.1，1954，p.7.

③ Celina M. Sima & William E. Denton，*Reasons for and Products of Faculty Sabbatical Leaves*，ASHE Annual Meeting Paper. November，1995，pp.12-14.

学艺术，组织会议，撰写分析报告也有助益。①

四、学术休假的制度规章

美国大学有关学术休假的制度规定因校制宜，各有特色。但每所学校都将教师的学术休假作为教师的一项基本权利加以规定。20 世纪 70 年代的教师集体谈判运动，以及美国大学教授联合会（AAUP）等全国性大学教师联合组织的发展，在争取教师权益保障方面功不可没。AAUP 在全美已有超过 2000 所高等教育机构加盟，900 多所院校的章程以 AAUP 宣言为基础。按照加入 AAUP 协议的要求，成员大学每年要向 AAUP 汇报本校教师的基本情况，其中包括每学期学术休假的教师名单。一些大学还把学术休假作为教师的一项个人福利加以保障。②

各校有关学术休假政策的基本内容大体一致，其中必然涉及：（1）取得休假资格的服务期限；（2）休假的目的；（3）休假前的要求；（4）同一时期休假教师的数量；（5）休假期间的薪酬；（6）休假后的职称、职位、资历以及其他权利问题；（7）休假的期限。③ 不同大学对学术休假的规定有所出入，如休假时间、资格、薪酬等。哈佛大学学术休假最初的做法是：每隔七年，休假一年，薪酬减半。这一做法现在仍为许多院校效法。后来，也有半年休假全薪酬的政策。所以，美国大学学术休假一般两种选择：一年半薪、半年全薪。大约四分之一的院校取第一种做法，即学术休假时间一般是一年（12 个月或一学年），休假期间教师薪酬减半。还有部分院校一年的薪酬是五分之三、三分之二、四分之三，等等。休假一学期或半年的教师一般在休假期间享有全薪。总之，不同的服务期，不同的休假时间，体现在不同的待遇上。

---

① Celina M. Sima & William E. Denton, *Reasons for and Products of Faculty Sabbatical Leaves*, ASHE Annual Meeting Paper. November, 1995, p.20.

② AAUP, *Collective Bargaining Agreement Between the University of Delaware and American Association of University Professors*. University of Delaware Chapter, July 1, 2005.

③ Washington Education Association, *First Annual Community College Sabbatical Leave Survey*, Seattle, Dept, 1968.

另外，现在还有一种"短期休假"（Mini-sabbatical），只有6—8周，教师可以不从事教学，而全心投入项目研究。大多数院校规定全职教师服务期满6年后方有资格申请学术休假，获得学术休假的教师必须再经过6年服务期才能获得下一次休假机会。但近年来，学术休假的工作期限有缩短的趋势，有的大学教师工作期满3年或4年就可以申请休假。①

在美国，学术休假的含义基本没有歧义，但至于条件与程序，每个高等教育机构都有具体的规定。有关申请资格，大多数院校，助理教授以上职称的专任教师工作满一定期限后（一般是6年）即可申请休假。但由于学术休假是以工作期限为前提条件，因此，高级职称教师比低级职称教师休假申请获准的比例要高，尤其是很少有助理教授获得学术休假，有的院校干脆将学术休假资格只局限于教授与副教授。

大学管理者要保证学术休假制度的公正与公平。学术休假的申请程序是：一般由教师与院长（系主任）组成的委员会进行管理，委员会对申请者的申请缘由、可行性进行评审，最后由校长和董事会批准。以一所普通公立大学为例：诺瓦东南大学（Nova Southeastern University）1987年开始实施学术休假制度，1990年在全校范围内实施学术休假政策。教师的申请报告交给院长（系主任），然后再转交给教师委员会进行审查。教师委员会将讨论结果反馈给院长（系主任）。院长（系主任）根据财务状况、工作安排与申请性质进行考虑，然后向学术事务办公室或校长办公室建议是否批准休假申请。学术事务办公室主任或主管副校长审核后向校长汇报，由校长向学校董事会呈报并最后批准。② 有的大学直接由主管副校长向校级相关委员会提交申请，经批准即可，不一定非经过学校董事会。

院系在学术休假中履行着重要职能：需要重新安排那些因休假外出教

---

① Bai Kang& Michael T. Miller, "An Overview of the Sabbatical Leave in Higher Education: A Synopsis of the Literature Base", *Information Analysis*, 1999, pp.9-10.

② NSU Sabbatical Leave Overview and History, www.nova.edu/cwis/vpaa/forms/sabbatical. pdf, 2005, p.7.

师的教学与科研工作。按照学校规定，学校不可能为学术休假提供所有费用，因此，院系也需设法解决。在美国，绝大多数教师的学术休假申请一般最终都会获准。申请成功的主要障碍在于经费与人事安排，但这些问题都可以通过院系的统筹安排而获得解决。学术休假结束后，教师还应分别向院长、教师委员会以及主管副校长递交书面报告。报告目的有二：(1)报告学术休假的收获；(2)作为该教师以后学术休假及其他资助计划批准与否的参考。

五、学术休假的争议与研究

学术休假作为大学教师创造性发展的一个组成部分，一直是大学管理者与州立法者非常关心的一个议题。学术休假对教师发展和提高工作满意度富有明显的积极作用。但部分大学的学术休假制度所产生的收益并非预期那样高。如全美有关公立大学教师及其学术休假的法律规定最完善的州之一的路易斯安那州每年用于教师学术休假的花费巨大。但统计表明，该州大约只有 59% 的教师休假后返回原校，因此学生与公众并没有从学术休假中受益多少。①

还有部分大学管理者利用学术休假行非法之事。如 1991 年罗切斯特理工学院（Rochester Institute of Technology）的院长理查德·罗斯（M. Richard Rose）休假四个月为政府做研究。虽然他的休假是保密的，但还是被透露出去，引发争议。学校董事会召集开会，发现罗斯实际上是为中央情报局（CIA）做研究项目去了。董事会成立专门审查小组，调查结果属实，罗斯因此而辞职。另外，并非所有的教师都愿意参与学术休假计划，因为在休假期间薪酬减少、资助停止、额外收入减少，不利于晋升终身教职。因此，到了20世纪90年代中期之后，学术休假受到公众的质疑，被指责为公费旅游，不负责任。越来越多的立法者们对学术休假持批评态

---

① Charles L. Bassano, "Sabbatical Leave for Teachers", *PAR Analysis*, Number 211. 1976-01-00.

度，那些锐意改革的校董会成员也主张对这一制度进行审查。

此前，美国有关学术休假的研究资料非常有限，大部分是质性研究、个体叙事以及观点性的陈述。对学术休假的目的、收益、操作机制都缺乏了解与认同。因此，20世纪90年代中期的这场持续时间较长的争论吸引了诸多学者对学术休假制度进行研究与反思，有关学术休假的本质、目的与价值等问题都被揭橥出来。

1995年，伊利诺斯大学的两位学者塞丽娜·西玛与威廉·丹顿（Celina M. Sima & William E. Denton）在美国高等教育研究联合会（ASHE）年会上提交了一份报告。他们通过对一所公立大学三个学年的教师学术休假申请报告及总结报告的内容分析，尝试讨论有关学术休假的目的及学术价值，从而进一步为相关促使学术休假制度改进的决策做参考。他们阅读了193份申请书与125份休假报告，结果发现申请学术休假的教师有49%将研究作为首要目的。学术休假的效果首先体现在教师学术创造力的明显提升。① 在后来一篇文章里，塞丽娜·西玛充分肯定了学术休假与教师发展和工作满意度之间的相关关系。②

1996年，卡尔·博宁（Carl H. Boening）研究了阿拉巴马大学（The University of Alabama）从1986年到1996年期间学术休假的申请与批准模式。他发现大部分学术休假的申请来自于文理学院，而商业贸易学院被批准的比例最高。而从学校外部获得资助的教师有97%是申请成功的，第一次成功申请学术休假与后继的申请成功之间存在高度的相关，90%的学术休假申请是基于学术研究的目的。③

1998年，康柏与迈克尔·米勒（Bai Kang & Michael T. Miller）也选取了阿拉巴马大学1989—1994年学术休假的150位教师作为样本。研究

---

① Celina M. Sima & William E. Denton, *Reasons for and Products of Faculty Sabbatical Leaves*, ASHE Annual Meeting Paper. November, 1995, p.12.

② Celina M. Sima, "The Role and Benefits of the Sabbatical Leave in Faculty Development and Satisfaction", *New Directions for Institutional Research*, No.27, 2000, pp. 67-75.

③ Carl H. Boening&Michael T. Miller, "Research and Literature on the Sabbatical Leave: A Review", *Information Analyses*, 1997, pp.10-11.

发现：教师在学术休假之后，学术创造力有一点持久而轻微的上升。但在学术休假的前后三年，其创造力无显著变化。在研究中，受访对象对待学术休假都持积极态度，他们认为休假对于提高教师队伍的士气，促进教师在教学、科研和社会服务方面富有功效，大多数休假者对于所在大学组织的使命感也增强了。①

以上几项美国学者进行的经典研究证明了有效的学术休假对于教师个体及大学组织，对于大学教学与科研都产生积极作用，有利于大学教师进行教学反思，回到真实的生活情境中去，重新检验他们的教学理论与观念。比较研究也显示，英国、加拿大、澳大利亚等英语系国家，大学学术休假制度建立得比美国晚，正规化、制度化的程度却发展很快。② 所以，面对公众的质疑，尽管一些学术休假由于复杂因素的影响而未达到预期效益，但大学需要做的不是取消学术休假，而是如何使得学术休假项目达到实效，如何对学术休假进行有效的监控与评估。

第三节　美国大学教师发展的同行指导

美国学者基于非正式学习理论，提出大学的同行指导实践模式。美国从研究型大学、州立大学到社区学院均对同行指导项目进行开发、实施、评估和改进，为大学教师提供了更多的可持续发展的机会。从 20 世纪 70 年代开始，美国学者就同行指导与大学教师发展之间的关系展开研究，证实同行指导的功效。在美国，同行指导已成为大学教师发展的一种常见项目与举措，并因不同学校、院系与学科的差异而采用多元化的指导模式。

---

① Bai Kang & Michael T. Miller, "An Overview of the Sabbatical Leave in Higher Education：A Synopsis of the Literature Base", *Information Analysis*, 1999, p.11.

② Sheelagh C.Booth & Higbee C.Eliot, *A Comparative Study of Sabbatical Leave Practices in Selected Commonwealth and U.S. Universities*, Paper No. OIR-30. 1974-02-00.

一、同行指导的定义与理论基础

（一）同行指导的定义

"指导"是人力资源开发领域众所周知的概念和普遍实施的活动。组织行为学、管理学和心理学等许多学科都研究过指导，将指导视为高就业、教育成功和个人发展的首要因素。"指导"一般是指组织中由经验丰富的成员和新成员，高级职位与低级职位的个体之间建立的师徒关系。指导是一种受保护的关系，在这种关系中，可以进行学习和实验，可以发展潜在的技能，可以根据获得的能力而非学习的课程来衡量结果。在大学里，通常是由教师和学生构成指导与被指导的人际关系。教师通过对话和反思，促进经验欠缺的学生的自我发展的过程就是指导。指导的主要功能是通过传授知识、组织文化、智慧和经验来发展学生的学习能力。

在大学教师发展活动与项目中，指导也用于教师之间的同行指导。"同行指导"（Faculty Mentoring）是由教师与其同事之间建立起来的指导关系。同行指导在富有经验的指导者与缺乏经验的被指导者之间建立起互惠关系，通过专业联系、咨询、引导、指教、模仿与鼓励等手段，促进教师的教学发展、专业发展、个体发展与心理成熟等方面社会化的过程。[①]一般而言，在同行指导中，指导者是职称和学术地位较高的老教师，被指导者是职称与地位较低的新教师。同行指导通常是由老教师对新教师进行支持、引导和指教，有助于促进新教师的职业发展，形成新的身份认同。

（二）同行指导的理论基础

大学教师的学习属于成人学习。成人学习有如下特点：成人倾向有意义的学习；成人依赖于先前的知识和经验；成人倾向于解决问题，学习知识后立即付诸实践。非正式和偶然的学习是成人教育的核心，因为它以学习者为中心，可以从生活经验中学习。非正式学习可以发生在任何地方，但通常不是高度结构化的。美国两位知名的成人教育学者维克多·马尔西

---

① Therese Huston& Carol L. Weaver, "Peer Coaching: Professional Development for Experienced Faculty", *InnovativeHigher Education*, No.2, 2007, p.8.

克和凯伦·沃特金斯（Victoria J. Marsick& Karen E. Watkins）提出的非正式学习和附带学习模型指出非正式学习有以下特征：与日常生活相结合；由内部或外部震动触发；没有高度的意识；是随机的、偶然的；是一个反思和行动的归纳过程；与学习他人有关。①

　　非正式学习这些特点，都适用于同行指导项目：指导者与被指导者将日常知识和经验整合到指导体验中。无论是正式的还是非正式的指导项目，其指导活动通常都不是高度有意识的，有些关系是偶然发生的。此外，在指导阶段，指导者和被指导者都有很多反思和行动。指导在很大程度上是围绕生活经验展开的，因此，非正式学习理论有助于理解指导项目的应用。由于非正式学习可以在任何有学习需求、动机或机会的地方进行，因此高等教育机构是一个适合的环境。高等教育机构可以通过非正式学习来促进教师的发展。非正式学习活动包括指导、培训、交流和自主学习。

　　高等教育中的同行指导模型如图 3-2 所示。这种模型是非正式和偶然学习理论在高等教育中的运用。它将高等教育作为一种环境，将初任教师的指导作为一种非正式学习过程。模型各部分之间的联系（如箭头所示）在理论上是指导者（导师）与被指导者（学徒）相互作用不断发生。这个过程可以始于需求、机遇或挑战，导师或学徒可以学习、成长。这个循环

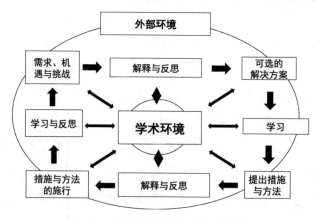

图 3-2　大学教师发展的同行指导模型

① Victoria J. Marsick& Karen E. Watkins, "Informal And Incidental Learning", *New Directions for Adult and Continuing Education*, No.89, 2001, p.25.

可以提供新的需求、机会或挑战，作为指导过程的一部分。

在整个过程中，导师和学徒同时学习。在双方互动中，提出策略或解决方案。这种策略或解决方案可能是一个导师帮助学徒掌握一种全新的教学技术，可能是在一个研究课题上的合作，也可能是导师让学徒降低期待，学会婉拒一些不必要的事务。当策略或方案被提出时，应该再次进行解释和反思。这促使导师和学徒继续反思为什么这样的策略或方案最适合于应对需求、机遇或挑战。一旦理解了，就可以着手实施。当新的需求、机遇或挑战出现时，这些经验教训和反思可以继续发挥作用。

二、同行指导的目标与功能

有效的同行指导对于提高大学学术水平和建设一支能够不断提高水准并在国内和国际上具有竞争力的教师队伍至关重要。同行指导项目将有助于大学实现其目标，建立一个高质量、多元、卓越，以及有利于所有成员成长的工作环境。虽然职业发展和成功归根结底是教师个人的责任，但机会、指导和环境支持的程度都是重要的影响因素。美国大学的同行指导项目的目标通常是指导新任教师或年轻教师尽快了解学校的管理机构、各种委员会、学术支持、教学支持等，并融入大学生活；为教师的学术职业发展和教学发展提供建议和咨询服务；通过调查和问卷的方式建立数据库，以更好地了解并回应新任教师和年轻教师的需要；提供关于教学、科研、职业发展等促进教师发展的工作坊等。

20世纪80年代，美国一些学者随即展开对同行指导项目实际功效的研究。如1982年马加里·奎拉特（Magaly Queralt）对430名具有学术地位的教师和管理人员进行研究后发现，有导师的教师的职业发展水平显著高于没有导师的教师。通过发表状况、获得资助、领导角色、学术排名、年度总收入、工作满意度和职业满意度等指标看，有导师的教师比那些认为导师在其职业生涯中没有发挥显著作用的教师取得了更多的成就。此外，与没有导师的学者相比，有导师的学者出版了更多的论著，获得了更多的科研基金，担任国家、国家和国际组织的领导者的人次数也更多。那

　　些经历过长期导师指导的教师比那些导师指导时间较短的教师取得了更多的成就。最后，拥有多位导师的教师也表现出更快的进步，那些在职业生涯早期就有导师的教师比那些没有导师的教师表现得更好。①

　　莎兰·梅里亚姆等（Sharan B. Merriam et al.）学者的研究也得出类似的结论，"有导师的教师比没有导师的教师在职业发展方面表现出明显更高的水平"，并且"经历过长期指导的教师在职业生涯中取得的成就比那些指导时间较短的人更多"。② 在同行指导项目中，被指导教师通常会体验到很多好处：增强了自信心；增加提供咨询意见和相关信息的机会；鼓励对实践进行反思；更多的个人支持；有效的改进；了解组织的文化、政治和理念；并且获得一位知己的关注与意见。"更高的工作满意度，更高的薪水，更快的晋升，更坚定的职业规划，以及成为导师的可能性的增加"成为受指导教师的共同取向。③

　　为了识别同行指导所具有的功能，1983 年，波士顿大学组织行为学教授凯西·卡拉姆（Kathy E. Kram）提出了一个概念模型，指出指导所具有的两大功能：首先是促进职业发展的功能，如支持、披露、指导、保护和提出富有挑战性的任务。其次是满足社会心理的功能，即增强能力感、明确的身份、管理角色的有效性，如指导者的角色楷模，被指导者的接纳和确认，双方的咨询和友谊。④ 这些功能定义了导师可能扮演的多重角色，以及学徒发展的目标。

　　具体而言，同行指导可以解决被指导教师的职业发展、社会交往、

①　Queralt，Magaly：*The Role of the Mentor in the Career Development of University Faculty Members and Academic Administrators*，Paper presentedat the annual meeting of the National Association of Woman Deans，Administrators，and Counselors，Indianapolis. ERIC Document Reproduction Service，3 April 1982.

②　Sharan B. Merriam，Thomas K. Thomas，Catherine P. Zeph，"Mentoring in Higher Education：What We Know Now"，*The Review of Higher Education*，No.11，1987，p.202.

③　Cheryl A.. Wright&Scott D. Wright，"The Role of Mentors in Career Development of Young Professionals"，*Family Relations*，No.2，1987，p. 204.

④　Kathy E.Kram，"Phases of the Mentor Relationship"，*Academy of Management Journal*，No.4，1983，pp. 608-612.

专业发展和身份认同等问题。通过指导写作、研究和分析技能的发展，可以很快将新教师吸引到职业发展的方向上来。导师与学徒共同从事研究工作，共同出版，可以帮助学徒获得学术研究的宝贵经验。邀请学徒参加专业教育协会的会议或论坛，可以建立起学术关系网。导师通过向学徒解释学术界"不成文的规则"，帮助学徒完成社会化。[1] 参加过指导项目的一些学徒认为，他们顺利地融入学术界，其导师功不可没：导师们了解所在机构和学术界的文化和期望；导师们是本单位受人尊敬的成员，被视为杰出的研究人员和学者；导师们对学徒很支持，也很容易接近；导师们与学徒有着相似的定位取向。[2]

同行指导不仅对被指导者意义重大，同时也能够促进指导者的发展。[3] 学徒不仅是指导关系中的受益者，导师也能从这些关系中获得回报。同行指导一般是有教学经验的老教师对新任教师进行指导。由于同行指导关系的互惠性，指导者的知识得以更新，被指导者则成为一个积极的同伴，在指导者这个角色榜样的引导下，逐渐成长为成熟的教师。导师也可以从学徒那里得到许多相互帮助，以承担多重责任。在同行指导中，导师可以重新认识自身的角色；提高工作满意度；进行自我反思；增进专业关系；被同事认可；在学习和发展方面发挥积极作用，学术思想被重新激活。

同行指导项目对指导者、被指导者、学生及所在院系都有益。学术组织的水平最终依靠的是教师队伍的质量。如果新教师能够很快适应组织文化，获得晋升和长聘，他们一般会对学校和学院有极高的忠诚度。[4] 此

---

① Linda C.Tillman，"Mentoring African Faculty in Predominantly White Institutions"，*Research in Higher Education*，No.42，2001，pp.298-299.

② Nancy DuBetz&Steve Turley，"Mentoring in Higher Education：A Self Study of Faculty Socialization"，*Networks*，No.1，2001，pp.1-7.

③ Elaine Becker & Johanna Schaffner，*Faculty Mentoring Program：Pittsburgh Technical Institute.* Faculty Development Center，1999，p.2.

④ Marie A. Wunsch & Linda K. Johnsrud，"Breaking Barriers：Mentoring Junior FacultyWomen for Professional Development and Retention"，*To Improve the Academy*，No.11，1992，pp. 175-187.

外，大学也可能从指导项目中获益。首先，与其他类型的员工发展措施相比，教师同行指导的成本通常更低。其次，整个大学的组织承诺和生产率都有所提高，教师的流失率有所下降。同行指导的其他益处还包括，同事间更深入的互动和沟通，以及更丰富的人际网络。教师同行指导项目的存在也有助于为大学招聘师资。一所大学有教师同行指导项目，等于告诉应聘者，大学愿意资助新教师，并鼓励他们取得成功。

三、同行导师：责任与类型

（一）导师的责任

《韦伯斯特辞典》对"导师"（Mentor）的定义：值得信任的顾问、向导、导师或教练。在西方文化中，"导师"一词可以追溯到希腊神话《奥德赛》。奥德修斯参战时，将儿子特勒玛库斯托付给朋友照顾，他的朋友就肩负起导师的责任。智慧女神雅典娜有时也以导师的身份出现。导师们给特勒玛库斯建议，照顾他，保护他。[①] 因此，"导师"一词通常与顾问、朋友、老师和咨询师的概念相联系。明智的建议、父母般的保护和关心是这种关系的特征。导师扮演着教师、发起人、指导者、榜样和顾问的角色。

成人教育学者劳伦特·达洛兹（Laurent A. Daloz）在《有效教学和同行指导》一书中描绘了导师的作用："导师是我们的领航人。因为他们经历过，所以值得我们信任。他们是我们的希望所在，他们为我们照亮前程，答疑解惑，警示险情，并让我们发现从业的乐趣。"[②] 同行导师的主要职责是重在引，而非教。有经验的导师会从多个方面对新任教师进行指导，有些要依被指导者的具体需要而定：

1.课堂管理，包括学习方式、教学技巧、课程目标及运用课程评价反馈等；

---

① Sheri A. Knippelmeyer & Richard J. Torraco，*Mentoring as a Developmental Tool for Higher Education*，University of Nebraska-Lincoln，2007，p.2.

② Laurent A. Daloz：*Effective Teaching and Mentoring*：*Realizing the Transformational Power of Adult Learning Experiences*，San Francisco：Jossey-Bass，1986，p.7.

2. 教学有效性的评价，包括形成性评价、同行观察和反馈、大纲审查等；

3. 职业技能的评审，包括学术诚信、测验试题的开发与撰写、试题分析和数据分析等；

4. 促进学术发展，包括专业学术写作技能、研究计划的准备；

5. 服务，包括学院或大学、社区层面的可以承担的服务角色；

6. 帮助教师达成学术、教学、服务及个人生活和专业工作的平衡等。

同行导师的数量不受限制，只要达到标准，就能担任同行导师。导师需要达到一定的标准和要求，对于标准的设定，各个大学都不尽相同。以两年中等教育后的私立学校匹兹堡技术学院（Pittsburgh Technical Institute）为例，同行导师需要具备以下条件：在匹兹堡技术学院拥有至少四年的教学经验；在过去四年中的教学评估的平均成绩为"良好"及以上。只有达到上述两个要求的教师方可提出申请。该学院认定成功的导师应具有以下特质：

1. 是一名业务娴熟的教师，对被指导者有积极的期望；

2. 是拥护学校政策的团队合作者；

3. 与学生、教师和工作人员维持良好的关系；

4. 在提供建设性的反馈时可以开诚布公地交流；

5. 是良好的倾听者；

6. 有兴趣指导新教师，并能满足被指导教师的需要；

7. 即使被指导教师与其教学风格不一致，也能帮助其发展自身的教学风格。

因此，作为角色榜样的指导者，可以为新任教师或年轻教师的学术生涯以及教学发展提供诸多有效的建议，促进其教学能力的提升和教学学术的发展。[1] 美国许多大学在同行指导的政策中，申明导师的责任和角色

---

[1]　Elaine Becker & Johanna Schaffner, *Faculty Mentoring Program*：*Pittsburgh Technical Institute*, FacultyDevelopment Center, the Annual Meeting of the Association for Career and Technical Education, December 1999, pp.3-5.

期待，同时也明确了导师的权利，如密歇根州立大学规定，同行指导工作是对学院和系所的一种服务，担任导师的教师可将其指导工作纳入年度考核。①

（二）导师的类型

罗伯塔·桑兹（Roberta G. Sands）等学者通过对美国中西部一所公立研究型大学的实证研究，探讨了担任同行指导的导师有哪些类型。这项研究发现，导师指导是一个复杂的、多维度的活动。在对理想导师功能的因素分析的基础上，确定了四种类型的导师：

第一种类型是朋友型。其描述词是"朋友"，包含了社交、情感、个人和人际关系等要素。这一类型包含七个变量——友谊、情感支持、对他人的建议、帮助作出艰难的职业决定、帮助解决个人问题、参与社会活动以及免受批评。朋友型导师主要特点是与被指导教师进行社交互动，提供关于个人的建议，帮助解决个人问题。

第二种类型是职业指导型。这一类型包含在研究或出版物方面的协作、引荐能够促进个人事业发展的人物、参与进学术圈、拓宽专业视野、提出选题、基金或资金来源的建议等要素。由于强调的是职业发展的可见性，所以这一类型被称为职业指导。职业指导型导师能促进被指导教师研究的发展，帮助其融入学术圈，扩大专业知名度。

第三种类型是信息提供型。这一类型包含介绍有关大学政策和程序的信息、关于正式晋升和终身职位的条件、关于非正式晋升条件的信息以及关于委员会工作的建议等要素。这一类型是将导师作为大学系统的信息源。导师主要向被指导教师提供关于晋升和终身职位的正式和非正式条件、出版机构和委员会工作的信息等。

第四种类型是技术指导型。这一类型包含技术指导、建设性的批评／反馈、促进平等和合作的关系，以及审查论文初稿等要素。技术指导型导

① MSU Faculty Mentoring Policy，2018-10-05，https：//www.hr.msu.edu/policies-procedures/faculty-academic-staff/faculty-handbook/mentoring_policy.html.

师基于平等的关系，在研究或出版物上与被指导教师合作，并提供建设性的批评和反馈。①

这项研究通过受访者自己对导师类型的定性描述与分析，证实这些导师类型确实存在。当然，个别导师也有可能采用两种或两种以上类型组成的指导风格。一种风格或不同风格的相对权重可能取决于导师的特征、导师与被指导者的关系、学科内的规范或其他环境因素。

被指导教师喜欢的导师类型与其终身职位状况、研究生时期的导师特点、性别和学科等因素相关。一般而言，朋友型导师是追求终身教职者的理想人选，而那些在研究生院有导师的教师则更喜欢知识分子型的导师。女性受访者倾向将理想的导师视为职业指导或信息来源。为满足不同教师需求而设计的同行指导项目应认识到这一现象，正在寻找导师的教师应该知道他们喜好的导师类型；那些愿意担任导师的教师应该承诺他们能够提供的帮助。

（三）师徒关系：密歇根州立大学

影响同行指导的因素很多，角色期待、性别、组织文化、科层结构，但最主要的还是参与者，即指导者（导师）与被指导者（学徒）之间的师徒关系。

2013年，密歇根州立大学（Michigan State University）的教师发展中心设立了大学教师早期职业生涯发展的项目。教师发展中心成立了一个教师学习社区（Faculty Learning Community），由终身教职员工和非终身教职员工组成，开展为期一年的交流。教师学习社区认为，那些编制的指导手册，如对新教师的建议，可以提供关于教学、写作和社交的明智建议。然而，消化这些大部头著作需要花不少时间，教师们总是忙于更紧迫的任务。因此，同行指导变得更加有价值，因为它提供了许多收益，而成本可以忽略不计。教师学习社区研究了关于同行指导的文献，并回顾、讨论和

---

① Roberta G. Sands，L. Alayne Parson，Josann Duane，"Faculty Mentoring Faculty in a Public University"，*The Journal of Higher Education*，No.2，1991，pp.189-191.

吸收了研究成果。教师学习社区参与者由于个体经验的不同，对同行指导项目的意义、内容和管理方式的看法也有所不同。尽管如此，教师学习社区通过实践发现同行指导对大学教师职业生涯的头几年至关重要。密歇根州立大学同行指导项目实施后发现师徒关系的重要性：

1. 导师如果与学徒经常会面，则更易信守指导的责任。

2. 将近一半的导师与学徒在指导项目结束后，仍保持良好的关系，有利于教师的团结，有利于新教师与老教师之间的长期合作。

3. 为了实现指导项目的目标，导师会有意识地创建与学徒的良性关系，积极扮演导师的角色。

4. 过去的指导项目的实施和管理的结果显示，导师和学徒都低于最佳期望值，这可以归因于导师的选择和定位。

5. 导师们在关于培训的所有问题上都一致认为，有必要进行导师培训，内容包括了解档案准备、现有的学术政策、所需的教学技能和人际交往技能。

6. 选择导师的关键应该是其对机构资源和环境，以及对人际关系的了解，而不是经验和职称。

7. 导师和学徒都倾向于一年的正式指导计划，但实际支持时间往往超过一年。①

四、同行指导的分类与形式

（一）正式指导与非正式指导

同行指导有许多形式，没有哪种单一的形式能够满足所有组织或个人的需要。因此，美国每所大学、每个学院、每个系所都会根据其需求来开发同行指导项目，每个单位的做法和程序可能会有所不同。就形式而言，同行指导可以是正式的关系，也可以是非正式的关系。正式的指导是

---

① Judson Faurer，Cynthia Sutton，Larry Worster，"Faculty Mentoring：Shaping A Program"，*Contemporary Issues In Education Research*，No.7，2014，pp.151-153.

指整个指导过程、指导范围，以及指导时间都是由组织控制。正式指导通常是由组织发起的，目的是完成一项或多项职能，如成员社会化、作为正式学习的补充、提高绩效、实现潜能。同行指导还有非正式的指导方式，有学者认为真正的指导只能是参与者自发的过程。如迈克尔·加尔布雷斯（Michael W. Galbraith）所言，"非正式指导是一种未经规划而发生的关系，而且在大多数情况下是预期之外的。为了专业、个体和心理的成长和发展，两个人到一起会产生某种'化学反应'"。[1]

1989 年，艾伦·弗根逊（Ellen E. Fagenson）进行了一项研究，以确定同行指导是否真的产生了积极影响。研究发现，"接受过指导的人比没有接受过指导的人有更多的职业流动机会、认同、满意度和晋升机会。"[2] 所以，关于同行指导的价值并不存在争议，但迄今仍在争论的问题是：非正式的同行指导与正式的同行指导相比，哪个益处更多？一些研究者认为，与正式的指导相比，非正式的指导对被指导者而言更积极。[3] 尽管"最好"的指导形式仍无定论，但在高等教育系统中，通过正规的同行指导项目，师徒双方仍可实现互利。这两种形式都有可能是有益的和成功的，其潜力的发挥取决于多种因素。由于同行指导项目取得了积极的成果，因此大学组织将同行指导纳入组织战略之中。正式的指导还可以让学徒从多个导师那里获益，每个导师都可以为学徒提供不同的支持。

尽管同行指导可能因形式而异，但每种形式通常都包含四个可预测的阶段：指导关系开始的启动阶段。接下来是培养阶段，双方试探彼此能够提供的职业发展和社会心理功能，双方的关系达到新的水平。随后是分离阶段，个体重新获得更多的自主权，无论是在组织里还是情感上。最后一个阶段是重新定义。这时指导关系呈现出一种新的形态，要么完全终

---

① Michael W. Galbraith, "Mentoring Development for Community College Faculty", *The Michigan Community College Journal*, 2001, p.32.

② Ellen E. Fagenson, "The Mentor Advantage: Perceived Career/job Experiences of Protégés Versus Non-protégés", *Journal of Organizational Behavior*, No.4, 1989, p.316.

③ Sharon K. Gibson, "Mentoring in Business and Industry: The Need for a Phenomenological Perspective", *Mentoring and Tutoring*, No.2, 2004, pp.259-275.

结，要么采取新的形式得以延续。①

（二）传统指导与共同指导

传统的同行指导主要表现为两种形式：自上而下指导模式和一对一指导模式，其共同点都是有经验的高级教师对经验较少的新教师进行指导、帮助和咨询。如在杨百翰大学，新任教师需要参与教师发展中心举办的教师发展系列项目，他们可以选择一位同事（系主任、领导等）担任其专业发展导师，导师的任务是帮助新教师制定教师发展计划，提供教学、学术的咨询和建议，帮助其完成教师发展任务，进行职业生涯规划等。

传统的指导是一个非正式的过程。资历较深的教师与新任教师不需要行政命令，自愿结对子，双方配对的过程较为随意，指导活动也不固定。当参与者拥有共同愿景时，指导关系是最成功的。研究表明，接受传统指导服务的教师获得了更高的工作成就，而导师获得了职业发展、院系认可或个人满足感。②

但这种形式的同行指导缺点是时间不足、缺少计划、配对草率，以及对指导过程的理解不充分，可能会对师徒双方都造成消极的影响。将初级和高级教师配对并不总是能建立有效的师徒关系，双方目标模糊或期望不明都可能会引发冲突，也不能确保能够成功满足新任教师的需要。另外，师徒双方存在固有的权力差异，作为导师的资深教师，一般年纪更大，拥有更多的经验和权力。这种指导不仅不激励师徒合作，反而成为科层制等级关系的投射。

共同指导，是指有别于传统师徒模式的职业关系，是非科层制的，通常包含两个以上的参与者。这种模式主张人人平等，指导者与被指导者可以根据需要进行角色互换，每人都能从指导关系中受益。随着同行指导的益处逐渐被实践证明，越来越多的美国大学和学院创建了正式的指导项

---

① Kathy E. Kram, "Phases of the Mentor Relationship", *Academy of Management Journal*, No.4, 1983, pp.613-622.

② Juanita Johnson-Bailey& Ronald M. Cervero, "Mentoring in Black and White：The Intricacies of Cross-Cultural Mentoring", *Mentoring and Tutoring*, No.1, 2004, pp.7-20.

目，开始努力满足教师多样化的需求，正式的指导包括定期的会面和导师与学徒的配对。非传统指导项目摆脱了导师必须是年长的、有经验的、异性恋的或白人男性的传统观念，而是包括所有教师，不分性别、种族、民族、阶级或性取向。

非传统的指导模式包括两种常见的指导策略：形成协作关系和培养文化意识。非传统指导项目中，师徒之间更多是一种协作学习的关系，双方交换思想，而不像传统指导中的等级关系，新教师由于缺乏经验而被动接受指导。初任教师更有可能通过同行指导从各种各样的人那里获得支持，包括那些同等职务级别的同事。同行指导让初任教师增加社交、信心、承诺，促进成长，减少孤立。此外，这种非传统的指导策略通过向导师和学徒提供广泛的视角和建议，增强了他们的能力，增加了更多的教师获得终身教职和晋升成功的可能性。

非传统指导常常采用"共同指导"（Co-Mentoring）的模式，导师和学徒都实现了教学相长。在这种指导模式中，即使一方比另一方拥有更多的知识或经验，但是每个人都对指导过程负有同样的责任。这种协作关系是非等级化的。如马萨诸塞大学阿默斯特分校教学与教师发展中心采用"共同指导"模式，鼓励未获得终身教职的教师充分利用各种指导资金和资源，选择本校或者外校各职务等级的教师作为指导合作伙伴，建立专业化的教师发展指导网络，促进自身教学、科研等各方面的发展。其完整的共同指导网络包括同辈指导（Peer Mentoring），即同等级职位的教师结成的指导关系；近辈指导（Near Peer Mentoring），即与高一级职位的教师结成指导关系；资深教师指导（Senior Faculty Mentoring），即与副教授和正教授结成的指导关系；专职人员指导（Professional Staff Mentoring），即与图书管理人员在内的所有专职人员结成的指导关系；学生指导（Student Mentoring），即与本科生和研究生结成指导关系；校外指导（Off-Campus Mentoring），即与马萨诸塞大学其他分校或其他大学的教师结成指导关系；管理者指导，即与校长、院长和副院长等结成指导关系。还有其他超出以上范围的指导，如基金会项目负责人等。

相较传统指导模式，共同指导模式拥有一个更宽阔更灵活的支持网络，帮助新任教师建立积极的指导关系，在公平协作的环境下，与许多指导合作伙伴一起解决包括科研、教学、终身教职以及工作与生活的平衡问题，获得相关的教学知识和经验，进而促进教师的专业发展，满足教师个体对指导的多样化需求。在这一指导模式中，"指导合作伙伴"被视为"良师益友"，他们不仅能够给新教师的教学献计献策，同时在相互学习中也为新教师的各项工作和生活提供全方位的指导。

（三）外部导师：一所大学的质性研究

在共同指导模式中，被指导教师拥有多个导师，包括外部导师，这有助于促进师徒双方积极的职业互动。外部导师来自其他院系或者外校，通常是前导师、联合作者、联合演讲者或其他学术同行。与外部导师的联系有利于增加机会和获得促进职业发展的信息，特别是研究和晋升方面的信息。

美国东部一所研究型大学的教授会发起同行指导项目，主要目标是留住女性和少数族裔教师。大多数项目参与者为终身轨的助理教授。共有11名教职员工参与了研究，研究数据包括访谈、观察记录和项目报告。[1]研究发现：由外部合作伙伴指派的导师通常会向新任教师提供多元视角。一位受访教师谈到聘请一位外部导师的好处："如果我和导师在同一所大学，同一个系，甚至同一个专业，那么，就没必要和他讨论什么了。外院的导师对我很有帮助。"另一些新教师也认为有一位外部导师，可以为他们提供一种不同于本单位同事的视角。参与项目的教师们认为导师、院系和大学的支持以及外部导师关系帮助他们融入了学术界，并提高了他们对指导项目的满意度。

与资深教师建立牢固的关系被视为该项目最有价值的益处之一。其中一名学徒与来自不同领域的四名导师关系密切。尽管他的背景是少数族

---

[1] Dannielle J. Davis&Patricia Boyer& Isela Russell, "Mentoring Postsecondary Tenure-track Faculty：A Theory-Building Case Study and Implications for Institutional Policy", *Administrative Issues Journal*，No.1，2016，pp.40-43.

裔，但他建立并维持了多种职业关系，丰富了他的学术生涯。一些教师在与外部导师的专业互动中，形成牢固的合作关系和友谊。如一位受访教师感谢导师愿意分享她教职生涯的方方面面："她是一位全职教授，但她能很舒适地和我分享她的经历，她正在处理的事情。能和她分享这些信息真是太好了……如何调整课程，如何分配每学期的时间，教学准备，研究。我总是觉得有点内疚……我不想总是成为那个从这段关系中获益的人。我可以倾听，成为她的同伴，这让我感觉好多了。"通过分享她的各种经验，这位导师让新任教师觉得她与自己是同行，并向她敞开了教授的真实世界。

良好的合作关系或友好的师徒关系也可以跨性别形成。一位男性受访教师分享了他对女导师的看法："我在伯克利的同事是我的导师……我跟她做了博士后，从那时起我就一直和她一起工作，我和她谈了很多事情，昨天我和她通了两个小时的电话。我们通常从研究主题和我们共同合作的内容开始。但我们经常会谈及个人和单位的事情……她是我的主要导师，我可以和她谈任何事情。她有好的建议……即使我们只是谈五分钟左右，我心里就能平静下来……一般在下周，她就会发电子邮件补充一些她的想法。和她在一起我真的很幸运。我想说，她是一位好导师。"受访教师一再提到他能和导师"谈论任何事情"。他的导师在她的各种师徒关系所具有的透明度和开放性反映了其人际指导的强大能力。项目参与者所拥有的不同指导经验，都有利于项目的改进。

不同导师和初任教师的专业互动产生了不同的结果，这取决于双方互动的频率和形式（如电子邮件和碰面），这些因素反过来又影响了被指导教师的整体体验。项目参与者所关注的体验包括导师和同行之间的合作程度、职业提升信息的质量和数量、满意度以及他们对校园氛围的看法。然而，一些师徒关系的配对表明，需要额外的结构或激励来促进导师和学徒之间的互动。忙碌被认为是双方不会面的主要原因，这表明有必要考虑教师们的工作量，为师徒互动留下充分的时间。

五、同行指导的实施

(一) 新教师导航：北弗吉尼亚社区学院

新教师导航是最常见的大学教师发展项目，许多大学将新教师导航和同行指导项目结合起来，以起到一加一大于二的效应。北弗吉尼亚社区学院（Northern Virginia Community College）是由 17 个不同的学部组成的大型公立社区学院。北弗吉尼亚社区学院将新教师入职培训和同行指导项目双管齐下。同行指导项目是一个正式的计划，它一方面为新教师提供专业支持，导师和课程模块展示了新教师应具备的专业素养，学校非常重视帮助新教师适应学校和高等教育系统的文化；另一方面，同行指导为新教师提供个人支持，同行指导项目鼓励导师们树立榜样，帮助新教师发展能力、确立自我认同，以及新的专业角色。

由于学校规模较大，规划和协调新教师培训和同行指导项目的实施是一个复杂的过程。项目负责人必须与 17 位学部主任和人力资源部门合作，确定有资格参加该项目的新教师。由各学部的主任决定谁将担任导师。一般一个学科中找一位导师，与他的学徒一起工作。如果本学科找不到合适人选，那么便在相近学科寻找一位导师。在分配导师时，不刻意考虑种族、民族或性别等因素。

在新教师和他们的导师正式配对之前，让他们在校园里待上两天。培训的头两天，为新教师提供了九个资源模块。在第一天，校长会见新教师；人力资源部门审核全职员工福利；新教师了解了学生信息系统、学校的电子邮件系统，以及如何从家里获得所有这些电子资源。第二天，新教师学习了课堂管理、课程大纲准备和课程规划方面的实践操作，同时导师们解释了他们将要承担的角色和职责。

新教师入职培训第三天在各个校区和各个学部进行，培训课程模块涉及基础设施、实践操作和合约要求。由于新教师入职培训和同行指导项目的重点是分享来自资深教师的经验和资源，项目负责人邀请资深教师作为演讲者来演示课程模块。学校向经验丰富的教师发出一份"演讲邀请"，并附上一份主题列表。通常，这些导师都是自愿担任迎新会的演讲者或主持人。除了迎新会，每一位新教师都要与导师配对，并在一年内与导师会面。他们完成了学校规定的各种活动，并创造了许多其他互惠互利的活动，新教师还收到了一年的月刊《教授的教学》。

北弗吉尼亚社区学院成立一个新教师导航工作组。这个特别工作组由 40 名成员组成，他们分别代表所有学科"经验丰富"的教师和"刚刚履新"的教师。工作组的计划规定星期五下午举行两次会议，与会者将获得 100 美元的津贴。在第一次会议上，工作组成员使用头脑风暴技术来确定新教师成为合格教师所需要知道的信息，最终确定了 20 个模块。工作组第二次会议上，工作组开发各模块中的具体活动，确定活动的前后顺序，并建议每个模块的负责人，并就担任新教师导师的责任与权利提出要求。此外，学校将为参与者提供午餐和点心。各学部的主任从他们的学部中提名模范教师担任导师，学部主任组成的委员会决定最终导师人选。

学校最终采纳了工作组制定的计划，项目为期三年。第一年是入门阶段，导师在学徒教学生涯初期为他们树立榜样，并在他们的学术角色上给予指导和鼓励。第二年是培养阶段，导师会支持学徒参与大学活动，当学徒更深入地融入校园和大学生活，成为同事和朋友时，导师会为他们提供建议，给予呵护。最后一年是重新定义阶段，在这个阶段，学徒们提高了教学技能，他们在学院和系统的商业实践中感到更适应，一些学徒成为同龄人中的佼佼者。

参加同行指导项目的人数持续增长，导师们也给出了一些积极的反馈。使该项目运作得如此出色的原因是来自学校的支持。学部主任们作为一个团体，在向新导师传播信息、指导导师、敦促老教师担任新教师培训的演讲者等方面发挥了重要作用。其他重要的支持来自热心的经验丰富的教师，他们自愿出席培训会议。北弗吉尼亚社区学院虽然没有教育系，没有教育学科教师，然而，教师们利用很多工具来提高教学效率。经验丰富的教师愿意与新同事分享他们的"工具包"。①

---

① Judy A.Horton & Suzanne S Hintz，"The New Faculty Orientation and Mentoring Program：A Strategic Approach"，*Northern Virginia Community College*，2002，pp.4-9.

北弗吉尼亚社区学院同行指导项目对个人和组织都产生积极影响。对于新教师个体，项目实施让他们感到受到重视，提高了工作效率和工作满意度。对于导师，项目提供了让他们在大学范围内和跨学科的同事建立联系的机会。虽然对该项目的评价是积极的，但它也有需要改进的地方。首先，需要及时向新教师传播信息。所有的新教师都应该得到尽可能多的会议日期的提前通知，特别是那些在学年正式开始之前举行的会议。第二，需要将新的教师培训和同行指导项目制度化。如果项目被制度化，所有的新教师都将有同样的机会参加这个项目。制度化也意味着把它列入大学预算。最后，学院的工作人员应该承担项目交付的责任，更有效地完成实际管理流程。

（二）职业生涯中期教师的指导

新任教师群体是大学教师发展活动中最被关注的群体，而处于职业生涯中期的教师群体的发展容易被忽略。由于非升即走的聘任制度使然，大学管理者主要关注新教师的职业发展问题。大量的项目与资源都倾向于新教师（主要是助理教授群体）。然而，副教授，尤其是女性副教授的职业发展陷入停顿。2009 年，美国现代语言联合会（MLA）在《停滞不前：对副教授的调查》中，对那些晋升教授有困难的副教授群体进行了调查。尽管副教授在全职教师队伍中的比例不高，但这个职业生涯阶段非常重要，管理者与学术带头人都从这个群体产生。结果发现，女性教师晋升到教授比男性教师一般要多用 1 年至 3.5 年的时间。影响女性教师职业生涯的因素是复杂的。一些受调查者表示：同行指导是影响职务晋升的重要因素。而小规模院系的教师，要在单位内得到高质量的同行指导几乎是不可能的，只能假借于外部学术网络。①

金伯利·布克（Kimberly Buch）等研究了北卡罗来纳大学夏洛特分校（University of North Carolina at Charlotte）副教授群体所面临的职业

---

① Standing Still：*The Associate Professor Survey-Report of the Committee on the Status of Women in the Profession*，The Modern Language Association，27 April，2009，pp.5-10.

发展的需要和挑战，以及这所大学针对副教授群体所采取的同行指导项目。这个项目是由美国国家科学基金会（National Science Foundation，简称 NSF）资助的，主要目的是促进科学、技术、工程与数学四门学科（STEM）中的女性教师的职业发展。研究表明，所有的副教授都能从同行指导项目中受益，项目应该对所有副教授开放，无论性别与学科。该研究还对参与项目两年的教师的职务晋升的过程与意愿进行了调查。

2008 年，夏洛特分校设计了一个教师发展项目，旨在促进副教授晋升教授。在 STEM 学科中选择了条件合适的 20 位女性教师作为参与者，并对所有的副教授进行了调查。调查结果，副教授职务晋升的阻碍有：（1）副教授自己缺少对职业规划的关注；（2）院系缺少对副教授群体的支持与关注；（3）缺少职业发展的机会；（4）副教授的社会服务工作或管理责任过多，影响到科研投入；（5）职务晋升的标准模糊不清；（6）晋升教授的途径与形式应更多元。

受调查的教师有很大一部分希望能通过同行指导，促进职业发展。为此，夏洛特分校设计了一个六步骤的"教师职业生涯中期规划"，包括针对 STEM 女性教师的垂直结对指导项目，以及针对同学科和跨学科所有教师的同行指导项目。垂直结对指导项目是在同一学科或院系，由一位全职教授与副教授结对子，一对一进行指导（近辈指导）。该项目在三个 STEM 院系施行，除一位教师外，其他所有女性教师都参与了项目。而同行指导项目是一个平等模式，即副教授之间互为师徒（同辈指导）。这是一种互惠的关系，指导是以团队为基础，组织形式可以正式也可以非正式。正式的同行指导，团队中的教师需要定期会面，作出组织承诺，履行成员义务。非正式的同行指导，双方可以每月或每季度会面，参与者没有组织承诺，也不必全程跟进。同行指导项目的实施采取了六步法：

1. 陈述职业发展目标：晋升教授，包括研究方向、时间表、目标分解、对院系的要求与期待。

2. 理解晋升标准：明确学校与学院的晋升标准，参加教师论坛"通向教授之路"，与委员会主席、院长、系主任和导师讨论晋升的标准与要求，对最近的晋升候选人进行分析。

3. 进行自我评价：思考你的职业发展轨迹，如职业变迁的过程及其原因，离职意向与个人利益和学院需要之间的关系，社会服务与管理工作是否干扰到科研；对未来发展方向上所拥有的实力进行评价，如所需要的资源与指导，从同事与导师那里得到支持，对以前的成就进行评析。

4. 做一个职业生涯中期规划：规划发展路径，并预估自己具有的能力、技能和成就；提升短期与长期目标，列出实际目标的行动、条件和策略。

5. 与导师和委员会主席讨论规划方案：规划与时间表是否合理，如何获取资源，实施方案，所需要的学院支持，方案与晋升标准是否匹配。

6. 规划的施行：将规划付诸行动，可酌情修改，定期与导师对规划进行分析。

两年后，研究者进行调查，看同行指导项目是否帮助职业生涯中期的教师摆脱了职务晋升的困境。参与项目的教师都表示找到了能实际帮到自己的导师，对于促进职业发展起到切实的效用。副教授们认为，有了导师后，产生较大的晋升激励作用，他们对晋升的标准也明晰了。相对那些没有参加项目的副教授，他们对学校晋升政策的抵触情绪也减少了。六步法也适用于许多同行指导方案。

夏洛特分校实施和管理这个同行指导项目，从中也获得一些可供参考的经验。首先，应调查清楚教师发展的需要，基于教师的需要制定充分、灵活、有效的发展措施。其次，注意同行指导项目存在的挑战。像所有大学教师发展项目面临的问题一样：项目有了，教师会来吗？尽管学校努力鼓励教师们参与同行指导项目，但仍有72%的教师没有参与任何教师发展项目。一些参与发展项目的教师没有履行组织承诺。另一个挑战是，同行指导除了让副教授们克服职务晋升的障碍之外，还应该让教师们另有所获。比如，可以帮助教师们度过职业高原期，降低个人与组织的成本，让教师各尽其才，减少教师的离职意愿与不满，降低教授群体中性别比例的失衡。[①]

六、同行指导的评估：普渡大学

美国同行指导项目开展得很早，但对同行指导的评估工作迄今却仍处于探索性阶段。像对大学教师发展其他项目的评估一样，对同行指导项目的评估需要结合教师发展机构的特点、项目目的与技术手段等因素进行考察，因此，同行指导的评估可以采用各种方法。但总体而言，评估活动应该围绕几个层级而展开，如项目的参与度、满意度、对参与者的影响、对组织的影响等。如约翰·霍普金斯大学护理学院为了对同行指导项目实施的效果进行评估，采用了两种方法，其一是设计了一份导师档案袋，里面包含由被指导教师回答的开放性问题，如：1.你的导师主要起什么作用？（如咨询、建议、指导、激励、支持、提供资源，等等）2.你们经常交流吗？3.你们之间的关系维持多久？4.你如何看待你们师徒关系的优点与不足？其二是由学校同行指导专门委员会的专家们设计一个正式的量表，采用里克特计分法，对同行导师指导的有效性进行全面、高效、标准化的评估。[②]（见表3-3）

表3-3　约翰·霍普金斯大学护理学院同行指导的问卷

	SD	D	SID	SIA	A	SA	NA
1. 我的导师联系方便	0	1	2	3	4	5	6
2. 我的导师表现出职业操守	0	1	2	3	4	5	6
3. 我的导师是我专业领域的专家	0	1	2	3	4	5	6
4. 我的导师平易近人	0	1	2	3	4	5	6
5. 我的导师给予我支持和鼓励	0	1	2	3	4	5	6

[①] Kimberly Buch，Yvette Huet& Audrey Rorrer and Lynn Roberson，"Removing the Barriers to Full Professor：A Mentoring Program for Associate Professors"，*Change*，No.6，2011，pp.38-45.

[②] Ronald A. Berk，et al.，"Measuring the Effectiveness of Faculty Mentoring Relationships"，*Academic Medicine*，No.1，2005，pp.67-71.

	SD	D	SID	SIA	A	SA	NA
6. 我的导师在工作上给予我建设性的有用的建议	0	1	2	3	4	5	6
7. 我的导师激励我提高工作效率	0	1	2	3	4	5	6
8. 我的导师在专业问题上给我方向与指导	0	1	2	3	4	5	6
9. 我的导师能圆满回答我的问题（及时、清晰、全面）	0	1	2	3	4	5	6
10. 我的导师对我的成绩能作出中肯的评价	0	1	2	3	4	5	6
11. 我的导师能提供我所需要的资源	0	1	2	3	4	5	6
12. 我的导师通过挑战拓宽我的能力	0	1	2	3	4	5	6

"0" 强烈不同意（SD）；"1" – 不同意（D）；"2" – 有点不同意（SID）；"3" – 有点同意（SIA）；"4" – 同意（A）；"5" – 强烈同意（SA）；"6" – 都不是（NA）。

也有大学通过一些灵活的方式，如师徒讨论会与网络调查，收集同行指导效果的真实信息。如 1997 年普渡大学（Purdue University）创建的"大学教师指导网络"项目。该项目本着自愿原则，首要目的是促进教师教学，预期达成四个目标：（1）帮助有兴趣的教师成为课堂内外擅长教育创新的教学能手；（2）帮助教师满足学术研究与社会服务的需要；（3）帮助教师满足普升与终身教职的需要；（4）让教师成为大学教师发展的支持者。普渡大学的项目指导教师都来自外院，一则可以在晋升或终身教职的过程中，避免人情因素的干扰；二则可以带来指导关系的多样性。

普渡大学第一届同行导师，都获得过普大最高教学奖，教学卓越。被指导者不仅包括作为教学新手的助理教授，也包括那些有一定教学经验的教师。大学教师指导网络正式建立于 1999 年，共有 18 位导师。指导网络委员会负责师徒配对，保证被指导教师能寻找到对专业成长有助益的导师。第一年共有 9 对师徒配对成功。

2000 年，首期项目结项，对其效果进行评估。4 位导师和 7 位学徒参加了教学诊断评估小组会，以确定同行指导是否有助于促进教学。所有的导师与学徒对项目都持积极肯定的态度。学徒们认为：（1）有了与他人讨论教学的动力；（2）获得了新的教学理念；（3）了解了不同学科的教学；（4）有地方可以学习、质疑；（5）感觉不再孤独。他们建议：（1）增加非正式会面的时间；（2）每月固定会面的时间要订好计划；（3）导师与学徒的沟通是相互的；（4）配对时，能有更多的导师可供选择；（5）能明确对指导项目的期许。

导师们的反馈是：（1）项目可以非正式一些；（2）有机会助人；（3）与外院的教师结对子；（4）有呈现其教学的机会。导师们建议：（1）项目最好能从暑假开始；（2）与其他导师组分享指导经验；（3）扩大项目规模，惠及更多人；（4）让院长和系主任知道项目多重要；（5）希望结对的导师与学徒在项目结束后仍能继续保持联系。

普渡大学教师指导网络项目经过试评之后，在 2002 年进行了正式评估，25 位学徒和 18 位导师参与了评估。评估通过网络问卷的方式进行，学徒们首先要报告与导师面对面、电话或邮件沟通的次数。统计结果：沟通的总次数从 3—38 次不等。沟通方式，最多是邮件、最少是电话。针对"项目是否达成预期""是否提供所需的建议与支持"的问题，有两位表示没有："除了吃过两次午饭，没有进一步的深入发展。""导师说了许多，没有倾听学徒，没有制定好的计划。"10 位学徒表示通过项目，提高了教学技能。有一位表示，教学非其最大收获，导师指导其论文写作才是其最需要的。

指导关系的强度从 1—10，评估结果的均值是 6.1。10 位学徒超过均值。他们反映如下："我的导师非常友好、有益。""我的导师有很好的建议，能让我放松下来。""他常常鼓励我，密切关注我的教学过程。"那些低于均值的学徒的反映是，由于师生接触较少，关系不够融洽，或者导师缺少承诺。"导师对见面兴趣不大。""他的反应不是我所预期的。""双方性格不合，关系不睦。"大多数导师都有一个以上的学徒，最多的有 3 个。

参与评估的导师都认为项目达到了他们的预期，项目不仅促进了学徒的教学，也促进了自己的教学。其原因是"它让我重新思考大规模课堂中的教学策略。""它让我思考那些本应思考但没有思考的问题。""作为导师，与学徒的对话帮助我仔细反思我自己的教学，学徒的教学也给我带来新的观念。""与学徒的交流，促使我反思我需要改进之处。"除了三位导师外，其他导师都打算在项目结束后，继续保持与学徒的关系。

最后，导师与学徒做了一道开放性的题，即项目改善的建议。从反馈的答案中，提取五个主题词：结对子、指导小组、指导过程、项目扩展、不需改变。如结对时要考虑不同院系和不同学科，导师如果带一个以上的学徒，应该来自不同系科；如果导师带的学徒多，可成立指导小组，可以有组会、习明纳；关于指导过程的建议，如导师与学徒应该明确指导关系的目的与性质；关于项目扩展的建议，如向院长与系主任推介项目，从所有学科选聘导师。

2003 年项目协调人又对项目进行了第二次评估，共有 47 位参与者。评估结果与第一次高度相似：参与者认为参与同行指导是有益的，值得花时间投入，愿意推荐这个项目。普渡大学的共同指导项目结论也可以推广到社区学院、四年制学院和大学：（1）对项目和导师，要有明确的规划与要求。（2）选配导师时，还要考虑性格、兴趣等因素。（3）导师与学徒可以做一个关于双方期待的约定，免得对指导关系的性质与强度产生误解。例如有的学徒期待导师对其专业发展或职业发展有所提高，而不仅限于教学发展。（4）项目中增加导师组会环节，方便不同组的导师与学徒们的联络。①

第四节　案例 1：哈佛大学博克教学和学习中心

20 世纪 70 年代中期，美国一些慈善机构如丹弗斯基金会和福特基金会将致力于大学教师发展的教学中心建设作为优先资助的对象。1976 年丹弗斯基金会给了哈佛大学、斯坦福大学、西北大学等五所大学启动资

---

① 　Mara H. Wasburn，Joseph M.LaLopa，"Mentoring Faculty For Success：Recommendations Based on Evaluations of a Program"，*Planning and Changing*，No.3，2003，pp.253-262.

金，开启了美国大学教师发展专业化的新时代。[①] 时任哈佛校长的德里克·博克（Derek Bok）依靠这笔资助建立起本校的教学中心——"哈佛—丹弗斯中心"，初衷是通过提升教师教学水平从而提高哈佛大学本科生教育的质量。1991 年哈佛为纪念担任校长长达 20 年之久的博克而改名为"博克教学和学习中心"。[②] 经过 30 多年的发展，博克中心已经成为全美大学教师发展机构的领头羊，成为世界高等教育教学质量提升理论和实践首屈一指的研究中心。博克中心在满足本校教师发展需求的同时，还积极帮助别的学校筹建教学促进中心，推广哈佛大学的教师发展模式。

一、博克中心的理念

（一）好教师不是天生的

美国高校早期承担教师发展任务的机构一般是各院系，20 世纪 70 年代逐渐向新成立的教学中心或教师发展中心转移。这一时期有关大学教师发展的观念发生了变化。之前大学教师被认为是专业化人员，拥有较大的教学与研究自主权，教师如何教和学生如何学由教师自主决定。一个教师能否胜任教学更多取决于个人禀赋。而 70 年代之后心理学、行为科学的研究成果证明"天生的好教师"是一种主观偏见。教师并非天生就知道如何传递知识，在良师益友的点拨之下能够掌握一些教学技巧。即使一些大学学者是天生的好教师，他们也存在继续提升的空间。

博克中心现任主任詹姆斯·威尔金森（James Wilkinson）指出中心的宗旨是：帮助教师成为好的研究者与好的教学者。在哈佛大学要获得终身教授的教职，教学技能是不可或缺的一环。教学好的教师不一定获得终身教职，但教学差的教师一定获得不了终身教职。即使在哈佛大学，一些教师擅长做研究，却不一定擅长教学。因此，教师教学的后天改进工作由博

---

① Jerry G. Gaff & Ronaid D. Simpson，"FacultyDevelopment in the United States"，*Innovative Higher Education*，Vol. 18，Issue 3，1994，p.168.

② 哈佛纪念退休校长的传统方式是以其名去命名一所建筑，像博克这样去命名一个组织倒首开先例。因为，正是在博克任内，哈佛获得了丹弗斯基金会的支持，功莫大焉。

克中心协助进行。威尔金森举例，哈佛某副教授水平很高，但教学一塌糊涂，系里讨论给不给他终身教职。后来还是决定该教师先提高教学技能再说，于是系主任打电话给威尔金森，请他们务必帮助此公尽快提高教学技能。威尔金森答道：为什么五年前不来找我们呢？[1]

在哈佛大学，教师是否参加博克中心的活动，一般由教师自主决定。但也有强制执行的情况。在哈佛大学，非常重视学生对教师的教学评价。全校 90% 班级的学生在学期末都要求填写对教师的评价问卷，每年的统计结果被制成表格并公开出版。学生们可以根据评价结果选择课程，教师也可以与同事们相比照。那些教学评价不合格的教师或助教们将会收到院长或系主任的信，要求他必须去博克中心补课。

（二）知之者不如行之者

博克中心信奉一句中国的古老格言：闻之不如知之，知之不如见之，见之不如行之。[2] 如何成为一个好教师？博克中心的专家（Developer）并不打算在理论上与教师探讨教学问题，而是与教师一起通过反馈、咨询、课堂录像等方式，帮助他们切实提升教学能力。中心的正式项目包括寒暑假教学研讨会，微格教学，英语培训（针对国际化的助教和教师），围绕着领导力、写作、先进个案研究等主题的习明纳，初级教师培训，论著出版，等等。中心的活动内容多样，形式灵活，吸引教师有效参与，满足教师在职业发展过程中的多方面需求。

为了能让教师积极主动参与教师发展活动，中心精心设计出许多行之有效的办法。如在一门基础物理学课上，中心专家让学生写日记，并将学生日记的摘要给任课教师阅读。然后将他们分成三组，说说学生的问题在哪，以及如何在课堂上解决这些问题。20 分钟后，有两组报告结果：他

---

[1]　James Wilkinson：*Recent Trends in Faculty Development in the United States*，Derek Bok Center for Teaching and Learning Harvard University，1997，p.4.

[2]　这句格言的英文原文是：Tell me and I forget，Show me and I remember，Involve me and I understand. 英语世界普遍认为系孔子所说。但《论语》中并无与此严格对应的话。所以，很多人认为出自《荀子·儒效篇》："不闻不若闻之，闻之不若见之；见之不若知之，知之不若行之；学至于行而止矣。"

们读不懂学生的问题是什么，因为学生根本就未听懂教师讲授的内容。一位教授感慨道："每次课后，我总会询问学生们有没有问题，没一个人举手。我以为我的课讲得很清楚了。现在我才明白，有许多学生根本没听懂，以至连个完整的问题都提不出来。"这个实验让教师发现教学问题中的乐趣，这比直接告诉教师"学生听不懂你的课"更管用。

二、博克中心的服务对象

（一）争取百分之八十的教师参与

博克中心是美国最大的、受资助最多的大学教学中心之一，现有 16 位专职人员，每年预算为 140 万美元。博克中心的对象包括教授、讲师、访问学者、助教，服务都是免费的。但与其他大学的教学中心不同的是，博克中心主要服务于人文学科和社会科学的教师，这些教师约占哈佛全校师资的半数。

但是，许多大学教师的主要兴趣在于学术研究，视教学可有可无。哈佛大学的教师也不例外。因此，教学中心如何让教师主动参与进来？这是个棘手的问题。据博克中心的估算：哈佛大学有 10% 的教师对教学情有独钟，即使学校没有教学中心促进，他们也会取得优良的教学效果；而另外 10% 对教学毫无兴趣。所以，哈佛全体教师中有 80% 是可以争取参与教学促进活动的。

（二）扩展到研究生助教

博克中心每年大概培训 600 位教师，以研究生导师为主。现在从事本科生教学的教师越来越多，"教师"的内涵也在扩大，包括了研究生助教。因为在美国，研究生们通常担任着助教的任务。他们负责组织每周一次的大课讨论，或者在实验室中指导学生实验。在哈佛，一些研究生还成为本科生导师。对这些缺乏教学经验的研究生而言，引导课堂讨论比单纯的演讲还要难。因此，在 20 世纪 80 年代，为适应研究生担任助教的需要，相关培训项目很快发展起来。

1995 年哈佛通过决定对研究生进行教学培训，当时每个系可以自由决定培训项目。教学能力逐渐成为美国大学聘用新教师的主要指标之一，尤其是在文理学院。哈佛的研究生教学培训项目不仅使学校得益，而且也为研究生们毕业以后的求职提供了优先条件。这些研究生在获得博士学位后进入大学作教师，他们很快能胜任教学工作，这大大提高了美国大学的教学质量。

三、博克中心的服务内容

（一）课堂教学的支持

为教师提供课堂教学的支持和服务是博克中心的首要工作，中心的专家们与各学科教授、首席教师以及教学团队一起工作。服务的内容包括：课程开始前对教师进行培训；为助教提供微格教学；参与教师会议，传递教育教学资源；讨论并进行中期课程评价；安排录像或课堂观察。此外，中心还提供一些特殊需要的服务，如帮助外籍教师学好英语，能够让他们参加习明纳讨论，观摩录像，以及通过 E-mail 提供建议。

在教师或助教初登讲台之前，博克中心可以提供微格教学实践。来自各院系的教师将面对中心的教师与服务人员，师生角色发生些微变化。每个"教师"都要准备上好一次课，然后听取来自专家小组的意见。专家之间的讨论将会开启有效教学的便捷之门。每次教学案例都会用影像记录下来，然后由中心的教学专家们进行富有成效的、一对一的研讨。

将课堂讲授过程录像，并与中心的专家一起观摩录像，这是一种非常有效的促进教学的方式。博克中心的咨询专家们通常富有信心和耐心，他们能够关注课堂上所发生的一切，并且保护教师的隐私。中心也可以根据教师的要求免费提供录像的拷贝。在授课教师要求下，中心的专家深入教师的课堂进行观察，课后与教师共同探讨，以便于从客观者的立场就教师的教学提出洞见。这种方式适用于规模小的班级，或者当教师认为录像方式可能会干扰学生的情况下。①

---

① Videotaping Your Class，2014-08-12，http：//isites.harvard.edu/icb/icb.do？keyword=k1985&pageid=icb.page29687.

中心还从教学的基本技巧入手，给教师提供具体而微的建议。如如何编制课程大纲，如何准备讲座，如何引导课堂讨论，如何进行课堂管理（处理课堂冲突）。其中，美国大学教师几乎人人都需具备的一项基本功是学会应对多元化的课堂环境。种族、性别、民族、性取向、宗教、班级、学生态度、知识结构、原有经验等因素都影响到课堂教学的多元性。博克中心要求教师摆脱成见，善待每一个学生，对多元文化的有意识或无意识的偏见进行反思。设计建立起开放的课堂环境，让每个学生有安全感，让材料适合所有学生。在种族成分复杂的环境中，如何机智而有效地进行干预，并控制好热点议题。

（二）教学评价与反馈

教学评价与反馈是师生间交流的最有效途径。教学评价包括对教师教的评价和对学生学的评价。获得及时的课堂教学反馈可以使教师适时调整其教学方式。博克中心要求所有的教师在学期一半或四分之三时从学生那里获得信息反馈。学生对课程或教师授课的评价既可以用纸化问卷也可以上网回答。在规模小的班级，一些教师倾向于通过讨论的方式获得反馈信息。这种早期评价可以使教师及时调整不当的教学方式。

每学期末，学生们都会收到评课的电子邮件，即 Q 评价。① 评课在网上进行，评价结果向教师与助教们公布。每学年度，大多数课程的评价结果会被集中总结摘要，制成《Q 指导手册》。教师们如果需要自己的评课结果，可以到网上下载。如对评价结果及问卷有不解之处，或者技术性问题无法解决，可以向博克中心预约。

辅导教师对学生进行考核和评价是博克中心的重要工作之一。为了让教师了解学生学习的状况，中心的专家们建议教师授课前对学生进行测验，了解学生的水平与需求，然后与课程结束后的测验进行比较。进行期中测验，以了解教学效果，并做及时调整。每次教学结束，进行一分钟问

---

① 学期末的课程教学评价是由哈佛大学本科教育委员会（the Committee on Undergraduate Education）规划设计的。本科教育委员会简称 CUE，发音为 "Q"，故名。

答，了解学生仍然困惑的问题。

博克中心不直接对教师进行评价，但可以从行政办公室获取本科教学评价的信息，对每学期的教学优异者进行奖励，授予"哈佛大学卓越教学证书"。授予对象主要是助教和讲师，此举以期激励初级职称教师。评价条件是，教学评价成绩在 4.5 分以上者方有资格申请（满分 5 分）。博克中心会将每学期获奖者的名字及所授课程的名单公布出来。

（三）教学研究与出版

博克中心一方面鼓励教师进行教学研究和反思，另一方面中心也开展一些教学和学习方面的研究，目标是促进课堂实践，提高中心的绩效。比如新教师与助教们经常询问的一个问题是：在人文学科与社会科学的教学中，布置多大的阅读量为合适？多年来，哈佛学院的课业要求中对学生阅读量都有细致的规定。但是，布置了阅读作业并进行评分并不意味着阅读效果就达到了。博克中心曾对几百位本科生做过一项调查，结果显示完成阅读任务的仅占 43%。这为人文社会科学的教师改进阅读教学提供了有价值的参考依据。

博克中心鼓励教师们拿出像在学术研究上那样的探索精神，进行教学反思。为了鼓励教师在教学方面的调研、评价和革新，博克中心提供如下服务：（1）支持和管理与教学相关的研究项目，包括博士后、研究生和本科生完成的论文或研究项目；（2）进行一些调研，内容包括教师和学生在对概论课程、教学观念等认识上的差异，本科生对课堂教学的预期及感受；（3）针对一些教学革新项目进行持续性的评估，如新教师培训、以行动为基础的学习、教学研讨会；（4）将教学研究成果提交给哈佛大学相关委员会，并在全国和国际性会议上作报告。

博克中心备有与教学相关的书籍、影片、杂志等信息供教师查询。此外，中心还将多年积累的教学经验进行总结升华，将相关研究成果进行整合或翻译，转化成易于操作的资料或报告，公开出版，提供给哈佛的教师。如《如何教授美国学生：给国际教师和助教的指导》是一本给国际教师和助教的指导手册，以帮助他们适应美国的课堂文化，主题包括：美国学生的观念，如何做好易于学生理解的报告，讨论的引导和维持，理解非言语的表达方式。如《经验之谈》是哈佛大学处于学术职业生涯早期的教师习明纳的论文集，主题包括：有效教学技巧，师生激励，课堂讨论，合作学习，评价及反馈，教学和科研的平衡，等等。

三、博克中心的活动形式

（一）个人咨询和辅导

博克中心为所有的教师和教辅人员提供个人咨询。咨询的内容主要围绕教学而展开，包括：演讲技能与技巧；课程设计；布置作业、论文、出试题；课程与助教管理；引导讨论的技能技巧；学期教学评价；评分以及对学生作业的反馈；大课如何公平评价；录像和课堂观察。此外，还包括如何解决课程中所遇的特殊问题，以及教师内心困惑，范围非常广泛。

博克中心还按教师和助教的需求，进行私密的个体培训和辅导，内容也很广泛，从课堂表现、学生参与到发声技巧。有这样一个实例：一位教师联系中心，因为她的评教成绩很低，学生们抱怨教师讲授得太枯燥，缺乏激情，于是中心的专家和这位教师在一起观看了上学期的课堂录像。专家注意到这位教师为讲授准备了丰富的材料，上课时逐字逐句去念。她的言语表述不够清晰，与学生没有目光交流，于是专家鼓励这位教师在讲授中运用即兴发言的技巧，脱离讲稿，并建议她尝试讲授核心要点，而不用逐字逐句念讲稿。专家对这位教师的发声和演讲进行了多种形式的训练，提高了她措辞的技巧水平。这位教师发现这些培训令她和学生有了深入而持续的交流，从而在讲授过程中提高了学生参与度。

（二）习明纳和午餐会

习明纳是博克中心最常用最行之有效的活动形式。知名者有"克里斯坦森习明纳"，① 这是由教师及富有经验的助教组成的高级研讨班，旨在

---

① 罗纳德·克里斯坦森（C. Roland Christensen）是哈佛大学商学院知名教授，也是案例教学方面的权威。与人合著有 *Teaching and the Case Method*，by Louis B. Barnes，C. Roland Christensen，and Abby J. Hansen，Boston：Harvard Business School Press，1994。

通过来自真实课堂情境的案例的研讨，来提高教师们在课堂上引导讨论的技巧。每年秋季开班，为期十周。研讨选择的真实案例都是反映课堂冲突的关键时刻，教师如何作出抉择。大家在一起共同探讨如何进行课堂激励，探究导致课堂冲突的因素，探寻教师在不利情况下如何激励学生学习。研讨班约有 30 名成员，来自各个学科。这些教师很难得聚在一起探讨教学技巧，分享成功经验，相互取经。

"研究生写作助教研讨班"是 1988 年由哈佛学院来自不同学科的教辅人员、助教、导师、讲师及其他教学工作人员发起组成的为时一个学期的研讨班，其宗旨是如何给予学生的写作以足够的关注。具体目标是使用高效符合教育规律的一些策略，对学生的写作、设计和作业进行回应，通过写作训练来促进学生的课堂学习。开班头两天的培训主要是了解学生学习方式及有关写作教学的研究，助教还要进行评判学生作业的练习。

随着教学技术的变化，尤其是网络教学的改进，博克中心致力于提高教师网络技术的习明纳越来越多，其中每月举行一次的"网络教学习明纳"由博克中心与学术技术小组（Academic Technology Group）共同承办，针对的是那些对于在课程中运用网络资源，以及在教学中使用网络技术感兴趣的教师和教学辅助人员。每月习明纳的具体主题有所不同，在网上公布。比如随着 FaceBook、MySpace 等学习软件在学生中运用的范围越来越广，博克中心会举办学习这些软件使用方法的习明纳，教师可以通过这些软件营造的网络空间来倾听学生的心声与反映。

再如"预防剽窃习明纳"，教学技术研发小组设计了一套能够甄别剽窃的软件（Turn It In），在许多课程教学中得到运用，这个软件可以有效发现学生作业中的剽窃问题。这个习明纳就是给教师讲授如何使用这个软件，并由一些使用过软件的教师介绍经验。

鉴于教学逐渐成为聘任、晋升、终身教授的重要条件，博克中心除了提供常规的促进教师专业发展的活动外，还经常发起午餐会。在餐会上大家讨论各种议题，如利用教学文件夹去获取奖励基金，或者将之付梓，等等。

（三）工作坊和模拟剧场

为贯彻"知之莫若行之"的原则，促进理论转化为实践，适应教师特殊需要的工作坊被逐一规划出来。博克中心的专家和工作人员在组建工作坊前都会了解每个学科的特殊性，课堂情况及学生的需要。如"说与学"是将口头交流技巧的教学渗透进研究生课程的项目。"通过说来学"有许多途径，如课堂讨论、口头报告、辩论等，这样可以促进教师的批判性思考，加深对课程材料的理解，促进专业学习，培养重要的交流与领导技能。

再如"行动学习系列课程"（Activity-Based Learning）包括一系列的课程，为学生进行公共服务、田野工作、社区研究与实习提供准备。这些课程的目的是通过理论与实践的结合从而加深和丰富学生的学术经验和学习成果。在此过程中会将促使学生将理论、方法和概念与社区的资料和经验结合起来。

博克中心还向密歇根大学学习，设有职业演员表演的小剧场。演员可以模拟复杂的教学情境和学术生活中较为敏感的议题，用间接而幽默的方式表现出来，以引发观众（教师和助教们）的讨论。[①] 博克中心的模拟剧包括三个环节：一个 10—20 分钟的简短表演；演员与观众的互动，包括提问，甚至可以指出表演的不当；与观众展开讨论：他们看到什么，哪些像，哪些不像，表演提出了什么问题，对表演有何改进意见。

四、博克中心的启示

第一，哈佛大学作为世界一流大学，非常重视教学，进而重视教师教学水平和质量。博克中心的建立将教师发展工作提升至学校组织的层面，自中心创建以来哈佛大学给予了持之以恒的支持。中心与各院系密切配合，主导着哈佛大学教师发展方向的基本内容和形式。

---

① 邱于真、李文瑜、陈玟伶：《Dr. Wilkinson 谈哈佛大学教学中心的发展方向与策略》，《台湾大学教学发展中心电子报》2007 年 12 月 31 日。

　　第二，在哈佛大学，教师的教学评价成为获得终身教职的必要条件。这一方面反映了哈佛大学视卓越教学与学术研究具有同等重要性；另一方面将教师的教学评价工作与博克中心的教师发展工作联系起来，在制度上保障了教师发展活动的开展。当然，哈佛大学教师更多是自愿参与博克中心的活动，因为这些活动能切实满足他们的需要，解决他们遭遇的困惑。

　　第三，由于有了博克中心这样专门的教师发展和教学促进机构，美国大学教师发展工作专业化、职能化。中心的开发人员不仅是教学技术的专家，也是教学评价和诊断的专家。他们实践经验丰富，具有非凡的沟通、协调和组织能力。他们可以直接或外聘相关专家为教师和助教们答疑解惑。教学中心丰富的资源和开发人员务实的工作作风，使得教师与学生助教主动参与到中心的各种活动和项目中来。

第五节　案例2：密歇根大学学习与教学研究中心

一、学习与教学研究中心的历史与概况

（一）学习与教学研究中心的建立

　　密歇根大学建立于1817年，为美国公立研究型大学的旗舰。密歇根大学学习与教学研究中心（CRLT，简称"中心"）创建于1962年，是全美第一个教学中心和大学教师发展机构。中心隶属于教务长办公室，服务对象为密歇根大学19所学院的教师、研究生助教与学术管理者，旨在支持和促进教学。中心专业人员，是出身于诸多学科的博士，可以提供全校性跨学科的项目，也可以针对不同学科的特殊需要提供专门服务项目。中心致力于创建一种重视教学，尊重学习者个体差异，鼓励学习环境创新的校园文化。[①]

　　密歇根大学创建学习与教学研究中心的动因可以追溯到20世纪50年代。当时由于密歇根大学本科生人数逐年增长，师资力量无法满足需求，

---

① CRLT. About CRLT，2013-09-13，http://www.crlt.umich.edu/aboutcrlt/aboutcrlt.

学校董事会与行政管理层开始关注密歇根大学的教学状况。1959 年，密歇根大学在大学事务评议委员会下设教学促进委员会，专门致力于教学相关事务的调查，促进学校教学质量的提高。教学促进委员会经过一年半的调查，于 1961 年 4 月出台了两份调查报告：《密歇根大学教学评估报告》和《密歇根大学教学促进资源的清单》。《密歇根大学教学评估报告》反映出当时存在的突出问题：密歇根大学缺乏校级的正式的教学质量评估体系。各个学院在教师职称晋升过程中对其教学情况关注不够，教师教学动机和教学创新动力不足。基于前两份调研报告，教学促进委员会撰写了《建立大学教学中心的建议》，对中心的必要性、组织目标、组织功能、架构进行了详细分析。这份建议报告直接导致了学习与教学研究中心的建立。①

中心于 1962 年由密歇根大学董事会创立。董事会的一位董事尤金·鲍威尔（Eugene Power）同时还是施乐公司董事会的成员，他要求密歇根大学尝试利用教学机和程序学习，因此大学指定一个教师委员会，即教学改进教授评议委员会来研究这一问题。当时，这一委员会设立了一个程序学习临时特别委员会，后者于 1962 年建议大学创建一个研究有效教学的中心，而不仅仅是教育技术。教授们要求中心采取通过研究证明能有效促进学生学习能力的方法支持密歇根大学的教学人员。②

中心是一个独立的校级组织，从 1962 年创建之初就直接向教务长报告，由教务长直接管理。（密歇根大学教务长也是主管学术事务的副校长）因教务长较忙，所以，与中心的直接联系一般由副教务长代劳。中心建立的初期，主要是充当教学信息集散地的角色。中心非常重视教育信息化工作。早在 1978 年，就利用计算机技术在密歇根大学与密歇根州立大学、韦恩州立大学（Wayne State University）之间建立起信息分享平台，计算

①　屈寥健：《美国研究型大学教师发展中心运行机制变迁研究——以密歇根大学学习与教学研究中心为例》，北京师范大学博士论文，2015 年，第 55—58 页。

②　[美] 康斯坦斯·库克等：《提升大学教学能力——教学中心的作用》，陈劲、郑尧丽译，浙江大学出版社 2011 年版，"导言"第 3 页。

机中心还建立起全校的教学评价系统和全校教师的电子邮箱。①

（二）中心的组织结构及人员构成

从 1962 年至 1993 年，中心的四任主任都是心理学背景，每位任期都在 10 年以上。中心创建之初仅有一位员工，即首任主任斯坦福·埃里克森（Stanford Erickson），兼任心理学主任，他是学习和培训领域的杰出人物。每任主任都会延长任期，这有利于中心维持稳定和良好的声誉。② 从 1993 年到 2014 年，康斯坦斯·库克（Constance Cook）担任中心主任长达 21 年，她在任期间使中心获得极高的声誉，并使中心成为别的大学教师发展机构学习的样板。在过去的 20 年里，中心主任是向副教务长莱斯特·蒙司（Lester Monts）汇报工作。他积极支持中心开展工作，倡导卓越教学，重视本科生教育，提倡多元文化。

现任中心主任马修·卡普兰（Matthew Kaplan）于 2015 年上任。他在 1994 年进入中心工作，长期与库克和莱斯特共事。2007 年至 2014 年他担任执行主任，2014 年至 2015 年代理主任。卡普兰在北卡罗来纳大学获得比较文学博士学位，在该校教学中心工作三年后，进入密歇根大学学习与教学研究中心。他就学术聘用过程、互动剧场、教学评价等问题发表过相关论著。

在中心的管理团队中，副主任黛博拉·梅丽莎（Deborah Meizlish）是资助项目的负责人，她是密歇根大学的政治学博士。她针对管理人员、教师、助教的课程与教学问题进行咨询，设计全校范围的教学和学术领导力项目，就广泛的教育教学问题开展习明纳。黛博拉与学院，如文理学院进行合作，支持教学创新。她还负责过《元认知策略在学科写作中的作用》的调查。她的研究与发表主要集中于教与学的学术、学术聘用、未来教师培养、学术认同等。

---

① 屈寥健：《美国研究型大学教师发展中心运行机制变迁研究——以密歇根大学学习与教学研究中心为例》，北京师范大学博士学位论文，2015 年，第 88 页。
② ［美］康斯坦斯·库克等：《提升大学教学能力——教学中心的作用》，陈劲、郑尧丽译，浙江大学出版社 2011 年版，"导言"第 3—4 页。

玛丽·怀特（Mary Wright）担任评估主任（Director of Assessment and Associate Research Scientist）。她是普林斯顿大学的社会学学士，密歇根大学的社会学硕士和博士。她还获得过密歇根大学高等教育研究中心的高等教育管理硕士学位。玛丽负责密歇根大学教师和学院对学生的学习评价，对教育创新活动的评价工作。她的研究兴趣为教学文化、研究生的专业发展、质性研究与评价方法等。[①]

助理主任玛吉·贝克韦尔（Meg Bakewell）出身于生物学。她在研究生时期就在中心给研究生助教做咨询，专长是帮助教师和助教有效使用教学技术。她还负责教学工作坊，主持中期学生反馈、研究生助教培训、新教师健康等项目。另一位助理主任特丽莎·博朗施耐德（Theresa Braunschneider）在2012年进入中心前，是华盛顿与李大学（Washington and Lee University）英语文学的终身副教授。她在密歇根大学获得英语文学和女性研究的博士学位，期间获得过优秀研究生助教奖。她在中心领导一个多元化团队，负责与多元化、平等相关主题的工作。她对教师教学进行个体咨询，还负责与院系的合作，促进教师和助教的专业发展，为戏剧项目的编剧出谋划策。

中心主要人员是由各学科背景、专业人士构成的咨询师（Consultant）团队。如教学咨询师维多利亚·杰内廷（Victoria A. Genetin）曾在俄亥俄州立大学（Ohio State University）获得女性、性别与性研究的博士学位。在读研期间，她为本科生和研究生开设了与本专业相关的若干课程。在中心，她针对教师和助教进行教学咨询。她负责的工作坊关注课堂中的多元性与包容性问题。教学咨询师罗内特·格林伯格（Ronit Greenberg）是密歇根大学的认知心理学硕士与博士。她作为主讲教师教授本科生的一些心理学课程。在中心，她主要负责一些评估项目，给教师和助教咨询一些教学上的问题。教学咨询师米歇尔·马吉德（Michelle Majeed）在英国的萨塞克斯大学（University of Sussex）获得硕士学位，专业方向是移民研究，

---

① CRLT Staff Directory，2014-06-14，http：//www.crlt.umich.edu/about-crlt/staff-directory.

并在读科罗拉多大学（University of Colorado）移民与多元主义研究方向的博士。她教授的课程与精神健康、成瘾等主题相关。她的教育研究主要集中于师生关系、课堂融洽氛围的形成策略等。教学咨询师吉娜·谢瑞达（Gina Shereda）在威斯康星大学麦迪逊分校（University of Wisconsin-Madison）获得微生物学博士学位。进入中心之前，她主要关注科学与数学概论课程中的循证教学。她在密歇根大学开设微生物学的概论课，将主动学习引入她的课程。在中心，她主要是与健康科学的教师密切合作，参与跨专业教育（Interprofessional Education）教学团队的相关工作。她给教师和助教做咨询，领导教学工作坊，并就大学"科学"教学通过面授与在线方式向博士后授课。

学习与教学研究中心还有一支由博士后研究人员担任的兼职团队。如出身于心理学的助理研究员特蕾茜·巴塞洛缪（Tracy Bartholomew），专业方向是测量、评价与统计。她在数所高等教育机构担任过评价专家，帮助教师和院系设计评价方案与工具，并使用评价结果促进教学与学习。她的研究兴趣集中于以结果为基础的评价和使用成就评价来衡量学生的学习。在中心，她参与各种教育评价活动。博士后助理研究员斯蒂芬妮·库萨诺（Stephanie M. Kusano）是机构工程学士、生物力学的硕士、工程教育的博士。她的主要研究方向是课程辅助工程设计。她是大一工程学课程建设团队的重要成员。博士后助理研究员伊莱恩·兰德（Elaine Lande）出身于数学学科，其研究方向是大学数学的教学。在中心，她负责一个和数学系合作调查课堂规模的项目。

中心设有教师咨询委员会，就中心的政策与活动向中心主任提出咨询建议，以利于实现中心的使命。咨询的议题包括，优先安排的项目与研究计划、基金申请、资源获取与分配、国家项目的参与、校内联系等。咨询委员会在加强中心与大学其他社群之间的联系上扮演不可或缺的角色。每学年，委员会开会大概四至五次。委员会成员由各学院的教师代表组成，有教授，也有副教授和讲师。

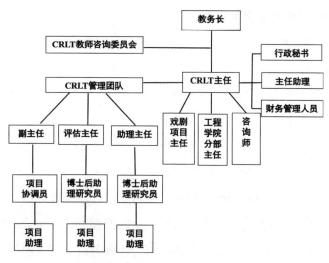

图 3-3　密歇根大学学习与教学研究中心的组织构成

二、学习与教学研究中心的项目与服务

学习与教学研究中心的使命是：营造密歇根大学的教学文化；提升大学的教学和学生学习质量；为不同文化背景学生的成功营造良好的学习与教学环境；为提高学生学习质量开展教学研究并推广研究成果。中心支持循证学习和教学（Evidence-based Learning and Teaching）的实践，支持校内教学团队所有成员的专业发展。[①] 中心的工作 50% 服务于教师；50% 服务于助教。50% 的工作覆盖整个大学；50% 针对各学科专业。中心工作重点包括：主动学习与合作学习、多元文化的教学与学习、学生学习评估、跨学科教与学、教育技术、未来教师培训等。中心主要通过以下一些常规工作来实现组织使命：

对教师和院系进行有效教学创新的项目进行资助；就课程发展和评价问题进行咨询；支持多元化学生群体教学的项目；对教师、助教、博士后的教学咨询；组织院长、系主任、教师、博士后与研究生助教的习明纳与导航营；协助院系举办习明纳和研讨会；协助创设有效教学的环境；支持

①　CRLT.Mission Statement，2013-10-14，http://www.crlt.umich.edu/aboutcrlt/mission.

跨学科和多元文化课程的创新。

（一）咨询服务

咨询是中心提供的一种非常重要的服务项目。咨询内容包括：中期学生反馈、教学策略、教学技术、测验与评分、学生评价、教学理念，等等。中心的专业人员和教学咨询师为教师、研究生和管理者提供教学咨询服务。简单的咨询有应服务对象的要求为他们提供学校的教学材料、信息与建议。深度的咨询则包括课程设计、整合教学方法进行创新、学生评价、教学促进等。中心的咨询师和那些希望设计新课程或修订已有课程的教师和助教一起合作。通过头脑风暴，运用课程设计与评价的原则，重新设计出新的教学方法。教师和助教可以与咨询师讨论的主题包括：在课程中使用教育技术；在课程中加入多元文化内容；制定明确的学生学习目标；制定评价学生学习的方法；准备一个以学习者为中心的大纲；教学策略的创新；学生反馈的方法。[①] 2013—2014 学年度，中心为密歇根大学师生做过大约 2300 人次的咨询。

中期学生反馈是中心咨询的重要内容。中期学生反馈是能够有效促进教学的重要方式。许多教学者发现，在教学初期的微小改进就能有助于激发学生学习动机，促进学生的学习。在一些关键的问题上倾听学生的声音，学生会感到自己的意见受到了教师的尊重。

中心最常用的中期学生反馈方法是小组法（Small Group Method）：将学生分成小组，讨论课程的优点以及尚可改进之处。其过程是：在授课初期，授课教师请中心的咨询师进入课堂。教师在课程进行大约 25 分钟之后，自行离开，把教室留给咨询者。咨询师向学生们解释反馈的目的与过程，然后将学生分为若干小组，每小组大约四至五名学生。每个小组要回答两个问题：这门课程的优点是什么？为有助于学习，还可以在哪些方面做改进？小组讨论后，每个小组要将讨论结果向全班公布。咨询师将全班学生回答的结果进行整理、记录，然后将小组讨论的结果传达给教

---

① CRLT.Course Planning，2014-09-10，http：//www.crlt.umich.edu/node/5783.

师，并结合自己的切身观察，和教师一起研讨如何针对学生的意见，采取改进的策略。教师还会收到学生反馈意见的书面报告。整个过程是保密的。

应教师的需求，中心还采取问卷的方式收集学生的反馈信息，这一方法适用于班级规模较大的讲授法课程。中心的专业人员与教师一起开发出封闭或开放式的问卷。问卷可以让学生随堂书面回答，也可以采用按键器回答，或者在课后用电子邮件回答。①

（二）研究生与博士后的项目

1. 未来教师培养计划（PFF）

2013 年秋季，中心为 32 位科学与工程学博士后研究人员提供了短期课程的教学培训。培训主要内容是翻转课程，教他们如何准备录像和阅读材料，以利于学生主动学习和反思。每位参加者要向同事呈现一次课，设计出基于探究的实验教学课程计划，尝试设计一门未来准备教授课程的大纲。

2. 研究生的教师证书项目

中心与雷克汉姆研究生院（Rackham）合作，实施了旨在帮助研究生助教进行专业发展，成长为大学教学者的"研究生教师证书项目"。2007 年 10 月，项目开始实施。通过这个项目，研究生在未来就业市场上，可以先期获得初级教师的资质。参加这一项目的研究生在中心设计的网页界面上提交必需的材料，以及留下参与项目全过程的记录。项目要求研究生参加一个教学导航营和一系列教学习明纳，要有课堂教学的经验、教学的指导教师，以及教学理念的陈述。至 2014 年度，已有 906 位研究生参加这一项目，219 位研究生拿到了证书。②

3. 研究生教学咨询师项目

中心在全校范围竞聘研究生教学咨询师，咨询师要为研究生助教咨

① CRLT.Midterm Student Feedback，2013-10-10，http：//www.crlt.umich.edu/node/57832.

② CRLT Annual Report 2013-2014，University of Michigan，2014-10-12，http：//www.crlt.umich.edu/sites/default/files/resource_files/2013-2014-12-20-14.pdf.

询教学问题。咨询师用他们的知识与经验帮助研究生助教，同时，自己也获得提高。所有的教学咨询师通过课堂观察或观看课堂录像，来给予研究生助教以建议性的反馈意见，收集学生的反馈信息，对教学理念进行评价。研究生教学咨询师与中心的教学咨询师在所有促进研究生教学的活动上进行合作。

中心还与工程学院合作，专门设立工程学教学咨询师项目。工程学教学咨询师每学期在校内遴选。中心让他们为工程学的研究生助教做咨询。他们负责数百位工程学本科生的中期反馈工作。他们要在秋季学期规划并实施工程学教师的培训工作，包括中心举办的工程学系列工作坊。

（三）新教师导航

新教师导航与培训是任何大学教师发展机构的重要工作，密歇根大学学习与研究中心也不例外。新教师导航主要目标是为了让新教师能够尽快胜任教学工作。以 2015 年秋季的新教师导航为例，其内容包括：

1. 基于研究的教学。将基于研究的原则运用于教学实践，促进学生的智力发展和自我认同，激发学习动机，熟悉掌握知识。

2. 在临床医学教学中如何促进批判性思维。来自健康科学的临床教师讨论在临床教学中有效的时间管理、反馈的方法、小组讨论的方法等。

3. 使用数字技术工具提高学生参与度，促进教学。参加者可以选择一到两种数字技术工具进行学习。

4. 小组和团队学习。有效的小组和团队学习能够促进学生对学习材料的吸收，提高学生解决问题的能力。但要使所有学生都参与到小组学习中来比较困难。这个部分就是探讨基于研究的合作策略，为学生小组制定并分配学习任务。

5. 在讨论教学中兼顾学生的多样性。教师如果能够照顾到学生的多样性，就能大大提高学习效果。这个工作坊展示了在社会科学和人文学科的教学中让学生积极参与讨论的一些策略。这些策略是让教师鼓励学生利用他们各自的背景与经历，达成课程的学习目标。

（四）与学院的合作

中心为密歇根大学的 19 所学院提供服务，有覆盖全校范围的教师发展项目。密歇根大学各个学院拥有较大的自主权，在财政预算、项目审批、人事事务方面有较大的决定权。所以，中心也根据各学科的要求制定特殊项目，因为单一的模式不适于所有的学院。

密歇根大学各个学院与中心积极合作，委托中心帮助其进行教师培训、课程评估和学生发展评估等。2013 年，中心与院系合作的活动多达 4759 次。其中，教师和研究生助教人数最多的文理学院和工程学院是中心最大的合作伙伴。中心支持文理学院和工程学院大班化课程的教师成立学习社区。在文理学院，参加大班化课程计划（the Large Course Initiative）的教师每学期聚会四次，总共 21 位教师阅读、讨论有关学生学习的研究成果，并探讨大班化教学中有效的教学方法。此外，他们还参观那些在大班化教学中运用创新方法提高学生参与度的同事的课堂。其中 16 位教师还收到文理学院的小额资助，以进行教学改革。

在一些活动与项目上，中心发挥规划与协调的功能，具体实施由各学院负责。如研究生助教培训由每个学院负责，中心的专业人员协助各学院制定、提高并评估助教培训项目。在各学院，研究生助教的协调人与研究生导师对研究生助教培训项目出谋划策，也对研究生助教进行一对一的咨询。2014 年夏秋冬三季，中心规划并实施了针对研究生助教工作协调人和研究生导师的一系列活动，让他们发挥作用，交流观点，交换资源。

2014 年，中心与雷克汉姆研究生院联合举办的第 15 届"大学教学：未来教师习明纳"举行，参加者包括来自 13 个学院的 60 位研究生。习明纳主要包含三部分内容：学术求职的准备，如陈述教学理念，准备教学大纲；高等教育的状况（高等教育机构的类型、学生的现状、终身聘任和大学教师的职业生涯）；关于有效和反思性教学的研讨（密歇根大学初级教师的研讨会、多元文化教学的对话、教学技术应用的展示与反思）。习明纳还包括实地考察高等教育机构，参加者可以选择当地四所高校中的一所去参访，完成习明纳所有要求内容的参加者可以得到证书。①

（五）多元文化教学

密歇根大学非常重视多元文化教学。与许多教师发展中心相比，密歇根大学学习与教学研究中心（CRLT）更致力于多元文化的教与学。中心为帮助本校教师和院系应对多元文化问题而设立了一些项目和服务，这些项目旨在促进多元学习（社会多元与智力多元），提升多元性教学。中心还针对那些在课程内容中含有社会差异成分的教师，教给他们一些能够克服差异，实现社会公平的教学技巧，从而实现有效教学。

中心推动密歇根大学教师成立学习社区（Faculty Learning Communities），其中之一是多学科的教师对话论坛（Dialogues Institute）。2014—2015 学年度，中心为 15 位来自不同学科，其教学中包含多元文化内容的教师举办了为期三天的对话论坛。这些教师教授的领域有：美国黑人和非洲研究、美国文化、人类学、比较文学、英语、环境、历史、组织研究、心理学、浪漫语言文学、住宿学院、荧屏艺术与文化、社会学、女性研究、艺术设计、音乐、戏剧。对话论坛的活动形式有：习明纳、短时讲座、基于研究的工作坊（如何将社会多元文化付诸教学）。论坛的目的是让教师掌握在课堂中进行对话的策略与技巧，尤其是当讨论权力与平等的话题时。在论坛中，参与的教师就教育教学问题进行质询和交流。教师们要学会在处理复杂教学问题时（如学生抗拒、挑战教师的权威），如何设计对话和角色扮演的新知识和新技能。对话论坛在所有的教师发展项目中，评价的得分很高（平均得分 4.7 分，满分是 5 分），表明它很受教师们的欢迎。

2013—2014 学年度，密歇根大学的学生们对校园氛围以及课堂氛围进行了严厉的批评。密歇根大学的管理者要求所有的教职员工认识这一问题，并行动起来，改善校园的氛围。中心通过网站信息发布、全校性的习明纳与针对院系的特殊工作坊作出了回应。2013—2014 学年度，中心为

---

① CRLT Annual Report 2013-2014，University of Michigan，2014-10-12，http：//www.crlt.umich.edu/sites/default/files/resource_files/2013-2014-12-20-14.pdf.

促进多元化教与学而采取的项目、措施有：

1.与文理学院等单位合作，为那些授课内容有多元文化内容的教师传授一些组织学生对话，让学生深度参与课堂讨论的技巧。

2.通过博客、网站、推特等网络工具推送一些多元教学（Inclusive Teaching）的策略，这也在一定程度上回应了密歇根大学学生对于课堂氛围的批评。

3.通过教务长习明纳，组织教师讨论与多元化学生相处，让学生克服社会差异取得成功的教学策略和组织策略。

4.借助于新教师导航、研究生助教培训、院系会议等形式，散发多元文化教学的信息和资源。

5.教师工作坊，可以学习如何帮助学生参与多元文化与社会公平问题的讨论，使得他们理解社会差异。

6.中心的戏剧项目设计出一些剧本，向教师展示学生的背景如何影响课堂氛围（学生的动机、积极性等），引发教师思考：在课堂上，什么当讲，什么不当讲。[①]

中心除了利用网络为教学者及时提供资源与策略，还开展在线工作坊，作为面对面项目的补充。在线工作坊采取循证实践的方式，指向特定教学目标，让参与者对教学主题进行思考，通过博客与评价等形式，让参与者交流思想。对于那些没有时间参加工作坊的教学者可以选择在任何灵活的时间参加在线工作坊。在线工作坊能够适用不同的主题，效率也高。这种在线大学教师发展模式获得了创新奖。

（六）与管理者的对话

中心的服务对象不仅是教师和助教，也针对学校和院系的管理者，并为教师和管理者之间的对话和交流创造条件。1996年，中心与教务长办公室合作组织半年一次的"教务长教学习明纳"（Provost's Seminars on

---

① CRLT Annual Report 2013-2014，University of Michigan，2014-10-12，http：//www.crlt. umich.edu/sites/default/files/resource_files/2013-2014-12-20-14.pdf.

Teaching），成为一项传统。习明纳就全校教与学的广泛议题进行活跃、务实的对话。2013 年 10 月，165 位教职员工与管理者参加了由密歇根大学、密歇根州立大学和韦恩州立大学三校的教务长联合发起的习明纳，主题是"社区参与"（Community Engagement）。2014 年 3 月，144 位教师参加了教学习明纳，主题是"引人注目的差异"（Engaging Difference）。

中心的"教务长校园领导力"（Provost's Campus Leadership Program）是以密歇根大学教务长的名义举办的一个学术领导力的项目。项目分为两个部分：针对新任系主任与副院长为时一天的研习营；针对所有系主任与副院长定期的圆桌论坛。2013—2014 学年度圆桌论坛的主题有：如何创造一种反馈的文化；指导初级教师；高难度谈话（Difficult Conversations）；向学术管理者学习。此外，密歇根大学教务长玛莎·波拉克（Martha Pollack）还与参与者分享她关于密歇根大学如何应对高等教育挑战的思考。参与的教师反馈："聆听学校高层管理者关于具体管理问题、高等教育面临的挑战及其对日常生活影响的思考，感觉很好。"①

中心不仅为本校、为美国其他高校服务，也发挥样板的作用，为促进世界其他国家的大学教师发展而进行合作与指导。从 2006 年开始，中心开展与中国顶尖研究型大学的创新合作项目。2013 年 8 月，中心举办了为期三周的针对三所中国大学教师发展机构负责人的合作项目。中心为中国合作项目提供了 17 个习明纳。此外，来自中国高校的管理者也参加了密歇根大学的教师与助教导航营，参观密歇根大学杰出教师的课堂，为本校教师发展机构勾画蓝图。2013 年 9 月，中心与中国的教育部和国家教育行政学院合作，为中国的高校教师发展机构培训负责人和专业人员。在中国国家教育行政学院，80 多所中国高校的 150 多位教师发展机构负责人和专业人员接受了为期四天的学习和研讨。②

---

① CRLT Annual Report 2013-2014，University of Michigan，2014-10-12，http：//www.crlt. umich.edu/sites/default/files/resource_files/2013-2014-12-20-14.pdf.

② CRLT Annual Report 2013-2014，University of Michigan，2014-10-12，http：//www.crlt. umich.edu/sites/default/files/resource_files/2013-2014-12-20-14.pdf.

三、资源与研究

（一）资助与奖励

中心管理着多项评审性教学基金项目，每年共资助近一百位教师。"教务长教学创新奖"由中心管理、实施。此外，密歇根大学还有六个旨在促进教与学的奖项。其中，教务长办公室与主管学术事务的副校长资助三项：吉尔伯特·惠泰克（Gilbert Whitaker）教学促进基金、课程国际化、讲师专业发展基金。中心直接资助的三项是：教师发展基金、学生学习调查资助、教学发展基金。

中心制定并传达奖助政策信息，为基金申请者做咨询，帮助申请者准备国内外的同行评议材料，对申请者进行评审、排序、召开评审会，为基金获得者设立账户，指导基金获得者开展项目研究，对申请失利者进行咨询，收集研究报告。

中心的教师咨询委员会遴选出教师发展基金的获得者。咨询委员会向教务长推荐"课程国际化"和"惠泰克教学促进基金"的获得者。讲师专业发展基金由一个经验丰富的讲师小组向教务长推荐合适人选。教学发展基金由中心决定，教务长教学创新奖和学生学习调查资助分别各由一个获得过相关奖项的教师小组进行遴选。

（二）学生学习信息的收集

中心自创建之日就非常重视对于大学生学习和发展的研究，注意收集、积累与大学生相关的各种信息。中心陆续开展的大学生发展研究包括：学校人才培训改革项目对学生产出的影响；大学本科生不同群体的就读经验研究；大学生就读经验中某个特定问题的研究（求知欲、学习压力、辍学、社会化、学术专业化、考试焦虑、科学能力）。

中心向教学者提供如何收集学生学习的有效信息以用于对学生的评价及相关研究的指导。学生的信息包括选课学生的背景：学生在课前的学术准备情况、班级中学生的人口统计学特征、学生的职业期待、学习经验的记录。中心为教师和学院评价学生学习成果提供相关测量工具。学习成果的测量包括直接测量与间接测量。其中，学习成果的间接测量主要是收集学生的学习观念和满意度、针对学生群体和校友进行调查。
（见表 3–4）

表 3–4　密歇根大学的大规模学生调查[①]

信息来源	调查结果的协调与发布
全美学生学习参与度调查（National Survey of Student Engagement, NSSE）：针对大一及高年级学生，要他们报告课内课外的学生经验。	NSSE 是由印第安纳大学统一协调的全美学生调查，密歇根大学预算与规划办公室负责收集并定期汇报调查结果。2012 年冬季，NSSE 做了调查，应答率为 15%。
密歇根大学学生调查（the University of Michigan Asks You，UMAY）：针对所有密歇根大学本科生。被调查者将回答关于时间利用、个人发展、学术参与、专业评价、满意度、氛围等一系列问题。	UMAY 是伯克利"研究型大学学生经验"全国性研究项目的一个组成部分。在密歇根大学，这一研究项目由密歇根大学预算与规划办公室进行协调。2014 年的调查结果公布在该办公室的主页上。2014 年，UMAY 的应答率是 25%，其内容包括：国际学生经验、国内学生赴外受教育经验、学术经验与全球化、公民参与、学生发展、技术。
合作机构研究项目（Cooperative Institutional Research Program，CIRP）的新生调查：学生的学习准备、以往的活动、对大学的期待、自信程度、专业偏好、未来目标。	CIRP 这项全国性调查由加州大学洛杉矶分校负责协调，在密歇根大学由学生生活办公室负责执行。调查在新生导航营进行，应答率为 80%。
大学高年级学生调查（College Senior Survey，CSS）：针对大四毕业生，以调查他们的大学经验与活动，下一步的打算、自信程度、未来目标。	CSS 在全国范围内由加州大学洛杉矶分校负责协调，在密歇根大学由学生生活办公室负责执行。该项调查是通过在线方式，应答率为 15%。
目的地调查（Destination Surveys）：调查的对象包括文理学院的校友、医学院和法学院的申请者在毕业之后的初体验、职业期待、研究生院、志愿活动、家庭等。	文理学院的调查每年由就业中心负责实施，一些调查结果公布在中心网站上。

---

① CRLT.Collecting Data about Student Learning，2013-12-11，http：//www.crlt.umich.edu/assessment-evaluation/collecting-assessment-data.

（三）研究与出版

中心创建伊始，中心的研究人员就定期在重要的学术期刊上发表研究成果。1963—1993 年间，大多数专业人员都由教师或研究员（几乎都是心理学出身）担任，进行研究和发表成果对他们的终身教职和晋升至关重要，因此，他们也对此全力以赴。

中心的研究项目可分为三类：第一类是大学生发展研究，第二类是教学研究，第三类是教育技术研究。第一类研究的主要问题包括学校人才培养改革项目对学生产出的影响，大学生不同群体的就读经验，大学生某个特定的问题等。第二类研究主要包括对教育过程的相关研究（如教学方法、教材开发、课程设计）和教育评估研究。第三类研究包括教育技术的使用开发和对教育技术使用效果的评估。中心所承担的科研项目数量较大，涉及的学科繁多。研究成果主要通过研究报告、会议论文和学术期刊的方式呈现。[①]

1993 年，当时的新任主任库克开始聘用非教师研究人员，他们能集中精力提高教学水平而不必为了终身教职和晋升而在成果出版方面竞争。中心获得博士学位的研究人员，其学科背景极为广泛（人类学、生物学、化学、比较文学、电子和机械工程技术、政治科学、社会学和教学系统技术）。这些专业研究人员同时都是学者，他们继续做研究并大量发表研究成果，但发表论文并不是他们的第一要务。[②]

四、戏剧项目

中心创设了全美首个面向教师和助教的教学模拟情景剧项目。戏剧项目是通过戏剧表演的方式呈现高等教育中与个体相关的一些重要问题，每出剧目都有坚实的研究基础。戏剧表演的目的是引发观众的思考，通过

① 屈寥健：《美国研究型大学教师发展中心运行机制变迁研究——以密歇根大学学习与教学研究中心为例》，北京师范大学博士论文，2015 年，第 86—91 页。

② ［美］康斯坦斯·库克等：《提升大学教学能力——教学中心的作用》，陈劲、郑尧丽译，浙江大学出版社 2011 年版，第 4 页。

戏剧这种高效的呈现形式，激发参与者进行反思。戏剧表演时间不等，从5 分钟到 45 分钟。表演之后，一般都由专业工作人员引导大家进行讨论。戏剧表演的对象分别是教师、助教和院系管理者。戏剧项目包括互动现场秀、工作坊和一对一咨询。这项服务也在全国范围内展开服务，需要者可以提前向中心预约。戏剧的主题有：

个人与专业的边界：研究生如何处理好自己的多元角色，界定好个人生活与专业学习的界限；医学工作者如何处理与病人之间的关系；系主任在同行导师项目中的作用；检讨师生的哪些因素对课堂氛围产生消极影响；

课堂冲突：模拟学生之间从有礼貌的对话转变为激烈辩论的情境；学生身份认同对教学内容与方法的影响；

同行咨询：探索高级教师指导初级教师的方式，以及不同的关系模式与实践结果；

高度期待：探索研究生与导师之间可能产生的紧张关系；邀请观众观察一个系的行政委员会讨论是否给予一个初级教师终身聘任的情况。

中心利用传统的戏剧形式或者短小的激发互动方式，向师生们呈现两个重要的主题：教学与大学教师的职业生涯。教学主题的戏剧内容有：教育教学、多元性、大学包容性的环境。大学教师职业生涯的内容有：教师的聘用、职业咨询、终身聘任的决策过程。所有戏剧的剧本都是在对密歇根大学以及全美高校的学生、教师、管理者实际经验进行研究的基础上创作的。戏剧表演通常都在重要的事务（如新教师导航）、院系的工作坊和研讨会，或在一些特殊场合如文理学院院长组织的教师晚宴上举行。此外，中心的演员们还接受全国范围内的预约，在其他高校及一些会议上进行巡演。如 2013—2014 学年度，中心在校园里共演出 47 场次，约 2500人观看。演员们还为其他一些大学和组织进行了演出：佛罗里达国际大学、蒙大拿州立大学、北德克萨斯大学、高等教育专业和组织发展网络协会（POD）等。

2013—2014 学年度，不少单位向戏剧项目进行咨询，是否能够满足一些特殊需要，如心理健康、课堂氛围等。在不同的场合演出，满足普遍或特殊的要求，戏剧项目要能与观众产生共鸣，具有说服力。如2013年秋，密歇根大学全校上下都关注课堂氛围的问题，戏剧项目创作一个新剧本来讲述对话虽然不易但实有必要。应美国黑人与非洲研究系的预订，戏剧项目为该系预演了"批判看待社会差异"的剧目。演出内容是：学生们被要求阅读一篇课文后，对各种族、性别和能力进行批判性的思考，他们感到很纠结，演员们邀请教师和助教一起来探讨社会差异的特征是如何影响学生参与方式与教师教学方法的。2014年5月，该剧在美国黑人与非洲研究系的教师研讨会成功预演后，其他院系也争相预约。①

除了现场表演之外，剧团和艺术总监还提供以下的咨询服务：达成学习目标的角色如何扮演；如何写作与教育内容相关的脚本；提高发声技术（包括使用手势和眼神传递信息）；创作戏剧项目（如何招募、培训演员）。演员们可以设计工作坊帮助参与者达成目标。工作坊基于行为学习原理，使用一些理论方法促进参与者对相关主题的理解与反思。提供的内容包括支架教学的角色扮演、读者剧场、小组脚本创作、即兴创作、剧场游戏。这些实践方法能够被广泛运用于高等教育中的种种议题。过去的工作坊主要聚焦于组织变迁所需资源；如何与麻烦的人打交道；如何中肯地评价同行。

五、成功的戏剧项目的特征②

1. 将严肃的问题用幽默的形式展示出来。一些问题是很严肃且不便于讨论的，如性别歧视、种族与阶层对讨论方式的影响、残障学生的挑战等。这些内容的戏剧如果通过幽默的方式来呈现，可以让观众放松情绪，乐在其中，正视戏剧中所反映的现实问题与状况。

2. 让观众感同身受但又能保持距离。脑科学的研究证明，利用情绪

① CRLT Annual Report 2013-2014，University of Michigan，2014-10-12，http：//www.crlt. umich.edu/sites/default/files/resource_files/2013-2014-12-20-14.pdf.

② Matthew Kaplan，Constance E. Cook & Jeffrey Steiger，"Using Theatre to Stage Instructional and Organizational Transformation"，*Change*，No.3，2006，pp.37-39.

情感可以促进学习，尤其是在多元文化教学中。教学者如果能够激发出学生与教学内容相关的情绪情感，就会大大提高学生的学习参与度和积极性。情感的触发激励了学习过程。看到演员们表现出来的痛苦或不适的情感体验，观众们想去探知原因。观众可以与演员互动，向他们提出问题或建议。观众们在观看时受到情绪感染，以至于他们过了很长时间，还会记得戏剧里的情节。演员们在舞台上模拟教育教学的场景，下面的观众既能感同身受，又会放下戒备心理，积极参与到自己或同事曾经遇到过的类似问题的反思与讨论中去。

3. 戏剧要真实可信，将疑虑搁置。戏剧脚本是在对师生真实经历进行研究的基础上编撰的，因此，表演真实可信。比如《课堂冲突》这出戏就是基于课堂中种族角色的大量文献，以及对那些有色人种的学生在学习过程中与教师和助教的互动体验进行采访的基础上编成的。《终身聘任》这出戏是根据对密歇根大学教师进行访谈，以及性别等个体因素在学术界与职场中的作用的文献的基础上编写的。为了让表演真实可信，演员们还必须熟悉大学教师的工作生活细节，从教务长的工作、终身聘任的制度到院系的决策，都要了解。

4. 讲授和主动学习的意义。大量研究证明，如果学生善于主动学习，那么他们所获更多，记忆也更持久。主动学习的学生能与教师和同学积极互动，分享观点，产生独立见解。教师的作用就是设法让学生参与进教学的主题，他不是知识的提供者而是一个引导者。教师经常面对的一个难题是，如何平衡讲授与互动之间的关系。互动戏剧的本质也是指向这一对矛盾关系。观众们对剧本背后的研究基础并不了解，所以，戏剧表演本身就是陈述和讲授。戏剧通过演员们的行为、互动和对话，展现问题情境，但并不直接给出答案。所以，根据建构主义原理，戏剧的结尾是开放性的。观众们根据他们所看到的，进行意义反思。表演结束后观众与演员互动，向他们提问，进行头脑风暴，对剧本的改进提出建议。作为观众的教师，不是被动学习，而是用他们的经验，主动探索。

第六节 案例 3：密歇根州立大学教师发展项目①

一、负责大学教师发展的机构

密歇根州立大学位于美国中北部密歇根州的东兰辛市，是美国最大的州立大学之一。该校有 150 年的建校历史，现在已发展成为一所集教学和科研为一体的一流综合性大学，在美国及国际上都享有盛誉。作为美国第一所依据《土地捐赠法案》而创建的公立大学，密歇根州立大学一贯以教育面向普通大众、商业和政府机构为使命，学校共有 15 个学院、200多个院系和专业，很多专业在全美高校中名列前茅，且世界闻名。全校共有 4 万多名学生和 3000 多位教授，来自 120 个国家的 500 位访问学者和2800 多名留学生，另外有 1200 位教授曾在世界各国从事教学和科研工作。密歇根州立大学的校园是美国几个最大最美的校园之一，优美的环境为学生和附近社区提供了良好的活动场所。密歇根州立大学是美国大学联合会（AAU）的成员，也是国家州立大学和赠地学院协会的成员。

1. 大学教师与组织发展办公室（Office of Faculty and Organizational Development）

大学教师与组织发展办公室主要使命是支持密歇根州立大学的教师、学术研究人员和管理人员在教学、研究、服务和领导等方面的发展和进步。为了达到这个目标，该办公室主要在两大方面提供了广泛的习明纳、项目、服务和资源。其一是大学教师发展，其二是组织和领导能力发展。该办公室隶属于院长办公室的学校人力资源部，是学校层面的教师发展机构。

2. 大学教师发展委员会（The MSU Faculty Development Council）

该委员会的目标是分享大学教师发展项目、实践和优先权方面的信息，确定、规划和执行更有效的交流方式，鼓励相互之间的配合和协作。

---

① 本节系与李玲合作完成。

该委员会的人员构成是那些将大学教师发展视为自身的主要任务和重要责任的人。该委员会支持的教师发展活动有：卓越教学和卓越研究；多元文化教育，教学技术，对政策与规章制度的了解；针对新教师和院校管理者的导航项目；以大学教师发展作为重要研究对象的研究者们所开展的活动。它也是学校层面的教师发展机构，2007 年改名为大学教师发展网络（Faculty Development Network），与大学教师与组织发展办公室的工作相互协调，其工作人员是各院系的主要负责人。

3. 大学教师学习共同体（Faculty Learning Community）

大学教师学习共同体是一个专门讨论教学和学习问题的团体，它把密歇根州立大学不同系所的教师同行聚集在一起围绕一个特定的教学和学习主题展开讨论，以此来发展他们的能力。每一个学习共同体是由 6—12 个大学教师、教职员工或学校管理者组成，他们承诺在整个一学年中会参加相关的会议讨论。每一个学习共同体是由两位教师发展工作者领导，他们是大学教师或者学校管理者。

进入 2000 年以后，密歇根州立大学的教师希望能够就大学教学和学习进行持续的沟通和交流，以弥补李莱（Lilly）习明纳和春季学院（Spring Institute）的不足。针对这些呼声，大学教师与组织发展办公室申请成为研究型大学教学与学习学识进步协会的成员，该协会受卡内基基金会的赞助，把大学教师学习共同体作为其院校项目的核心。在 2004 年春季，大学教师与组织发展办公室发起了一项新的举措，支持教师谈论小组就教学和学习话题进行讨论，并将其命名为大学教师学习共同体，该共同体隶属于大学教师与组织发展办公室。

二、大学教师发展项目

大学教师与组织发展办公室不仅支持作为教学者的教师的发展，也支持学校管理者和后勤辅助人员的发展，而大学教师发展委员会主要为大学教师提供服务和帮助。大学教师／学校员工发展项目（Faculty/Academic Staff Development Programs）在教学与学习、研究、服务和领导能力方面为教师提供发展机会。

(一)李莱(Lilly)习明纳系列

李莱习明纳系列是一个工作坊和习明纳团体，它侧重于大学层次的教学、学习和评价方法的创新。这个项目最初是教师助理所参与的一系列活动，但是很快普及到整个校园，该项目也为教学教师和学校员工的需要提供服务。这些工作坊和习明纳深入探讨各种问题、策略和方法，以推动教学和学习，很多全国知名的专家作为该项目的专门工作者。工作坊为参与者提供能运用到其教学中的教学方法，以及相关的资源材料，以帮助教学方法的实施，主要进行交互式的集中讨论。

1.李莱讲师项目(Lilly Teaching Fellows Program)

李莱讲师项目旨在推动大学支持教学和学习进步的实践。其主要目标是通过设计的一系列活动为教师提供发展机会，以增强他们的教学能力，这些活动主要关注教学的艺术和技能，不管是一般的学科还是特定的学科都适用。该项目的目的是鼓励讲师成为未来的教师领导者，成为同行的模范，激励广大教师开发新的并提高已有的教学技能和支持卓越教学的项目。该项目的特点是将讲师与经验丰富的教师指导者配对，后者是由这些讲师们从他们所在院系或者其他学科助教领域的教师中选出来的。讲师们将参加每月一次的小组会议，并参加校园外的静修活动以及相关的李莱习明纳。每个讲师在任职的一年中要对一个个人教学和课程发展项目负责。为了推动被选为李莱讲师的大学教师参与发展项目，每个参与的院系都会得到一笔大约7000美元的拨款，用于支持该项目的实施。讲师们和指导者也会得到一小笔直接的资助，用于购买书籍、物资等。

2.密歇根访学项目(The Meet Michigan Program)

该项目是一个成功的访学习明纳，它为密歇根州立大学共同体的教师们提供学习密歇根州立大学的精深研究以及整个州的合作实践活动等的机会。该项目每个秋季学期提供一个为期一天的多学科习明纳，每个春季学期提供一个为期三天的学科习明纳。主要目的是提供卓越教学、科研和服务的学习机会，促进密歇根州立大学在整个密歇根州的教学、科研和服务合作，促进密歇根州立大学教师、管理者和研究生在学科领域的交流和合作。

3. 新任教师导航项目（New Faculty Orientation）

院长办公室赞助年度定位项目以帮助密歇根州立大学新终身教职制度下的教师和健康项目教师、图书管理员以及行政管理者学习更多关于学术共同体的信息。该导航项目提供了对这所大学的概览，确定了大学共同体的期望，促进了对教师事务的积极参与，并对大学的设施与服务、职工福利、校园内外的信息与文化进行了介绍。该项目也为新教师提供工作坊，其主题从技术服务到研究机会都有涉及。

4. 教学助教项目（MSU Teaching Assistant Programs）

该项目的使命是改进研究生的专业发展和提高本科教学质量，为此密歇根州立大学教学助教项目在支持该大学所有教学助教的教学和学习发展方面提供了广泛的资源和服务。教务长办公室和研究生院针对两类新教学助教，开展学校层次的定位培训。一类是国际教学助教，一类是教学助教，后者是美国公民或者永久居民。密歇根州立大学的教学助教项目负责同时实施这两类项目，对于那些不是教学助教，但教学是其学校计划的一部分的学生也应该参加此类项目。

（1）教学咨询服务（Teaching Consulting Service）

该项目为教学助教和密歇根州立大学教师的课堂教学表现提供有用的反馈。来自教务长办公室经过培训的一名评价者与被评助教在一系列的会议讨论中密切合作，这些讨论会包括录像前的咨询、对录像课堂进行讨论以及后续的会议和评价。在咨询活动之后，被评者会收到书面的评价报告。该服务是免费的，而且是非常机密的。没有参与者的一致同意，咨询信息除了用作个人评价之外，不能用于其他途径。录像资料由助教自己保存。助教可以把录像和书面评价报告用在自己的教学文件夹中。

（2）国际助教本科生伙伴项目（International TA Undergraduate Buddy Program）

该项目的目的是促进国际助教对其本科生的了解和认识，其背后的主要理念是强化和加快国际助教了解其本科学生的一般过程。该项目受教务长办公室的资助。在每年秋季学期前，新任国际助教需要参加一个为期一周的校园培训活动，并参加英语语言测试。教务长办公室和研究生院也赞助他们参加英语语言测试和教学。该测试是由密歇根州立大学英语语言中心开展，对于那些语言水平没有达到密歇根州立大学语言要求的教学助教，教学助教项目会为之提供相关语言培训。每年，校园里会有大约一百名国际教学助教。大约有百分之六十以上的人能顺利通过语言测试，为教学奠定基础。而另外一部分人则必须重新参加语言测试，或者必须上一个特殊英语班，并通过结业面试，方能从事教学。

该项目是一个跨文化项目，主要是为国际助教提供文化支持。国际助教必须通过语言测试并走上教学岗位之后，才能参与伙伴项目。该项目将国际教学助教与一名密歇根州立大学的本科生伙伴进行配对，这些助教都收到过教学任务。助教是免费参与的，而与其搭档的本科生伙伴则因为参与而要被支付酬金。在该项目为期八周的时间里，每一对要每周见面一次探讨密歇根州立大学的学生生活，并将其与该助教所在母校的学生生活进行对比。这个伙伴项目使得助教的教学更容易。为了探讨本科生的生活，国际教学助教必须保证他们在课堂中能更好地了解自己的学生。由于深入体验了个体的文化差异，并受到优秀学生的激励，该项目中的本科生伙伴会大大受益。每学年大概有 20 对伙伴参与该项目，其时间安排是非常灵活的，尽量避免与其他活动的时间冲突。

表 3-5 展示了密歇根州立大学为国际助教提供的服务主要有哪些，从到学校报到开始，一直到走上教学岗位，这个过程中学校提供了几项主要的服务。该项目总共持续八周。除了最后一周外，每周都有特定的讨论主题。其顺序安排从课堂外学生的生活条件到对课堂上师生互动的观察。早期的活动支持每对伙伴建立稳定的友谊，然后鼓励他们将一起学到的东西结合和综合起来。每周都有一个活动清单，向他们说明本周要探讨的话题。在给予一些指导的同时，该活动清单为每对伙伴的自由讨论留下了足够的空间。

表 3-5　密歇根州立大学同伴项目提供的活动

开幕式	定位
第一周	分享人生故事
第二周	学生住处
第三周	学生就业
第四周	院校政策
第五周	课外活动
第六周	学生如何学习
第七周	师生互动
第八周	可选话题
总结	临别聚餐

（3）借助技术纠正口音项目（Technology Enhanced Accent Modification Program）

该项目是一个计算机辅助项目，旨在帮助国际助教改进他们的发音。TEAM 的课程侧重美式英语，例如语调、辅音、元音、单词重音、措辞及其他，有助于实现有效的课堂交流。该课程每次一个小时，每周两次，实行一对一教学形式。例如，如果某个教学助教在前元音上有困难，那么就会花费更多的时间和精力在这些部分。助教每周与他们的指导者见面两次，他们也被鼓励在家自学。

TEAM 课程有 TEAM 软件支持。软件内容包括听力活动、元音图、语调轮廓图、发音提示，并把学生的表现记录下来，与示范音进行比较。它允许学生听示范发音，记录自己的发音，分析和评估自己的进步。TEAM 运用一个持续的评价体系，帮助确保助教收到在学习进步上公平的和有益的反馈。指导者按照学生个体的需要来安排每次会议的内容，他们也为参与者提供远远超越软件自身的反馈和教学。这些课程是高度互动的，没有压力，非常有趣。指导者受经验丰富的教师协调者的监督，后者负责开发课程、提供必要的培训和建议，并确保 TEAM 是一个重要的学习经历。本科生导师也能选择参加教学助教项目的一系列其他活动。

TEAM 辅助项目对国际助教是免费的。

5. 学术专家专业发展支持项目（Professional Development Support Program for Academic Specialists）

该项目为符合条件的专家提供发展支持，鼓励他们参与学分课程、习明纳、工作坊、短期课程，以及其他的短期培训项目。该项目一年有100000 美元的拨款，该项目资金不会代替专业会议、项目和其他活动单位的资助。

该项目参与者的申请标准是：（1）所有学术专家都要有固定的任期、试用期或持续的聘期，最少要有 24 个月的大学专职工作经历。（2）兼职学术专家按聘用人数的一定比例获取资助。（3）对于学分课程，符合条件的学术专家必须向所在院系确认课程地点，以及必须达到 2.0 分以上。（4）在课程或培训开始的时候，符合条件的学术专家必须有任命。（5）申请内容包括有课程信息、专业获利陈述（即叙述课程、工作坊等对单位和专家本人的价值）、单位批准（包括为教师安排出空闲时间和其他的支持等）。

符合条件的课程类型有：（1）与工作相关的课程；（2）与学位相关的课程；（3）与专业成长相关的专业发展课程；（4）学分课程和非学分课程，习明纳、工作坊、短期课程或其他的短期培训项目、会议。学分课程可以在密歇根州立大学校内，也可以在校外任何公认的教育机构。课程费用会退还本人，旅游费用、生活费用和专业会费不属于报销范围。该项目每隔五年评价一次，评价项目的成果、影响和成绩。

此外，还有领导能力发展项目，包括有新管理者培训项目、新院长培训项目，等等，主要是针对学校和院系的新领导者进行管理、领导能力方面的培训。

三、资金来源

项目活动资金来自于中等后教育改进基金（Funding for the Improvement of Postsecondary Education）、密歇根州立大学研究生院（Michigan

State University Graduate School）、国家人文学科捐赠基金（National Endowment for the Humanities）、国家卫生研究所（National Institute of Health），国家科学基金会（National Science Foundation）、院校研究联合会（The Association for Institutional Research）等的资助和支持。

第四章　大学教师发展的组织

第一节　美国大学教师的组织发展

大学教师发展被我国越来越多的高校纳入到战略规划和组织工作中来。2012 年，以 30 所国家级教师教学发展示范中心的创建为契机，我国高校教师发展工作的组织化、制度化与专业化进程日益加快。大学教师发展的研究也跃升为高等教育研究领域的"显学"。但目前，就我国大学教师发展的实践与研究而言，教学发展是重中之重，其次是专业发展，而大学教师的组织发展未受重视。魏红、赵彬对全国 69 所高校的教师发展中心的工作现状进行了分析，发现各中心的建设内容包括：教师培训、教学咨询、教学研究、教学评价、教师资格评定等。其中，作为工作重点的教师培训，其内容包括：教学理念、教学策略方法、教育技术、师德修养、职业素养等方面。[①] 可见，绝大多数大学教师发展项目集中于如何提高教师的教学技能，而极少关注教师的组织发展与个人发展，忽略了大学教师作为领导者和管理者的角色养成。我国高校教师发展中心建设与培训工作的系统性和科学性有待提升，大学教师的组织发展应该受到重视。

---

① 魏红、赵彬：《我国高校教师发展中心的现状分析与未来展望——基于 69 所高校教师发展中心工作报告文本的研究》，《中国高教研究》2017 年第 7 期。

组织发展是大学教师发展的重要组成。组织发展与学术职业、大学组织的变迁密切相连。大学组织内外环境的变化：高等教育问责的加强；学生的多元性；教育技术的革新；跨学科的需求；教师群体及聘用制的变化等，不仅要求大学教师成为胜任的教师和卓越的学者，还要求大学教师能够承担管理者与领导者的角色。一方面能够参与院校的管理，成为未来的行政管理者和领导者；另一方面能够擅长项目管理、团队建设、财务管理、时间管理，胜任大学教师的多重角色需求。美国是最早开展大学教师发展活动的国家，历经50余年，从最初简单的学术休假到如今已形成无所不包的大学教师发展项目和高度专业化的从业群体。大学教师发展对保障高等教育机构的质量，适应高等教育组织的变迁起到重要的战略作用。[1]20世纪70年代中期，美国学者提出大学教师组织发展的概念，并有个别大学开始实践尝试。[2] 如今，组织发展已经成为美国大学教师发展项目中的重要组成。

一、大学教师组织发展的定义

从行为科学的角度看，"发展"是指个体随时间而发生的变化。从组织研究的角度看，"发展"是指为能有效达成组织目标，而有意识促进人类个体或群体改进的过程。[3]"组织发展"（Organizational Development）最早出现于工商业领域。有学者将其定义为：组织发展是将行为科学知识系统运用于组织战略、结构和过程的发展、促进与强化，以达到提高组织效能的目的。[4] 在教育领域，组织发展则是一个相对较新的现象。

---

① Ann E. Austin & Mary Deane Sorcinelli, "The Future of Faculty Development: Where Are We Going", *New Directions for Teaching and Learning*, No.133, 2013, p.85.

② Yvonne Steinert, "Faculty Development in the New Millennium: Key Challenges and Future Directions", *Medical Teacher*, No.1, 2000, p. 45.

③ Camblinj R. Lanthand&Steger Josepha, "Rethinking Faculty Development", *Higher Education*, No.39, 2000, p.1.

④ Thomas G. Cummings & Christopher G. Worley: *Organization Development and Change*, South-Western College Publishing, 2005, p.1.

（一）研究者的观点

在美国，大学教师发展最早指向教学促进。后来，大学教师发展的倡导者们对大学教师发展的概念和范围进行了扩充。1975 年，杰瑞·盖夫（Jerry Gaff）在其奠基之作《迈向大学教师更新》中，用"大学教师更新"（Faculty Renewal）指称大学教师发展，并指出其三维结构是由个人发展、教学发展和组织发展构成，大学教师发展的概念逐渐明晰。个人发展包括澄清个人价值观，获得大学教师职业相关知识，改善工作压力，提高自我诊断和人际交往技能的过程。教学发展聚焦于教学改进与课程设计。组织发展强调大学组织环境的发展，这种环境有益于大学教师的更新。盖夫认为在条件允许的情况下，这三者是同步进行的。①

在 20 世纪 70 年代中期，美国创造了许多大学教师发展的新方法，一些大学率先成立了教师发展专门机构。伯格威斯特把 70 年代称为美国大学教师发展的成熟期。他和菲利普斯于 1975 年提出大学教师发展的第一个理论模型，这个模型把大学教师发展看作是由与个人发展（态度）、教学发展（过程）和组织发展（结构）相关的活动组成。个人发展包括教师的职业规划、专业发展的承诺等。教学发展包括教学评价、教学诊断、教学方法的培训和课程设计的咨询。组织发展目的是提高组织效能，包括作出决策、冲突管理、团队建设，以及人际关系管理。教学发展是大学教师发展项目最合乎逻辑的切入口，个人发展和组织发展则是必不可少的元素。一个全面的教师发展项目是在态度、结构和过程三个层次上同时运作。②

20 世纪 90 年代之后，美国大学教师发展的研究者们对大学教师发展的概念和范围又进行了扩充。除了传统的教学促进为重点，一些学者认为教师发展是通过系统性的项目实施，促进教师的职业发展。杰克·舒斯特（Jack H. Schuster）等将大学教师发展定义为"教师——作为人、作为

---

①　Jerry G. Gaff：*Toward Faculty Renewal*，San Francisco：Jossey-Bass，1975，p.9.

②　William H. Bergquist& Steven R. Phillips，"Components of an Effective Faculty Development Program"，*The Journal of Higher Education*，No.2，1975，p.183.

专业人员和作为学术社区成员的总体发展。为了在现代社会中真正发挥作用，大学教师发展需要将个人、专业和组织的发展整合起来"。① 大学教师负有三大职责：教学、研究、社会服务。以往的观念认为，大学教师的组织与领导技能从属于教学、研究和社会服务。如今，这些技能已非常重要。② 大学教师发展从单纯的教学技能改进转向教师的生涯发展和人生规划，在教学、科研和服务三者之间保持平衡并进行转化。教师能将教学活动转化为可发表的论文；教师可以参与课程评价和规划活动；教师参与领导能力和组织变革的培训能够提高系所运作和规划的效率。

戴维·厄比（David M. Irby）将大学教师发展分为教学发展、专业发展、领导力发展和组织发展四个部分。其中，领导力发展（Leadership Development）指向教师如何指导小组学习，如何通过组织解决问题，自我管理及管理学生，如何在组织中扩展眼界并达成目标。组织发展是与组织结构与程序相关，旨在促进组织的系统更新和质量提升。组织发展聚焦于旨在促进教师参与和赋权的政策与程序，以及组织结构。其具体内容包括：教学评估与激励、课程管理、跨院系合作。③ 这一分类与定义，一方面，将领导力从组织发展中独立出来，赋予其时代内涵；另一方面，也说明大学教师发展不同类别之间的界限不是绝对的，而是相互影响，可以转化。

（二）教育联盟的观点

1991 年，全美教育联合会（NEA）在《大学教师发展：国力的提升》的报告中正式提出大学教师发展的五分法，即大学教师发展由专业发展、教学发展、个人发展、课程发展和组织发展五部分组成，为美国大学教师发展项目设定了被广泛接受的程序和标准。其中，组织发展采纳了盖夫的定义，指一些为教学与学习创设有效的组织环境的活动，强调大学的需

---

① Jack H. Schuster& Dan Wheeler, *Enhancing Faculty Careers：Strategies for Development and Renewal*, San Francisco：Jossey-Bass, 1990, p.178.

② Stephen P.Bogdewic&Elizabeth G.Baxley&P.K.Jamison, "Leadership and Organizational Skills in Academic Medicine", *Family Medicine*, No.4, 1997, pp.262-265.

③ David M. Irby, "Models of Faculty Development for Problem-based Learning", *Advances in Health Sciences Education*, No.1, 1996, pp.71-72.

要、需优先考虑的事项和组织、教学与学习的氛围以及奖赏制度。① 内容包括小组构建的培训，冲突管理，问题解决，设立支持大学教师发展的办公室。组织发展的活动形式有工作坊、习明纳、务虚会和个人咨询等。简言之，组织发展活动试图改变大学的体制、政策和教学发生的总体环境。理想的结果包括组织问题的诊断，组织目标的分类，教学与学习的组织改进，大学职能部门与学院之间的沟通与回馈的增加。这一定义明显偏向于从教学发展的辅助角色来理解组织发展。不过，NEA 在研究报告中也指出"大学教师发展"是一个处于不断发展中的概念。②

成立于 1976 年，专门致力于促进大学教师发展的"高等教育专业和组织发展网络协会"（POD）将教师发展工作者的工作分为三类：教师发展、教学发展与组织发展。组织发展是为了实现组织效能的最大化。组织发展项目关注点是如何建立有利于教师与学生发展，有利于促进教学和学习的有效率的、有效能的组织结构。③ "高等教育专业和组织发展网络协会"认为组织发展包括三个部分：第一部分是组织的变迁。在许多高水平、大规模的学院与大学里，教师发展中心致力于教学和学习促进，比如设立基金，帮助院系规划、改进课程，教学评估，研讨学习目标等。但是最终取得的效果能否达到预期目标，变迁的过程如何？第二部分与教师个体问题相关。如教师的评价与待遇。教师如何应对组织的变迁，包括自己的退休？教师如何适应组织的管理结构（学术组织的联合、合并或专业化）？第三部分是关注教师与管理者的领导力，如促进系主任、院长和其他管理者管理水平提升的项目。④ 这一定义不仅将组织发展看作是教学和

① National Education Association，*Faculty Development in Higher Education：Enhancing a National Resource*，Washington D.C.，1991，pp.11-12.

② National Education Association，*Faculty Development in Higher Education：Enhancing a National Resource*，Washington D.C.，1991，pp.11-12.

③ 林杰：《致力于大学教师与教学的发展——高等教育专业和组织发展网络的构建》，《大学》（学术版）2009 年第 11 期。

④ POD. What is Educational Development，2017-6-17，https：//podnetwork.org/about-us/what-is-educational-development/.

学习促进的条件，也赋予组织发展以个体与团体内涵：前者指向教师个体适应组织变迁的需求，后者指向教师参与管理或领导组织建设。

从大学教师发展的定义来看，美国学者和教育组织对大学教师发展的分类，从三分法、四分法到五分法都有，但所有的定义都将组织发展作为大学教师发展的必然组成。大学教师发展的内涵与类型随时代的变迁与学校的差异而有所不同。在早期，教师发展基本等同于教学发展，因此，组织发展主要指向为促进教学和学习而改善组织制度与氛围。组织发展作为教学发展的条件和附属而存在。后来随着高等教育系统与功能的变化，学术职业角色日益多元，组织发展的内涵得以扩展，开始倾向于大学教师管理者与领导者角色的塑造。学者的观点被教育联盟吸收后，成为影响大学开展组织发展实践活动的推手。

二、大学教师组织发展的起因

20 世纪 60 年代，在美国实现高等教育大众化的过程中，大学教师发展工作重点关注教师个体的专业成长和教学技能。20 世纪 70 年代美国的研究者提出大学教师组织发展的概念，个别大学做了实践尝试。美国更多的大学和学院是在 20 世纪 90 年代的高等教育质量保障运动中，开始重视大学教师的组织发展。①

（一）大学管理的复杂性赋予教师以管理者角色

高等教育组织是复杂系统。大学和学院是学术组织，其性质非同于一般组织。其管理结构不是上令下达，上行下效的科层制，而经常是混沌的，同事关系崇尚平等，因此，大学领导者和管理者的角色很难扮演。另外，每个组织对"领导"的理解千差万别，系主任、副院长、院长、教务

---

① 20 世纪 90 年代美国大学管理出现了效率低、官僚化、服务差、反应慢（应对内外环境要求）等问题。在本质上，质量保障运动是要将大学组织文化从重规则、重控制转变为重服务、重支持、重引导。大学教师发展也必然要顺应这一组织文化变迁的过程。参见 Richard J. Torraco, Richard E. Hoover, Sheri A. Knippelmeyer, Organization Development and Change in Universities, 2016-9-18, https://pdfs.semanticscholar.org/f6ce/beec4b13c9c8e52d98643ad3cb27ed4402fd.pdf.

长和校长的角色是与大学组织、学科、现状高度相关的。学院是中层，院长要进行中层管理，在学校管理层面和院系层面之间上传下达。因此，院长和系主任常常处在学校管理和教师集体文化之间的夹缝中。所以，与其他组织相比，大学的中层管理要灵活，有见识，更专业。一些教师要履行领导者和管理者角色，这需要他们在人力资源、人际交流、冲突管理和战略规划等方面比其他教师更胜一筹。这些教师在兼任领导和管理工作之余，本专业领域的研究工作也不能落下。另外，大学教师的管理角色是循环的，如系主任任期一般为三至五年，退下来后，在组织中继续发挥影响力。

组织发展强调的是将大学组织的需求作为优先考虑的责任。面对高等教育的质量问责，教育技术的迅速变化，以及学术工作方式的变迁（团队、远程），高等教育组织要重新审视自身的目标和使命，这意味着大学教师必须重视创新并参与发展活动。如果教师在工作中失去目标，或者在缺乏支持系统的工作环境中日复一日地劳作，没有激励，没有效率，没有共同存在感，那么就会丧失活力。为了应对内外部的压力，大学教师发展项目应致力于提高教师的领导力与管理能力，内容包括：理解正式与非正式的组织结构；学会分析当前的经济、政治与组织的压力与趋势；冲突管理与协商；时间管理；财务管理、绩效评价，等等。

（二）组织发展是大学教师社会化的需要

大学教师职业是一种元职业（Meta-profession），其从业门槛很高，需要大量知识、技能，从业者要负责任，能担当。没有整齐划一的培训能为大学教师职业做好从业准备。如何学习做一个大学教师，即大学教师的社会化。[①] 大学教师社会化主要有两个阶段。第一个是预备阶段，包括本科以及研究生时期的学习经验。随着从研究生院毕业并被聘为新教师，便进入了社会化的第二个阶段。

---

① William G. Tierney & Robert A. Rhoads, *Enhancing Promotion*, *Tenure and Beyond*: *Faculty Socialization as a Cultural Process*, Washington DC ASHE-ERIC Higher Education Report, No.6, 1993, p.2.

对于初入职教师，教学和课程是这一时期非常重要的职业素养。在获得终身教职前的五至七年时间，是检验一个教师是否能够胜任学术职业，成长为一个学者的见习期。初级教师要在这一时期进行专业积累，展示研究成果。为了独立承担研究任务，树立自己的学术威信，这就需要他们必须具备对项目的领导力、财务管理、团队管理，以及培养下一代学者的能力。

当初级教师获得终身教职后，他们得对整个研究机构负责，他们的决策影响到机构中的每个成员。他们要将取得成功的技术的、人际的、观念的、判断的和政治的技能和经验，推广到学术组织中来。作为学术带头人，他们要为学术团队设定宗旨、目标、战略，为团队成员规划前景，并体现在具体的研究项目中，他们要承担在教学和课程方面的领导角色。

获得终身教职，并晋升教授的教师对组织的责任越来越大。终身教职的教师在本校的学科领域都是权威，其权力涉及新教师的聘任、院系和学科的规划，参与学校的管理和决策等范围。高级教师像任何组织有影响力的人物一样，还需要具备本专业领域之外的知识和技能，如懂得商业模式，风险管理，预算，监管，培养继任者，等等。高级教师还是初级教师的导师，指导年轻教师提高研究、教学和社会服务的能力。[①]

大学教师社会化是一个持续不断的过程，即使是最高级的教师也必须对其在大学中的角色进行学习和再学习。社会化也是双向的过程：教师不仅要适应组织，组织反过来也要适应教师的需要。

三、大学教师组织发展的条件

（一）赋权是大学教师组织发展的前提

大学教师赋权与大学教师发展有着紧密的联系，赋权是大学教师发展的前提和条件。大学教师赋权主要涉及教师参与决策和教师专业发展两

---

① Professional and Organizational Development in Academia，2016-11-28，http：//www.kardiagroup.com/node/65.

个方面。

一方面，如果教师能够参与决策，就可以制定一些有助于其发展的政策。组织发展是为适应组织变迁而特意设计的项目。当组织成员参与组织结构的设计并对结果负责时，能够顺利适应组织的变迁。大学教师发展是要促进教师成为学者、教师、课程设计者以及复杂组织的参与者。组织发展意味着大学教师要参与到组织结构的持续调整中。在这个意义上，大学教师发展意味着教师个体或群体顺应组织目标的要求，参与管理以改进和提升组织的效能。教师可以参与一些与教师事务相关的管理机构，如申诉委员会、教师发展和教学促进委员会等，或者其他一些政策制定与执行机构。[①]

另一方面，教师的专业发展包括教师专业自主权、教师专业地位、教师自我效能感和教师影响力等，是大学教师发展的重要内容。赋权给教师是以承认教师的专业地位和专业自主权为前提的，如果教师被赋权，他们就有权利得到发展。全美教育联合会（NEA）认为支持大学教师发展的政策应包含七个方面：大学教师参与设计大学教师发展项目；大学教师和大学管理者联合实施大学教师发展项目；大学教师自愿参与大学教师发展项目；大学教师发展项目对所有教师开放；大学教师发展项目得到充分资助；大学教师对大学教师发展项目进行管理和评价；大学教师发展项目与惩罚性评价无涉。[②] 这些政策都是以尊重大学教师的专业自主权为基本原则。不能强迫教师参加项目，不能将大学教师发展项目视为对教师的行为矫正。

在美国一些公立大学，大学教师发展项目曾经是管理者们识别"不合格"教师并将之淘汰的手段。当教师发展与教师评价关联时，教师促进或改进计划便带有惩戒的意味。在美国一所中西部大学，已获得长聘的教

---

① James L. Pence, *Understanding Faculty Development*, Denver Colorado Academic Library Committee, 1992, p.26.

② Gerie B. Bledsoe, "The Local Association: Supporting Faculty", *The NEA Higher Education Journal*, No.12, 1993, p. 46.

师如果其"促进"计划失败，学校可以不经过正当程序，就将其解聘。①
教师不享有专业发展自主权，且教师发展活动与惩罚性评价联系在一起。
教师在被动与惶恐中参与教师发展项目，脱离了组织发展的专业发展活动
效果将非常有限。

（二）战略规划是大学教师组织发展的基础

在美国，大学教师发展与大学战略规划都产生于 20 世纪 70 年代中
期。② 当时，美国高等教育停止规模扩张，入学率下降，财政资助减少，
课程改革面临压力，管理上问题丛生，大学面临着外部的问责和评估。20
世纪 80 年代，大学组织战略规划的一些模型被提出来。战略规划主要聚
焦于组织作为整体的战略方向，内容涉及外部环境对组织的评价、组织的
优势与缺点、组织成员的教育价值观等。有学者提出将大学教师发展和大
学组织战略规划相结合。③ 如此一来，大学教师发展活动会获得较高的关
注度，并能够获取充分的财政支持。但现实中，大学教师发展却与组织的
目标、使命和方向关联不大，只在院系层次二者才有一定关联，大学教师
发展活动的效果因此大打折扣。如果想让大学教师发展活动更为有效，就
必须将其纳入组织的战略规划。

战略规划与组织发展在教育领域内同步出现，二者的关系是双向的：
前者为后者提供条件支持，后者也有助于前者的执行。因为大学制定战略
规划的目的是为未来指明方向，为决策提供基础，确定发展优先选项，以
期提高组织效能。④ 而组织发展提高了教师参与决策的能力与机遇，让战

---

① Gerie B. Bledsoe，"The Local Association：Supporting Faculty"，*The NEA Higher Education Journal*，No.12，1993，p. 42.

② Frederick H. Gaige，"Long-Range Planning and Faculty Development"，*To Improve the Academy*，No.33，1983，p. 79.

③ Carol A. Paul，"The Relationship of Institutional Planning and Institutional Research to Faculty Development"，*To Improve the Academy*，No.38，1983，p. 86.

④ Simon P. Albon&Isabeau Iqbal& Marion L. Pearson，"Strategic Planning in an Educational Development Centre：Motivation，Management，and Messiness"，*Collected Essays on Learning & Teaching*，No.9，2016，p.208.

略规划立足于实际收集的数据与信息，吸纳了不同观点与主张，从而改变了由少数管理者决策的局面，使战略规划的目标容易达成。战略规划中的组织目标应该与教师群体的目标相契合。大学教师不仅是被发展的对象，他们也是大学教师发展项目的制定者与执行者。大学教师发展项目必须切合教师的实际需要，形成尊重教师个性和多元性的传统与氛围。

（三）组织文化为大学教师组织发展创造氛围

大学教师的社会化深受文化因素的影响。文化具有多重性：国别文化、职业文化、学科文化、组织文化和个体文化。不同文化包含各自的态度、信仰与价值观。其中，教师工作的氛围受到其所在组织的强烈影响。组织的传统、规范与政策变迁的作用不可忽略。组织发展与组织的价值观、组织成员的关系、工作规划与完成方式、组织的学习等这些组织文化要素必然相连。组织文化对组织发展影响很大。在一些案例中，组织发展举措的效果并不理想；另一些案例中，组织发展收效很大，这是由于文化因素的影响所致。[1] 组织发展也会加强或改变组织的现行文化。组织发展与组织文化之间的互倚关系，给大学组织提供了采取不同技术进行实践的机遇，以推动组织的创新。

大学的变革一方面是自上而下行政力量作用的结果，另一方面也源自教师群体自下而上的自发合作。学院和大学不是典型的学习型组织，但它可以通过传统的教师培训和发展项目，传承组织行为和文化。新教师更易接纳新的组织文化与价值体系，因为新教师还没有被固化和教条化。一些针对新教师的组织发展举措，更容易在新教师群体中扎根，更有利于大学组织长期的变革。新教师导航项目中，新教师首次获得专业经验，也是首次面对大学组织的文化与实践。成功的新教师导航项目包括有效教学、教师服务、专业发展机遇、教学与研究的促进。大学组织设计导航项目，将组织文化及期待赋予新教师，在新教师与管理者，新教师与学术服务组

---

[1]　Alan McCord & Marija Franetovic：*Supporting Organization Development by Linking Systems Implementation and Faculty Orientation*，TCC 2014 Proceedings，2014：55-56.

织之间建立起联系。

四、美国院校的案例

20 世纪 70 年代，组织发展作为一个相对较新的领域成为美国大学教师发展项目的重要组成。综合性的教师发展项目不仅将教师作为个体与专家对待，也将教师视为复杂社会组织的一员。组织发展就是针对教师的这些特点而提供相关理论与技术。组织发展的理论基础有：人际关系训练、行动研究、参与管理、战略转变等。其中，行动研究对组织发展的理念与方法影响最大。[①] 加州州立大学长滩分校是实践大学教师组织发展的开路先锋，曾以上述理论与技术为支撑，从 1971 年至 1975 年连续实施组织发展项目，具体内容如下：

（一）收集信息促进组织创新

长滩分校的大学教师发展工作中一个重要的部分是各系通过信息收集，进行组织创新。学校的教师发展中心帮助各系在三至四个月的项目实施过程中收集反馈信息。八个系在教师发展中心的协助下，促进系的改进。中心的专家对师生进行访谈，也对系主任、主管学术事务的副校长、校长进行访谈。专家指导系里的教师如何通过问卷来收集资料。通过信息反馈、行动研究，教师们就本系的运作、课程与服务情况收集信息。他们还就学生、管理者、职工和校友对他们的印象收集相关资料。他们还要了解本系教师的需求。

（二）系主任领导力工作坊

系主任上任伊始往往面临角色冲突，他到底是管理者，还是教师的代表，诸多管理事务，孰轻孰重？各系新任系主任集中一处，进行为期四天的学术领导力发展工作坊。这项自愿的活动既非管理培训，也非敏感性训练（Sensitivity Training），而是帮助系主任们了解每天需要面对处理的

---

① Alan McCord& Marija Franetovic：*Supporting Organization Development by Linking Systems Implementation and Faculty Orientation*，TCC 2014 Proceedings，2014：55-56.

实际问题。

（三）系组织目标务虚会

一个系的教师开展为期两天的旨在规范和设定系组织目标的务虚会，任务是设计一个本系"五年规划"方案，也可以探讨本系所有专业的共同特征。不同的兴趣小组要说明他们所提方案的原理，在这个过程中，激发兴趣，提升对本系的荣誉感，增强小组内部的凝聚力。

（四）冲突管理工作坊

冲突管理工作坊，教师与管理者可以自愿参加，旨在研讨冲突管理。工作坊分四个模块，每个模块三小时，培训形式有呈现各种冲突情境的电影，能够激发对冲突管理进行讨论的短文，让参与者能够在工作中用得到的概念与技能的实践活动。工作坊为教师们提供实验体验，包括：冲突管理的概念与技巧、加深教师们理解、缓和、利用冲突的知识与能力。工作坊提供了可信的情境，激发教师们的参与动机。

（五）校际互访促进教学

加州州立大学北岭分校一些教师到长滩分校参访。在为期两天的考察里，与相近学科教师进行一对一的课堂观察、访谈与讨论。相应地，长滩分校一些教师到访北岭分校。两校教师互访有利于相互分享新理念、探索新实践，促进教学发展。

（六）战略规划小组

四个分别由教师、学生、职工和学校管理者组成的垂直型小组，每组 15 名志愿者，每五周有一周晤面两小时。[1] 内容是就大学的愿景进行思考与分享，并与大学的规范与决策小组进行协作。每个小组有自己的工作模式与风格，保证其提出的观点和建议能够为大学的战略规划所采用。小组的目标有：（1）在代表大学不同层级、不同院系的成员之间形成开诚布公交流的氛围；（2）为大学勾画蓝图，促进大学的创新和组织变迁；（3）

---

[1]　15 人包括：4 位大学教师、1 位学校管理者、1 位学院管理者（院长或副院长）、1 位系主任、1 位学生服务机构的代表、1 位职员、1 位社区代表、4 位学生、1 位教师发展工作者。

建立一种将大学成员个体潜力和需求与组织目标相契合的氛围。

（七）团队建设

每个系都由喜欢各行其是的教师组成，这增加了大学管理的复杂性。如果一个系能够团结一致，有效交流和分享，共同决策，设计组织目标，进行远景规则，以建设性的方式解决冲突，这对有效管理都至关重要。团队建设的活动任务是一个系要辨别决策与问题解决的过程，寻找提高这一过程效率的方法，实现高效合作。活动内容包括，决策能力培训、目标设定、冲突解决等。①

加州州立大学长滩分校的教师发展项目是综合性的，包括教学发展、个体发展和组织发展，三者之间保持平衡。其中一些组织发展活动具有服务于教学发展的早期特征，如校际互访这种组织活动的目的是促进教师教学。而长滩分校大部分组织发展活动已经明确指向组织战略、组织结构、组织管理和组织创新。组织发展的一些项目经过实践证明是有益的，如通过信息收集促进组织创新，通过团队建设活动达成一致愿景，学会辨识与运用权力结构促进组织变迁。

一般而言，组织发展包含两个层面：一是针对团队，提高组织效能，如战略规划、团队建设、冲突管理；二是针对个人，提高个人绩效，如时间管理、职涯规划。长滩分校早期的大学教师组织发展项目主要针对团队层面而展开。究其原因，是 20 世纪 70 年代美国大学管理出现一系列危机，大学教师组织发展聚焦于领导力、冲突管理、团队建设、战略规划等突出的问题。随着时代的变迁，像美国其他大学一样，而今长滩分校的教师发展项目以教学促进与专业发展为重心，兼顾教师的个人发展与组织发展。长滩分校还将组织发展与人力资源管理相结合，更多指向教师的个体层面，如获得长聘，提高福利待遇，为退休做好准备等。

---

① David B. Whitcomb & Susanne W. Whitcomb, "Organizational Development Approaches to Faculty Development", *California Journal of Teacher Education*, No.4, 1977, pp.28-38.

五、总结

美国是最早将大学教师发展制度化的国家，早期的大学教师发展活动指向教师的教学技能和教学促进。随后，由于美国高等教育应对内外部压力以及大学教师社会化的需要，大学教师的组织发展被纳入大学教师发展的范畴。美国研究者关于大学教师发展的定义与分类各异，但都将组织发展作为其不可或缺的一部分。组织发展的功能不仅体现在教师参与管理，提高组织效能，适应组织变迁上，也体现在为教师的教学发展、专业发展和个人发展创设条件。不对教师赋权，不尊重教师的自主地位，忽略教师作为管理者的角色，那么教师的教学发展将缺乏激励机制，教师的专业发展将缺失领导力的品质，教师的个人绩效和职涯规划无从保证。大学教师的组织发展不仅是大学管理危机时代的产物，也能顺应高等教育系统的变迁。组织发展的活动内容可以因校制宜，因时制宜，务实与务虚相结合，项目设计在教师个体、院系中层和学校高层有所侧重。组织发展像所有大学教师发展工作一样，重心在于服务与促进，而非控制与评价，在实现教师个体目标的同时，也能满足院校发展战略的需求。

第二节　美国大学教师发展的组织化历程

大学教师发展是指在学校内外环境的作用下，大学教师个体围绕其职业角色需求在认知、态度、技能、修养和行为等方面所发生的积极变化，具体包括专业发展、教学发展、组织发展和个人发展等内容。[①] 在美国高等教育领域，对大学教师发展，尤其是教学发展的关注由来已久，到20 世纪 60 年代，美国一些大学和学院建立起大学教师教学发展机构。经过半个世纪的发展，几乎每所大学和学院都建立起适应校本需要的大学教师发展机构。这些机构虽然在名称上千差万别，但其功能基本一致，教学

---

① Jerry G. Gaff: *Toward Faculty Renewal*: *Advances in Faculty*, *Instructional*, *and Organizational Development*, San Francisco: Jossey-Bass, 1975, pp.14-16.

发展是其始终如一的核心工作。另外，联邦和州政府所属公共机构以及一些私人基金会也设有与大学教师发展相关的组织与项目。而今，美国的大学教师发展机构和组织在国家、州和院校层面已经形成了成熟完善的体系，系统地指导着美国的大学教师发展。本节重点评介美国高等院校内的教学发展和教师发展机构的职能与功用。

一、美国大学教师发展的组织化历程

20世纪60年代初，美国许多大学建立起视听中心，以便于推广当时新的教学方法和技术。中心最初只提供一些技术服务，后来服务范围扩大到课程设计、教学方法和教学评价方面的咨询。这种机构的建立以及相关计划的实施在一定程度上推动了大学教师的教学发展。1962年美国第一个大学教师发展机构——密歇根大学学习与教学研究中心（CRLT）建立。[1] 这一时期的教师发展活动只是少数大学和学院的自发行为，大学教师发展尚处于萌芽状态，发展项目和活动都是零星的，主要针对教学发展，没有形成全面系统的教师发展观，从事大学教师发展活动的人员由志愿者担任，缺乏专业人员。尽管学术休假、访问学者和资助出席学术会议等方式已存在较长时期，但直到20世纪70年代早期，本科教学质量作为主要议题被提上日程，大学教师发展才成为美国高等教育界关注的焦点。

20世纪60年代末70年代初，美国的大学和学院纷纷出台教师发展项目，这些项目得到私人基金会、公共机构和联邦政府的资助。[2] 项目主要针对教师个体，帮助教师认识教师职业、学生和大学；获得新的教学技巧和教学活动的信息反馈；研究教师关于教学的态度与感受；将学习理论运用于课程教学，等等。这些项目强调教师的作用就在于创造一个共同的

---

① CRLT. Promoting Excellence and Innovation in Teaching and Learning at U-M. University of Michigan l CRLT Annual Report 2007-2008，2010-01-21，http：//www.crlt.umich.edu/index.php.

② 如由美国联邦教育部"学院支持署"资助的项目，包括改善教师的学历结构，资助教师参加学术团体的会议，聘请专家组织有关教学的工作坊，等等。

组织目标和氛围以促进教、学的互动。

20世纪70年代也是美国大学教师发展机构创建的黄金时期，除了采取项目制的形式之外，很多学院和大学尝试建立负责教师培训和发展的专门机构。为维护教师的权益，大学教师发展活动通常由教师指导委员会直接负责。这一时期的大学教师发展机构很大程度上依赖于来自基金会的外部支持，如丹弗斯（Danfort）、凯洛格（Kellogg）、卡内基（Carnegie）、福特（Ford）基金会等。[①]借助于基金会的支持，一些大学如雪城大学、西北大学、密歇根大学和加州大学伯克利分校的大学教师发展活动指向高等教育教学与学习的研究。这一时期的大学教师发展机构创造了许多新的活动方式和方法，如短期课程、习明纳、工作坊、咨询和评价，等等。

至20世纪70年代中期，美国过半数的学院和大学都设立了教师发展项目。1975年约翰·森特（John A. Centra）向全国2600所有学位授予权的大学校长发放问卷，大约百分之六十的校长反馈他们开展了教学发展项目和活动。尽管美国很多院校都有大学教师发展项目，但是管理者对这些项目的效能并不是很肯定。1976年森特又开展了一项针对1044所院校的研究，目的是调查大学教师在教师发展活动中的参与情况，以便确定其大学教师发展项目的参与度和效能。结果证实：教学技能发展实践在改进教学方面是有效的，大学教师更愿意参与此类实践活动，大学教师发展项目的焦点是教学的改进。[②]

进入20世纪80年代后，一些批评美国高等教育的调查报告相继出炉，这些报告唤起了人们对学院和大学中的科目和课程内容广度不足、教师过度专业化与教学和学习质量低下等问题的关注。报告呼吁美国的学院和大学给予教学以更多的支持，重建教师对教学发展的兴趣。这一时期，

---

① 如凯洛格基金会在20世纪70年代初对美国社区学院的教师发展给予了资助。参见 Joseph W. Fordyce, "Faculty Development in American Community Junior", *Peabody Journal of Education*, No.4, 1971, p.273。

② John A. Centra, "Types of Faculty Development Programs", *Journal of Higher Education*, Vol.49, 1978, p.154.

美国大学教师发展产生了质的飞跃。私人基金会和联邦公共机构如国家人文科学基金会（NEH）、美国国家科学基金会（NSF）、中学后教育改进基金会（FIPSE）等继续支持大学教师发展，教学与学习中心及类似的教师发展机构大量涌现。这些中心都配备一定的专业人员，而且具有稳定的经费支持。教师发展涵盖的内容越来越丰富和全面，大学教师发展向系统化、组织化的方向迈进。

20世纪90年代，大学教师发展中心（FDC）在美国高校纷纷得到设立。早期承担教师发展任务的机构是各院系，现在则是全校性的教学中心或教师发展中心。1997年美国共有350个教学中心。2000年，美国约有百分之六十的四年制学院设有大学教师发展项目；美国约有百分之七十五的大学与学院设置了大学教师发展项目及组织机构。[①] 这一时期还有一个明显趋势是国家性与国际性的大学教师发展组织与联盟得到建立和扩大，如"教育发展国际联盟"（ICED）、"教职工与教育发展联合会"（SEDA）。这些联盟以欧美发达国家为主体，在全球范围内形成了一个推动大学教师发展的热潮。[②]

近年来，由于财政紧缩，美国很多大学减少了为大学教师和研究生助教发展服务的一些项目。其中一个例子就是2002年内布拉斯加大学（University of Nebraska）创建达38年之久的教学与学习中心被解散了，该中心是美国第二个建立的教学与学习中心。校方称原因是不再需要一个专门的机构来支持大学教师的教学发展。但是此举招致很大争议，有学者撰文指出绝大多数大学还是继续坚持教师发展的理念和实践。[③]（见表4-1）

---

① Amber Casolari. Significant Changes in Faculty Development Since the Late 1960s，January 27，2009，http：//www.rcc.edu/administration/board/2008-2009/january2009/committees/VI-A-6_backup1.pdf.

② SheldaDebowski：*Building a Faculty Development National Organization*，Conference on Professional & Organizational Development for Chinese Higher Education，Beijing，July 13-16，2009.

③ Constance Ewing&Mary Deane Sorcinelli，"The Value of a Teaching Center"，*Chronicle of Higher Education*，April 26，2002.

表 4-1　美国大学教师发展的历程

年代（20世纪）	50—60 年代	70 年代	80 年代	90 年代至今
教师的职业角色	学者（Scholar）	教师（Teacher）	发展者（Developer）	学习者（Learner）
发展的重点	专业发展	教学发展	教学发展、组织发展	教学发展、个人发展、组织发展
组织的变迁	1962 年第一个中心建立；零星的项目	教学与学习中心	教学与学习中心；教学促进中心	大学教师发展中心（FDC）；国际性教师发展联盟
支持的主要力量	私人基金会	学校管理当局；联邦、州政府；私人基金会	公共机构；私人基金会	联邦公共机构；大学与学院联合体；高等教育联合组织
发展的驱动力	视听教学辅助设备的运用	本科教育质量危机；研究生助教（TA）的培养	大学课程改革；大学财政危机；兼职教师增多	学术职业生涯的规划
理论基础	临床和发展心理学；社会化理论	教育技术与传媒；认知心理学；学习理论	组织理论	人力资源管理理论（如职业生涯发展理论）

二、美国大学教学发展机构（Instructional Development Agencies）

20 世纪 60 年代末 70 年代初，美国一些大学和学院在无现成经验可循的情况下，尝试创建了帮助大学教师促进其教学改进的特殊机构。这些机构的活动范围殊异，名称千差万别，但它们都有共同的目标：促进大学教师的教学发展。教学发展机构成为美国大学教师发展机构早期的主要形式，并且表明教学发展是大学教师发展自始至终的首要目标。

在不同大学和学院中，教学发展机构的性质和处于学校管理层的位置有所不同。大多数教学发展机构属于学校行政管理职能部门，处于大学管理的中心位置。机构的主任直接向教务长、校长或学术事务副校长汇报工作。这类性质的机构具有明显的优点：（1）影响范围可以覆盖全校；（2）直接服务于全校的需要；（3）经费有充分的保障。还有一些院校的教学发展机构属于与教师教学指导有密切专业联系的院系，如教育学院、心理学系，甚至医学院，而个别的教学发展机构则独立建制。

教学发展机构的职能随时代而变迁，它通过三种活动方式促进大学教学：服务、研究、教学。服务活动包括针对教师个体的教学问题进行咨询，就教和学的理论和实践举办教师习明纳和工作坊，辅导教师实施教学发展项目。研究活动是就教和学的过程进行基本理论研究，提高教学项目的有效性。教学活动是指教学发展机构的人员为本科生和研究生上课。(见图4–1)

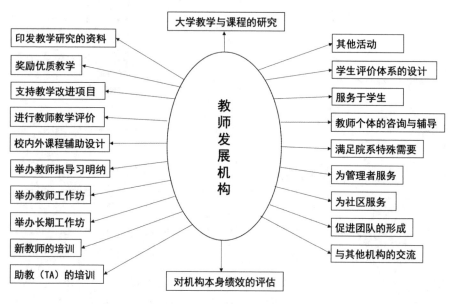

图4–1　美国大学教学发展机构的活动

教学发展机构的人员配备较为齐全，包括专业人员、技术人员、行政人员及学生助理，许多人员都在其他院系兼职。专职人员与兼职人员的比例是由机构的活动与职能决定的。由于教学发展主要涉及行为科学，因此教学发展机构的专职人员主要是心理学家。他们帮助教师分析教学问题，帮助教师运用学习动机理论去规划教学。他们对教学与学习过程进行研究，用得出的研究成果帮助教师改进教学过程。此外，还涉及许多相关学科，如教育学、交往艺术、教学媒体与技术、哲学等。[①]

教学发展机构的教学改进项目都是为满足教师的特殊需要进行专门设计，基本原则是利用工作坊和习明纳将教育教学原理转化为实践。实践证明，教学发展机构为教师和教学专业开发人员搭起沟通的渠道。迄今，教学发展机构仍是美国大学教师发展所依靠的主要组织形式。

三、美国大学教学/教师发展的专门机构

（一）教学与学习中心（Teaching and Learning Center）

20世纪70年代中期之后，教学与学习中心基本遍布美国所有的大学，是校内主要的教师发展机构。不同大学的教学与学习中心的目标并不雷同，这取决于教师发展的实际需要，但共同特征都是为教师的发展提供正式的规划。[②]中心的领导者一般是德高望重的大学教师，他们在履行教师职责的同时，承担起中心的领导工作。当前，大多数中心的领导工作由全职教师来担任。多数情况下，教学与学习中心的工作人员是大学中已获终身教职的教师。为了获得行政支持，教学与学习中心的负责人通常要向主管大学教师的管理者汇报工作。

在20世纪80年代，美国高等教育遇到一系列的挑战：提高通识教育的质量；评估大学的专业；改革多元文化课程；教育全球化的趋向；提高教学技能。这些新的挑战促使大学教师发展的方向发生相应变化。当时的大学教师发展活动通过工作坊、习明纳等方式促使教师反思教学结果和课程发展。在课程框架形成之后，大学为教师提供了很多课程发展的机会。例如，让教师学习如何把多元文化的内容整合到课程中，设计跨学科的课程和为促进学生学习采用适合的多媒体。

20世纪90年代，为了帮助大学改进教育质量和组织机能，教学与学

---

① Lawrence T. Alexander&Stephen L. Yelon：*Instructional Development Agencies in Higher Education*，ESSO Education Foundation，New York，N.Y.，1972，pp.8-11.

② Lisa F. Lenze，*Developing A Teaching Center On Campus*，NEA Higher Education Research Center Update. Vol.3，No.2，March 1997.

习中心提供如下服务：（1）新教师培训；（2）提供工作坊和其他发展机会以改进教师的教学技能；（3）促进课程的国际化；（4）支持发展活动，如教学档案袋的指导；（5）提供与大学教师形成性评价活动所需的资源；（6）促进与其他教育机构的合作；（7）推进改善教学与学习环境的努力。此外，促进教师发展的策略还包括，与其他领导者和教职员工讨论培训责任、需要和资源等。①

教学与学习中心在大学教师发展中发挥着关键性作用，它为大学教师的专业发展提供了极其重要的资源。中心的专业人员为大学教师、学生和管理者提供了高等教育教学与学习研究的理论和数据库。他们也提供了相应的学习场所，让教师和管理者得以进一步学习课程、学生发展、成人学习、评价、多元文化教学和领导方面的专门知识。

为了培养教师的主人翁意识，中心通常设有教师咨询委员会，对每位教师的需要和所关注的问题给予积极回应。中心的工作不可避免会涉及大学教师的评价问题。但为了维护教师的自尊，教学和学习中心对教师评价的结果进行保密，以不触动终身制评议，不与职务晋升、薪酬、奖惩挂钩为前提。对很多大学教师而言，教学与学习中心是一个"避风港"，在这里他们可以自由讨论教学中的成功和不足，而不用害怕被贴上标签或遭到打击报复。中心的工作推动了其所在学院和大学的教师发展、教学发展和组织发展方面的研究。

早期成立的教学与学习中心更倾向于反映校长、院长的意愿。现在，教学与学习中心的工作更多地是由教师的需要驱动，而不是简单听命于管理者。教学与学习中心的行动准则是：（1）面向教师全体；（2）与院系相联系；（3）将教师的发展与评价相结合；（4）活动形式上推陈出新；（5）照顾到特殊群体如研究生、新教师和兼职教师的需求。随着对本科教育和教师教学能力的重新强调，课程的多样化和全球化，问责的新压力，教师

---

① 李玲：《美国公立大学教师发展项目研究》，北京师范大学硕士学位论文，2008年，第26页。

保持活力和生产力的需要以及国家的终身后教职政策的逐年增多，21世纪的大学教师发展将比以往任何时候更依赖于教学与学习中心。

（二）教学促进中心（Instructional Improvement Center）

20世纪60年代末，许多大学意识到教师教学发展的重要性，大学管理者也试图建立大学教师发展中心。但苦于资源有限，所以，伊始不得不依靠那些富有热情和经验的教师，凭借他们的威信，志愿为需要的大学教师发展提供服务。大学管理者、教师群体、专业人士会经常发起一些教师发展活动，但建立正式的教师发展组织则势在必行。许多大学与学院都建立起教学促进中心。教学促进中心为教师的个体发展和专业发展，尤其是教学和学习的促进提供条件。至20世纪70年代中期，美国有1000多所高等教育机构设有教师发展项目，其中有275所大学和学院设置了教学促进中心。①

教学促进中心是一个专职机构。它与院系零散的组织方式相比，更能专注于教学与学习问题，能够吸纳更多的教师参与。中心配有专职人员、专门项目与单独预算。它能提供专门的知识与技能，开展个人所不能开展的各种教学促进活动。它能克服短期项目的非连续性缺点。教学促进中心专注于学校内部的教学发展。与联邦资助的各种项目及其他服务于国家及区域的高等教育研究中心相比，它的服务职能更为集中。中心更注重在职发展而非职前培训。尽管许多大学开展了帮助研究生适应教学角色的项目，但这和教学促进中心主要服务于在职教师发展的目的是有差异的。

教学促进中心的主要服务对象是大学教师。学生、管理者，甚至社区居民也可以参与服务项目，但它毕竟不是学习资源中心。教学促进中心也不是媒体中心。尽管媒体中心的人员也参与教学发展活动，教学促进中心也支持多媒体教学，提供多媒体服务，但教学促进中心更关注人力资源而非物质资源。它相比媒体中心，更多提供的是有关教学与学术问题的咨

---

① Kent Gustafson&Barry Bratton，"Instructional Improvement Centersin Higher Education：A Status Survey"，*Journal of Instructional Development*，No.2，1984，p.2.

询与服务。

教学促进中心的规模差异较大，有的只有一个专职人员，有的则较大。但它的功能与结构更重要。无论它是处在科层系统的哪个层级，是在教授委员会的领导下，是设在教育学院之下，还是一个独立的机构，它的职能都是关注解决教学与学习的关键问题，集中学校的资源用于教师个体或群体，促进教师的有效教学，完善其学术生涯。如康乃尔大学的"本科教育促进中心"即是这样一个榜样。这个中心配有永久性的专职人员，规模适中，设有教学创新项目，为感兴趣的教师提供咨询，设有助教，重视教学，并致力于提高教学质量。①

除了学校建立的教学促进中心之外，一些社区学院联合体、州立大学系统、教育联合会也建立起类似机构，以服务于成员学校的教师发展事务。如加州州立大学和学院系统的"专业发展中心"就协助所属各分校，根据它们各自的特点，设立教师专业发展项目，促进教和学，培训相关人员，开展校园咨询，对发展项目进行评估，将一校的成功经验进行推广。这些中心一般具有共同的组织特征：

1. 要向主管学术事务的领导，如教务长或学术事务副校长汇报。这样就可以通过学校领导的权威突出强调教学的重要性，以便获得必要的经费与资源，开展活动。有时中心主任也兼任学术事务副校长助理一职，以便获得正式的权威与认可。

2. 大多数中心都有一个咨询委员会或者政策委员会进行监管。如果中心与主管领导之间是垂直领导的权力关系，那么委员会就起到咨询的作用。其具体职能包括：政策建议、争取教师的支持和参与、信息发布，等等。

3. 无论在学校正式管理结构中处于什么位置，教学促进中心都是独立运作。这可以保证中心的专职人员与教师之间不是评价与被评价的关

---

① 　Jerry G. Gaff：*Toward Faculty Renewal*：*Advances in Faculty*，*Instructional*，*and Organizational Development*，San Francisco：Jossey-Bass，1975，pp.115-116.

系，而是切实去帮助教师，可以让教师放心地去表达内心的消极情绪。

（三）大学教师发展委员会（Faculty Development Committee）

美国大学或学院中的教师发展活动并非总由统一的教学发展机构来负责，通常也会成立一个委员会进行指导。许多大学建立起教学委员会或者大学教师发展委员会，大学教师发展委员会的目的、功能和活动处于不断变化中。同教学与学习中心相似，它也是一个院校层面的教师发展机构。在 20 世纪 70 年代初，美国首批 42 所文理学院成立了大学教师发展委员会，参与了由"小型学院促进委员会"（CASC）赞助的大学教师发展培训项目。1976 年，森特在一项对 408 所四年制学院的研究中，报告了这些院校中 62% 有大学教师发展委员会。[1] 在 1986 年，在一项针对 630 所院校的调查中，发现有同样数量的委员会存在。1989 年，在"高等教育专业与组织发展网络协会"（POD）330 个成员高校中，34% 的被调查高校有正规的大学教师发展委员会。[2]

大学教师发展委员会代表着广大教师的利益，其负责人通常由院长组成，主要负责管理校园内正式的教师发展项目。该委员会承担着监督教师发展活动基金的责任，竭尽全力确保经费满足全职教师的需要和期望。委员会有责任为学院与大学提供足够可用的财政资源，同时在决定具体基金的分配上要对全体教师负责。

大学教师发展委员会普遍存在于各种规模的学院和大学里。一些委员会成立以后致力于探究改善教学与学习环境的指导方针。据乔伊斯·伦德（Joyce P. Lunde）等在 1991 年的研究报告，70% 的大学教师发展委员会把教学改进列为工作的主要目标之一。其提供的改进教学的活动包括提供教学方面的工作坊和习明纳，与院长就教学活动进行磋商，创设重视和奖励教学的氛围，为大学教师提供服务以促进教学与学习，出版教学方面

---

[1] John A. Centra：*Faculty Development Practices in U.S. Colleges and Universities*，Pr-76-30. Princeton，N.J.：Educational Testing Service，1976.

[2] John C. Smart：*Higher Education*：*Handbook of Theory and Research*，Vol.19，Springer Netherlands，2004.

的著述，提高学生学习成果和确定教师的教学需要。65%的大学教师发展委员会把为教师提供专业发展机会作为另一个工作目标。其发展活动包括在研究和服务上帮助教师，推动教师创新，指导新教师的培训，推动教师领导力工作坊，支持大学教师整体发展的概念和创造民主的氛围。35%的大学教师发展委员会把教师专业发展基金的分配看作一个重要目标，另外30%的大学教师发展委员会将协调校园教师发展活动作为一个目标。①

　　大学教师发展委员会的有些活动和教学与学习中心相类似。当在一个大学里教学与学习中心和大学教师发展委员会同时存在时，就需要澄清两者之间的关系。一些大学教师发展委员会对中心提供咨询服务，而该中心的主任担任大学教师发展委员会的要职，或者作为其中的成员。在其他情况下，中心和委员会的计划是相同的或独立的。除了指定的教学与学习中心外，还有其他的单位或办公室可以提供教师发展服务。这些办公室包括校长办公室、教务长办公室、大学教师评议会办公室和院长办公室。学院与大学越来越多的专业学院也成立了大学教师发展委员会。

　　（四）大学教师发展中心／办公室（Faculty Development Center）

　　20世纪90年代美国大学教师发展的组织方式经历了一个重大的转变，大学教师发展中心（FDC）在许多大学和学院建立起来。在外界持续不断的压力下，大学承诺为学生提供优质的教学，教学质量已成为高教支持者非常关注的问题。付学费的家长和学生、普通纳税人、商业团体和州及联邦的政府官员越来越关注学生的教育质量，社会要求大学要充分有效地利用教育资源，要求教师培养学生未来工作的技能。

　　基于社会的各种压力，大学对教师要求不断提高的同时，也越来越注重教师的发展，于是大学教师发展中心在高等院校中变得越来越平常。这些中心建立的主要目的是通过发展教师的教学技能，改进教学和课程。大多数大学教师发展中心力图通过各种各样的教师可以参与的项目和服

---

① Joyce P. Lunde & Madelyn Healy：*Doing Faculty Development by Committee. Stillwater*，*OK：Professional and Organizational Development Network in Higher Education*，New Forums Press，Inc.，1991.

务来实现这个目标。这些项目和服务包括：关于有效教学的习明纳和工作坊；教师的教学评价服务；与教师个人就如何改进教学进行磋商。

教师发展中心的首要职能是围绕教师的定位与发展，特别是对新教师进行职业规划与指导。首要目标是提高教学技能，深入分析所教授学科的内容，并将之与有效教学结合起来。虽然许多新进教师经纶满腹，在本学科造诣深厚，但却没有做好充分的教学准备，或在教学上干脆就是个新手，这将大大减少教与学的效率。中心的使命就是努力提高课堂教学的效果，探索如何将教师精深的学科知识与精湛的教学技能融为一体。

有些大学设立了"大学教师发展办公室"（Office of Faculty Development），其性质与大学教师发展中心相近，目的是集中学校的资源与力量，致力于大学教师、员工与管理者的职业发展。工作的重点不再局限于教师教学，而更强调对于大学整个职业生涯的引导、帮扶和规划。如马萨诸塞大学（the University of Massachusetts Amherst）的大学教师发展办公室，其着眼点是帮助新老教师进行职业规划与发展，为获得职务晋升和终身教职做准备；支持教师早中晚期职业生涯的活动；为教师的对话与创新创造条件。[①] 为实现这些目的，办公室采取常规的习明纳、工作坊、教学咨询、专项项目等活动形式。另外，更重视教师发展机构的横向交流，建立起大学教师发展的网络联盟和协会组织。

四、美国大学教师发展组织的功用

（一）切实提升教师活力，促进教师的成长与发展

大学教师是从事学术职业的特殊群体。在其学术生涯中，许多教师在职业道德、工作满意度和专业研究等问题上存在不同程度的困扰。这些问题如处理不当，易导致教师群体或个体士气低落、固步不前、创造力锐减。大学教师发展是成人的发展，因此教师发展机构的专业人员与教师的

---

① UMass Amherst.The Office of Faculty Development（OFD）at the University of Massachusetts Amherst，2009-09-12，http：//www.umass.edu/ofd/index.html.

关系无固定程式。大学教师又是专业人士，因此，针对他们为对象的发展活动一定要注意技巧与方法。美国大学教师发展项目的开展，相关组织机构的建立，有效地促进了教师在专业、教学（课程）和个体方面的发展。① 雪莉·克拉克（Shirley M. Clark）等学者曾以明尼苏达大学为个案，研究发现，如果从为大学教师的学术发展、教学发展和个体的实际需要提供支持这三方面入手，能够有效提升教师的活力，大学组织对于大学教师创造力的持续提升负有重要责任。②

（二）适应本校实际需要开展大学教师发展活动

美国大学教学／教师发展机构的目标、职能和结构、规模通常是适应本校的层次定位、教师群体特点、财政状况等因素而设。所以，这些机构的具体名称不同，其工作重心也因校而异。但这些机构也有共性，即始终将教学发展置于首位。20 世纪 80 年代之后，大学管理者都意识到，大学教师发展已从单纯的个体需要转变为组织的需要和大学教师职业生涯的本质需求。因此，大学教师发展机构得到更多的关注与资助，其服务范围已经涵盖了专业发展、教学发展、组织发展和个人发展等内容。

（三）为大学教师发展提供了组织保障

美国大学教师发展在早期是依托于相关院系，采取项目制，其特点是零星、分散，教师参与程度低，专业发展人员由志愿者兼任。随着大学教师发展机构的设立，无论是教师发展项目，还是发展活动都得到最有力的组织保障。由于大学教师发展机构是独立建制，与教师的评价、晋升、薪酬、奖罚、教学安排等相分离，因此可以吸引大多数教师主动参与机构的活动。教师发展机构配备了专职人员，能为各种发展活动提供必需的资源。20 世纪 80 年代，美国高等院校因经济状况等因素影响，大学教师发

---

① 特拉华大学（The University of Deleware）的教学效能中心（Center for Teaching Effectiveness）曾经做过一项调查：73% 的大学教师认为经过中心的培训，他们的教学策略有所改进，而改进则归功于教师发展中心。

② Shirley M. Clark&Mary Corcoran&Darrell R. Lewis, "The Case for an Institutional Perspective on Faculty Development", *Journal of Higher Education*, No.2, 1986, pp.192-193.

展项目及相关资助大幅削减，从事教师发展工作的人员被缩减，但教师发展机构的存在则保证了教师发展活动的正常开展。

（四）促进了校际之间教师发展活动的交流与合作

美国大学教师发展机构是院校一级的组织，面向本校教师（包括研究生）服务。由于教师发展机构在美国的大学和学院得到普遍设立，因此，就为这些组织机构之间的合作交流创造了可能。其中，由于研究型大学的大学教师发展机构设立较早，经验丰富，因此，成为其他大学学习的对象。如密歇根大学学习与教学研究中心（CRLT）在 2006—2007 年度为 116 所大学和学院、15 个联合会和基金会、8 个国内外组织提供了服务，还有 1674 位校外人士参与了中心的活动项目。[1] 通过国内外高等教育联合组织[2]，通过电子网络以及学术刊物，各校的教师发展机构进行了通畅的交流与合作。

第三节　北美大学教师发展工作者胜任力

美国、加拿大是最早开展大学教师发展工作，并促成大学教师发展制度化的国家，不仅大多数大学和学院都有专设的教师发展机构，在州、国家和区域（北美）的层面也形成松散的大学教师发展联盟。[3] 大学教师发展机构的成功运作取决于诸多因素，其中，首要因素是员工的素质。北美每所大学的教师发展机构的人员配置都不相同，其人事安排受组织的使命、规模、复杂程度、历史、资源等诸多因素的影响，但大都形成专兼结合的人员队伍。促进大学教师发展的人员包括高级教授、教育管理者、教师志愿者、教学助理、校外专家等。"大学教师发展工作者"（Faculty

---

① External Colleges，Universitiesnd Organizations Served for 2006-2007，2008-10-11，http：//www.crlt.umich.edu/aboutcrlt/AnnualReport07.

② 如美国教育研究联合会（AERA）、全美教育联合会（NEA）、美国教师联合会（AFT）、高等教育教学与学习协会（STLHE）、高等教育专业与组织发展网络协会（POD）在争取大学教师权益，推动教师发展项目的开展方面都起着积极作用。

③ 林杰：《美国大学教师发展的组织化历程及机构》，《清华大学教育研究》2010 年第 2 期。

Developer）主要指受聘于教师发展机构的专业工作人员。大学教师发展工作者为大学教师专业发展服务，是专家的专家，因此，对其知识、技术和能力都有很高要求。20世纪七八十年代，教师发展工作者主要注重与教学发展相关的能力。20世纪90年代初迄今，教师发展工作者的综合能力建设日益受到关注。它不仅关乎大学教师发展工作的质量，也是影响大学教师发展工作者职业发展的要素。美、加两国学者构建出各种有关大学教师发展工作者的胜任力标准或模型，以期确定表现优异者的个体特征。合理的教师发展工作者胜任力模型既是大学管理者选聘、考核合格的大学教师发展工作者的依据，也是促进大学教师发展工作者职业发展的坐标。

一、大学教师发展工作者的角色

美国大学教师发展工作的知名专家、马萨诸塞大学副教务长玛丽·索西莱尼（Mary D. Sorcinelli）曾形象地描述过自己作为一位大学教师发展工作者的一天：“一位处于职业生涯中期的自然科学领域的大学教师到我办公室来寻求帮助，他希望设计一个针对大学教师的国际项目的短期课程。接下来，两位初入职的女教师打电话咨询，她们想申请一些资助以建立一个旨在促进学术与教学的同行写作指导小组。下午，一位社会科学领域的系主任预约如何就设计针对六位新教师的同行导师项目进行头脑风暴。接着一位新教师来咨询如何在艺术工作室里对学生的学习进行评价。这位教师还带着四个月大的孩子一起来，因此，我一边与她交谈，一边帮她哄孩子。”[①] 通过这段描述，一位教师发展工作者的工作对象包括不同教职生涯的教师和教育管理者，需要帮助他们解决课程发展、教学发展、专业发展以及个人发展等方面的问题。而日复一日，大学教师发展工作者要处理的工作内容远比索西莱尼描述的这一天更为复杂，更为琐碎，无不关乎大学教师的成长与发展。

---

① Mary D. Sorcinelli, "Faculty Development: The Challenge Going Forward", *Peer Review*, No.9, 2007.

大学教师职业被誉为"元职业"（Meta-profession），即各行各业的高级专门人才都由大学教师培养。而以大学教师职业发展为工作内容的大学教师发展者，他们所从事的是"元职业的职业"。由于其服务对象主要是大学教师（也包括研究生助教和未来的准教师），因此，大学教师发展工作对从业者提出较高的专门技能和行业规范。学术职业、学生群体、学习方式等大学内外部环境的变化，深刻影响到大学教师的职业发展，进而作用于大学教师发展工作的内容、形式和方法。

在大学教师发展专门机构建立的初期，大学教师发展工作者的角色是技术支援者和信息提供者。如美国第一所大学教师发展专门机构——密歇根大学学习与教学研究中心（CRLT）在创立之初，即分别从电视教学、程序教学、教学评价、信息搜集与传播四方面搭建组织结构。而在当今信息化与国际化的时代背景下，大学教师发展工作者还要成为大学教师的合作者和指导者。作为从事大学教师发展工作的专业人员，对其从业素质具有较高要求。艾伦·怀特（W. Alan Wright）和朱迪思·米勒（Judith Miller）两位学者用 14 个动词来描述大学教师发展工作者的角色与职责：促进、发展、咨询、建议、提供、教学、培训、协调、管理、研究、写作、编辑、服务、互动。[1] 劳瑞·格鲁普（Laurie L. Grupp）在美国一所小型学院的教学中心担任了七年主任后，意识到大学教师发展工作者的传统角色应该发生变化，不能再孤立地工作，而是与教师、管理者进行协作。他们在组织变迁中扮演重要角色，要把自己看作是改革的推动者（Change Agents）。[2] 可见，大学教师发展工作者肩负的责任不比其服务对象——大学教师少。

鉴于大学教师发展工作的特殊性与复杂性，大学教师发展工作的从

---

①　W. Alan Wright&Judith Miller，"The Educational Developer's Portfolio"，*The International Journal for Academic Development*，No.5，2000，pp.20-29.

②　Laurie L. Grupp，"Faculty Developer as Change Agent：A Conceptual Model for Small Institutions and Beyond"，*Journal on Centers for Teaching and Learning*，No.6，2014，pp.45-46.

业者队伍构成也日趋复杂。如密歇根大学学习与教学研究中心全职员工可分为专业人员、行政人员、项目助理和博士后研究人员。后二者是流动性较大的群体，行政人员数量很少。所以，专业人员是教师发展工作者队伍的中坚力量。这些专业人员，按其背景主要分为三类：曾担任过教师发展机构的主任、优秀教师、教学研究者。① 随着大学教师发展环境与条件的变化，大学教师发展专业工作者的从业要求愈来愈高。如 2000 年，该中心欲招聘一名全职的从事评价研究的研究人员。其具体职责有：发起并促进大学教师参与教学评价项目；与教师进行合作；对学生学习进行评价；对教学促进基金进行评审；聘用、管理研究生和本科生研究助理；将评价研究的成果有效付诸实践。应聘条件包括：博士学位；具备项目、课程和教学评价方法的专业知识；参与过高等教育的应用研究项目或组织培训工作；与大学教师有过成功的合作经验；理解多元化；具备获取外部资助与管理基金的能力；从事评价研究至少三年以上的经验。②

从这则招聘启事的要求可以看出，一名专业的大学教师发展工作者，不仅对其专业知识、技能等基本资质有较高要求，还对其操作应用能力、合作能力、管理能力、实践经验都有非常高的期待，指向从业者的胜任力。胜任力（Competency）不仅是个人禀赋和一般性的知识、技巧与能力，还是经过后天的经验整合，能够胜任特殊岗位工作要求，取得优质绩效的综合能力与素质。有研究表明：大学教师发展工作者对职业的认同度低，一部分原因是对工作胜任力表述不清造成的。③ 如果学校准备任命一位教师发展中心新主任，候选人是教学名师，但对其胜任力并不了解，那么，让其担任主任之职，将存在一定风险。因此，厘清大学教师发展工作者的

① 屈寥健：《美国研究型大学教师发展中心运行机制变迁研究——以密歇根大学学习与教学研究中心为例》，北京师范大学博士学位论文，2015 年，第 152 页。

② American Educational Research Association, *The Center for Research on Learning and Teaching*, Educational Researcher, No.4, 2000, p.44.

③ Jeanette McDonald&Denise Stockley, "Pathways to the Profession of Educational Development：An International Perspective", *International Journal for Academic Development*, No.3, 2008, p.214.

胜任力构成要素，并建构起相关理论模型，对于大学教师发展工作者的人事管理（聘用、评价、考核）和职业发展（专业成长）都具有重要的意义。

二、早期的大学教师发展工作者胜任力模型

北美早期的大学教师发展工作主要是为了促进教学，因此，在20世纪七八十年代，大学教师发展工作者又被称为"教学开发者"（Instructional Developer），他们的角色是能够给教师提供教学技术支持以及改进教学的建议。因此，教师发展工作者需具备与教学发展相关的基本技能。1981年，克林顿·沃灵顿（Clinton J. Wallington）归纳出教学开发者的五项基本技能（Generic Skill），包括解决教学发展中的问题，能将行为科学的原理付诸运用等。[①]1991年，俄亥俄州立大学的两位学者罗杰·塞尔（G. Roger Sell）和南希·奇兹姆（Nancy V. Chism）较早提出一个关于大学教师发展工作者的胜任力模型。他们认为，合格的大学教师发展工作者普遍具有七项胜任力：

1. 知悉教师发展需求：调查、了解不同学科、不同角色（教师、研究者、学者）、不同环境、不同组织、不同职业生涯阶段的大学教师的需求类型。

2. 促进教师的教学、课程与组织发展的设计与实施：具备成人发展（Adult Development）的知识以及对个体、专业与组织变迁相互关系的感受能力。

3. 专门项目、方案与研究的组织实施：为满足教师发展的需求，策划专门活动并付诸实施。

4. 口头报告的准备与表达：擅长语言表达以传递与分享信息资源，引导教师付诸行动。

5. 书面与非书面交流：设计、推出适切的材料，有效支持各种教师发

---

① Clinton J. Wallington，"Generic Skills of an Instructional Developer"，*Journal of Instructional Development*，No.4，1981，p.29.

展活动。

　　6.教和学的研究：对教学发展的理论（假设、策略和影响）和实践进行调查、研究。

　　7.建立并维持咨询关系：在支持教学，有助于促进大学教师发展的基础上，与教师个体和群体建立联系并合作。①

　　这七项胜任力没有主次之分，鉴于每个教师发展机构设置有别，大学教师发展工作者个体的实际能力是随不同大学教师发展机构和服务项目的使命与目标而不同。这一胜任力模型主要是基于美国20世纪七八十年代各类大学教师发展机构的聘任经验而作出的，是以一般教师发展工作者为对象，以教学发展为主要职责的经验总结型的胜任力模型，对知识、能力的分类较为笼统。20世纪90年代之后，大学教师发展工作者面临的工作环境与服务对象已发生较大变化。教师发展工作者的职责不再仅限于教学促进与教师的个体发展。如索西莱尼等学者分别于2001年与2015对北美的大学教师发展工作者进行了调研，发现一些显著变化：满足教师个体的目标降到第三位，而塑造卓越教学的文化、促进教学和学习的创新的目标提升到第一、第二位。在组织活动上，除了新教师培训、教学和学习技术支持外，学生学习成果评价和课程设计成为新的趋向。这些变化对教师发展工作者也形成冲击和挑战。② 因此，早期的胜任力模型已显得过时。

三、大学教师发展中心主任的胜任力

　　大学教师发展中心的主任也属于教师发展工作者，但他／她是整个教师发展机构的核心人物，肩负着比一般教师发展工作者更重要的职责。他／她必须理解学术组织复杂的运行模式，了解学校战略规划与预算制订

---

① G. Roger Sell&Nancy V. Chism，"Finding the Right Match：Staffing Faculty Development Centers"，*To Improve the Academy*，No.10，1991，pp.19-32.

② AAC&U，*Fostering 21st Century Faculty Learning through Dynamic Centers for Faculty Professional Development*，2015 Annual Meeting of AAC&U. Washington，D.C.，January 22，2015.

的关键过程，与学校决策的关键人物接触，从而实现本机构的组织目标。美国和加拿大大学教师发展专门机构创建初期，机构的负责人，尤其是许多首任主任都具有非凡的品质。1993 年，美国夏威夷大学的学者玛丽·温施（Marie A. Wunsch）重点对大学教师发展中心主任的胜任力进行研究。她发现，优秀的主任应具备七项特殊能力：

1. 战略思考能力

一般的教师发展工作者满足服务对象的需求，提供具体的专门服务。而中心主任则须观察服务项目是否能够更好地扩大组织的影响力、适应财政管理的要求。新主任上任伊始，主要关注组织的功能、服务对象和其他管理者。但他们不能对校园内发生的重大问题、过程与趋势视而不见。作为机构负责人必须主动将教师发展中心置于大学组织发展的背景之中。因为教师发展工作往往不是大学管理者们优先关注的内容，也不是学校的工作重心。所以，作为主任应该知道什么样的教师发展活动能够获得学校支持并适应学术环境，知道怎样将通过调研得知的教师发展需求写进学校的战略规划，作为优先支持的工作。

2. 政治理解力

从组织的视角看，大学管理的政治特征是由外部的传统与文化规范所塑造的。大学与学院的本质是"无政府组织"。一个学术组织很难有统一的使命与清晰的目标。大学的中层管理者要试图理解并利用高等教育组织中的"模糊性"，实现组织的利益诉求。教师发展中心的主任要明白高等教育系统如何干预教师发展项目的运作，如何处理与那些决定教师发展工作成效的关键决策者之间的关系。中心主任必须成为学校核心圈子的一分子。预算的权力主要掌握在高层领导的手中。作为中心主任，在预算的协商与博弈过程中所要做的就是将要做的项目、需求及作用告知主管校长。

3. 财务管理能力

在大多数组织中，财务流程深奥烦琐。教师发展中心的主任们往往把财务问题交给财务人员去解决。他们更关心工作满意度，而不是钱。称职的中心主任无须事必躬亲，但他要知道财务的流程，以及收支的不成文规则。作为中心主任，不仅要知道经费是如何分配的，也要知道学校制定规划时是如何做预算的，哪些关键人物会影响预算。如果官方预算是固定的，那么中心能够使用哪些小额的临时资金、项目经费来支持教师发展活动。一次性的小额经费，也许能够满足很重要的需求。当经费吃紧时，主任也知道怎么找钱、花钱最符合教师发展中心的需要。一般到财年末，没有花掉的经费将要被重新分配。中心主任要列出清单，在最后期限前用掉经费。总之，中心主任在财务管理中起到积极主动的作用。

4. 选用和激励员工的能力

温暖亲密的人际圈是中心主任与同事愉快合作，相互激励的基础。那些来参与发展项目的教师，不仅是服务对象和学习者，也是同事。教师发展中心一般以小组合作的方式提供服务，极少有教师发展中心是科层制的组织结构。中心主任要负起选择、培训、评价和激励下属的责任。而招聘职位、工作任务、工作过程与薪酬、阶段性评价，这些统统都需要学习。作为主任，得花些时间，向负责人力资源工作的专业人士及时有效地学习相关规则。业绩评价是改进工作、为员工创造培训机会的手段，评价针对中心所有人，包括主任。

5. 评估发展项目的质量与有效性的能力

中心主任不仅要对教师发展项目的质量与效益心中有数，还要建立起针对发展项目论证、维护、提升和扩展的数据库。即使学校领导不要求对发展项目进行评估，中心也需要积累相关信息。学校财政预算往往也要求得到教师发展项目的运行、影响和效用等评价资料作为依据。教师发展项目对于促进教学效果的信息资料也会对支持教师发展工作的教师和管理者产生影响。学校高层领导希望得到项目效用的信息，中心主动向学校领导提供相关信息乃明智之举。学校领导在讲话和报告中提到教师发展中心汇报的信息，对发展项目也有利。

6. 创造并维系组织良好形象的公关能力

公共关系在很多时候也是获取外部支持的重要形式。尤其当变化加快，优先发展重点不断转移时，通过公共宣传，可以让外界知悉教师发展中心的工作非常重要。如果教师发展中心可见度低，可信度差，与主流相隔绝，这意味着中心不受关注，得不到更多资助。态度积极、敢于担当的领导不能躲在幕后。合格的中心主任必须站在台前，冒着受关注、被评价、被指责的风险，把需求、优势和弱点都展现出来。这样，就会产生很高的可见度，从而让组织获得广泛的信任与认可。

7. 社交与合作的能力

在美国多元巨型大学或者小型的学院，权力日趋去中心化，合作领导（Collaborative Leadership）成为新的权力模式。教师发展中心的主任不是唯我独尊的老板，而是团队的领袖。要把主任的位置坐好，就要通过合作赋权。通过与同事和支持者的相互合作相互影响，建立一个环形系统，取代原先的自上而下的线性模式，让这一图景适应发展中心的组织结构。①

从温施模型来分析，大学教师发展中心主任的角色与胜任力明显异于一般教师发展工作者。虽然许多大学教师发展机构的负责人原来也是一般的大学教师发展工作者，但从一般到特殊绝非一次轻松的转型。作为中心主任，他／她必须在理解组织目标、组织与文化的前提下，勇于担当，矢志不渝，善于驾驭，带领员工为实现组织的最高价值而努力。温施模型也是一个通才型的胜任力模型。从美国大学教师发展机构主任人选的聘任实践来看，是从早期的专才型向后来的通才型转变。如密歇根大学学习与教学研究中心前四位主任都是心理学家，以及大学教学与学习领域的顶尖专家，而到 1993 年康斯坦斯·库克担任新主任，她出身于政治学专业，具有在政府工作和大学管理的双重经验，著有《高等教育的游说：高等教育机构如何影响联邦政策》，是典型的通才型主任。

四、不同职业生涯阶段的胜任力模式

北美研究者早期提出的教师发展工作者胜任力模型存在两方面的

---

① Marie A. Wunsch, "From Faculty Developer to Faculty Development Director: Shifting Perspectives and Strategies", *To Improve the Academy*, No.12, 1993, pp.277-282.

缺陷。一方面，不适应不同职业生涯阶段的要求，初入职者和高级工作者以及中心主任所需的知识、技巧、能力是不同的。克里斯廷·谢弗（Christine E. Shaffer）在其博士论文中，通过对四所学院的调研发现，不同职业阶段的大学教师发展工作者对角色认知存在较大差异。①加拿大女王大学（Queen's University）的教师发展工作者苏珊·威尔考克斯（Susan Wilcox）用自己的经历现身说法：工作第一年，是以任务为导向，只需简单高效地完成规定工作即可。主要关注工作的技巧，较少考虑学习的过程。第二年，成为资源协调员兼主任助理，可以观察主任的行为，向其询问，学习其工作方式。第三年，在加拿大另一所古老的大学谋得一个教师发展工作的正式职位。通过与学生的接触，认识到教学中的问题，开始意识到教师发展工作的功用与意义。②可见，大学教师发展工作是一种处于不断发展中的职业，对初入职者可以提出明确的知识和技能要求，而随着职业生涯的发展，胜任力的要素与内涵也在发生变化。

另一方面，早期胜任力模型中关于能力的分类较为琐碎，难以普适于各类教师发展机构的能力建设。如克里斯廷·斯坦利（Christine A. Stanley）提出一揽子的知识和能力要素，内容涉及：教学、学习和研究的知识，学科的专业知识，多元文化的学者，理解组织的性质，教师的经历，用行动解决问题，搁置争议，转换领导风格，合作与授权，多任务能力，创建社团，处理人际关系，善于倾听，推动变革，工作热情，锲而不舍，适应性，灵活性，团队成员，值得信任等。③奇兹姆对 560 位大学教师发展工作者进行了调研，让他们对初入职者的必备知识和技能进行排序，结果最高的是教学设计和主动学习，最低的是组织变迁和教师发

---

① Christine E. Shaffer，*In Their Own Voices：Faculty Developers' Perceptions of Their Professional Identity and Knowledge Acquisition Strategies*，Widener University，2011.

② Susan Wilcox，"Becoming a Faculty Developer"，*New Directions for Adult & Continuing Education*，2003，pp.23-24.

③ Christine A. Stanley，"The Faculty Development Portfolio：A Framework for Documenting the Professional Development of Faculty Developers"，*Innovative Higher Education*，No.1，2001，p.27.

展。[①] 每位研究者对于胜任力的构成都有自己的理解，但大学教师发展工作的实践者却莫衷一是。

　　为满足大学教师发展工作者职业发展规划的需要，在前人研究的基础上，加拿大西安大略大学的学者黛布拉·道森（Debra Dawson）按职业生涯的不同阶段，将大学教师发展工作者分为初级、高级和主任三类。（见图 4-2、图 4-3、图 4-4）她采用了 2001 年美国联邦教育部颁布的胜任力模型，即从低到高分为个人特征与品性；知识、能力与技巧；胜任力三个层次。其中，个人品性（Trait）是先天的人格特征，能力（Ability）是完成特定工作的能力，技巧（Skill）是通过实践或培训形成的专业技能。知识、能力与技巧是经过后天的学习获得的，胜任力（Competency）则是将从不同环境中习得的经验进行整合的结果。黛布拉·道森的目的是对三类大学教师发展工作者所需的知识、技巧、能力与胜任力进行甄别，建立起可用于评价工作业绩的胜任力模型。其研究方法是利用大学教师发展国际性会议的机会，如北美著名的大学教师发展联合组织——高等教育专业与组织发展网络协会（POD），邀请参会的大学教师发展工作者与专家以自评和他评的方式，对胜任力模型进行勾画。

　　道森胜任力模型的构建过程分成四个阶段：第一阶段：大学教师发展工作者被分成三个小组讨论"大学教师发展工作必备的胜任力是什么，如何获得这些能力"？基于讨论结果，为三类大学教师发展工作者画出胜任力模型。第二阶段：大学教师发展的专家依据美国教育部胜任力模型，对第一阶段三个小组讨论得出的模型进行分析，找到不同模型间的差异，使模型具有广泛的适应性。专家们对大学教师发展工作者必备的个性品质、技巧、知识、能力以及胜任力进行补充。第三阶段：邀请专家对第二阶段得出的三个模型中前三位的个性品质、技巧、知识、能力以及胜任力进行排序。第四阶段：确定如何对三类大学教师发展工作者的胜任力进行考察

---

① Nancy V. Chism：*A Professional Priority*：*Preparing Future Developers*，Paper presented at the 32nd Annual Meeting of the Professional and Organizational Development Network in Higher Education（POD），Oct.2007.

和评价。参与的大学教师发展工作者列出各种胜任力的表现形式，① 最终
得出初级、高级教师发展工作者和中心主任的胜任力模型如下：

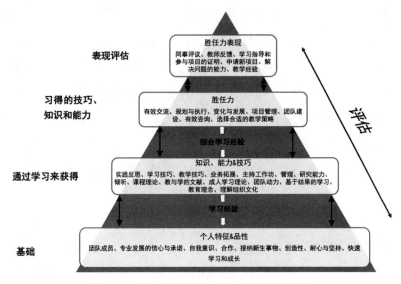

图 4-2　初级教师发展工作者的胜任力模型

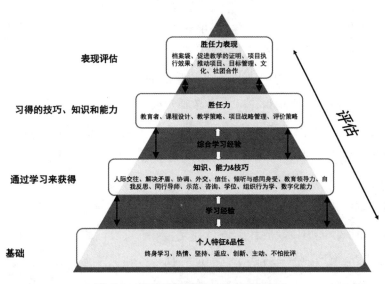

图 4-3　高级教师发展工作者的胜任力

①　Debra Dawson. Developing Competency Models of Faculty Developers：Using World Café
to Foster Dialogue ［R］. The University of Western Ontario. Teaching Support Centre，
2009：9-17.

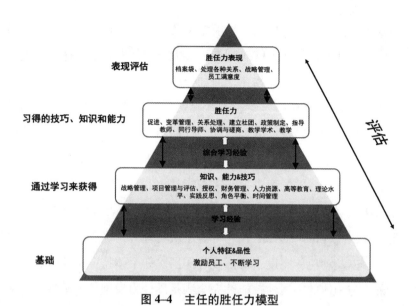

图 4-4　主任的胜任力模型

　　道森模型有三个特点：一是以美国联邦教育部的胜任力模型为标准，分别涉及个人品性、能力、技巧和胜任力，具有较高的普适性；二是经过实验研究，实验对象是大学教师发展工作者和大学教师发展专家，是在经验基础上的理性升华，增强了可操作性；三是从职业生涯不同阶段划分为三个胜任力模型，每个模型分三个层次，每个层次的要素都具有可评价性。从三个模型来看：初入职者的个性特征，如创造力很重要。高级员工对人际交往、领导力的能力要求提高。到了主任这一级，胜任力就更复杂些：应变能力、领导能力、人际关系处理能力，最重要的当属战略规划与执行力。这说明，教师发展工作者的角色期待与岗位职责是随着组织以及外部环境的变化而变化。道森胜任力模型基于反思性实践，为评价不同生涯阶段工作者的业绩提供了较为合理且可行的依据：对于中心主任和高级员工，可以用档案袋进行记录；对于初入职的员工，可以采取同行评议的方式衡量其胜任力。

四、总结

　　美国、加拿大是开展大学教师发展工作的先发国家，两国学者就大学教师发展工作者胜任力提出各种模型主要基于两个背景：一是大学教师发展工作从无到有，从无人问津到有更多人愿意从事此项工作。早期的教师发展工作者多由中心主任物色，而如今的人才招聘需要中心主任与咨询委员会一起商议决策。作为专业人才筛选的机制之一，胜任力的问题浮现出来。二是大学教师发展的环境和条件使然：教育国际化、信息化的趋势，学术劳动力市场供求关系的变化，以及学术职业的挑战等，对大学教师发展工作者职业素养的要求也越来越高。

在人力资源管理中，胜任力是将表现平平者与表现优异者区分开的概念模型（Conceptual Model），它告诉组织管理者，优秀绩效所需要的知识、技能，以及动机、态度、价值观等深层次的个体特征是什么。鉴于现实的复杂性与个体的发展性，能够完全满足胜任力模型的大学教师发展工作者并不多，因此胜任力模型是一种"理想类型"（Ideal Type）。但胜任力模型的现实意义在于，在当今的职业发展中，胜任力已成为最重要的人力资本与社会资本。作为促进大学教师职业发展的专业工作者，理应"胜任"这项工作。大学教师发展工作者胜任力模型的提出有助于帮助大学教师发展工作者厘清他们在实现组织使命的过程中所起的作用，促进其职业认同：他／她不仅是一个服务者，还是开发者、研究者、教学者，更是全能型专家。

建构胜任力模型的方法较多。[①] 美、加两国学者在早期主要是通过经验总结提出大学教师发展工作者的胜任力模型。加拿大学者道森则主要依据工作职能，分层次、分阶段提出胜任力模型。由于其建模参与者主要是大学教师发展工作者和大学教师发展专家，可信度与可行性较高。它采用的蓝本是美国联邦教育部的胜任力模型，因此，普适性也较强。然而，即使在美、加这样最先开展大学教师发展工作的国家，不同大学的规模、层次与定位存在差异，这造成各校大学教师发展活动的内容与重点有所不同。此外，不同大学的招聘与用人制度、人事评价制度，对教师发展工作

---

① 冯明、尹明鑫：《胜任力模型构建方法综述》，《科技管理研究》2007 年第 9 期。

者的动机和态度产生重要影响。因此，不同文化与组织背景造成的差异，将导致不同院校对大学教师发展工作者胜任力的理解与界定有异。

第四节 高等教育专业与组织发展网络

20世纪70年代中后期，美国许多高等院校为解决本科教育质量下滑的问题，纷纷设立大学教师发展机构，帮助教师提高教学技能，转变教学观念，以期改善教育教学质量，应对高等教育的社会问责。这一时期除美国外，北美、欧洲等国也开始共同关注这一议题，彼此缔结形成地区性的、区域性的大学教师发展组织联盟。其中，形成于1976年的"高等教育专业与组织发展网络协会"（简称POD）已经发展成为北美乃至全世界规模最大的专门致力于大学教师与教学发展的国际院校联盟。

一、POD 的组织性质与组织目标

高等教育专业与组织发展网络协会（POD）形成于20世纪70年代中期，虽然其成员主要来自于美国与加拿大两国的高等院校，但它后来发展成为一个国际性的、民间性的协会和组织。在当时一些发达国家开始重视大学教师发展的组织与制度建设的背景下，一些有识之士觉得需要建成一个网络（Network）来支持彼此的努力，从而使学习、教学和组织生活更富有成效。POD建立的初衷是通过促进大学教师的专业发展与组织发展，进而最终促进人的发展，因此，将这个联盟的名称定为"高等教育专业与组织发展网络"。

高等教育最基本和最终的目标是学生发展，作为高等教育组织联盟的POD，其宗旨也是为了促进高等教育终身的、全人的、个体的及专业的学习、成长和变迁。为实现这一宗旨，需要有效而成功的教学、领导和管理作保障。大学教师的能力与素养直接关系到高等教育目标的实现程度。因此，POD自建立伊始，即将关注焦点集中到大学教师的发展问题上。在20世纪70年代，高等院校纷纷建设大学教师/教学发展专门机构

及项目之际，POD 即为自己的功能作了明确定位：POD 致力于为任何对大学教师发展项目感兴趣的大学和学院提供帮助。

围绕这一功能定位，POD 确立了组织的三大目标：第一，通过出版、咨询、会议与网络，为其成员提供支持与服务；第二，为对大学教师发展感兴趣的人士提供服务与资源；第三，为各国高等教育机构的领导者提供咨询与建议，让他们认识到教师发展、教学发展和组织发展的价值。上述三大目标中也包含了实现的途径与方式。其中，通过松散的网络形式为相关院校与人士提供服务是 POD 的特点与亮点。因此，"Network" 一词在 POD 名称中居于非常显要的位置。

POD 的最初成员主要来自于美国、加拿大、墨西哥的一些高等院校，因此早期的 POD 是北美地区的地域性组织。POD 会员超过 1600 人，来自全世界 20 多个国家的高等教育机构。POD 的会员包括大学教师 / 教学发展中心的专业人员、系主任、院长、学生服务人员、学术事务管理者、教育咨询人员，等等。他们分属于不同的学科、不同的机构、不同的地域，代表着世界各国的高等教育机构，他们一起分享高等教育的成功经验。

20 世纪 80 年代之后，欧美国家的高等教育均面临着转型过程。高等教育的内涵也在发生变化，高等教育迎来公立院校与私立院校、两年制学院与研究型大学、小型学院与巨型大学及教育服务组织并存的多元时代。POD 也适应这种变化，在更加复杂的中等后教育的环境中工作。自 20 世纪 90 年代初期，POD 采取了一系列措施从原来的单一性组织向多元文化组织演进。如鼓励其成员身份的多元化，接纳更多的代表性院校加盟。1994 年 POD 成立"多元性委员会"，并与"黑人院校联盟""美国原住民院校联盟"建立联系。① POD 关注的焦点从组织内部开始转向组织外部。进入 21 世纪，POD 继续秉持教育发展的理念，与同行组织建立起坚强的联盟，促进教育开发者之间的交流与合作，以期提升大学教学和学习的质量。

---

① Christine A. Stanley，"Mathew L. Ouellett. On the Path：POD as a Multicultural Organization"，*To Improve the Academy*，No.18，2000，p.41.

二、POD 的组织架构与管理

POD 最初的组织规模较小，成员来源单一。后来随着规模的增大，与组织目标与功能的多元化，管理的复杂性大大增加。1995 年为了应对 POD 越来越复杂多变的管理需求，POD 执行委员会印行了《POD 管理手册》。手册中对组织目标、组织原则、组织结构、组织程序和组织成员进行了明确的规定。POD 采取委员会制的组织架构，主要包括最高委员会、执行委员会、各种专门委员会，以及行政办公机构。POD 的组织运行依赖于最高委员会、执行委员会与专门委员会来履行职能，行政办公机构则负责 POD 的日常运行。

最高委员会（Core Committee）负责 POD 所有活动、事务及财务的决策与指导。其成员不超过 18 人，包括主席、新当选主席和前主席。他们由 POD 全体成员选举产生，任期三年。每年都会新增加 5 名新成员，以保证决策与议事传统的连续性。执行委员会（Executive Committee）是将最高委员会的决议付诸实行，进行管理，并负责 POD 的其他重要事务。执行委员会包括主席、新当选主席、前主席、财务与审计委员会主管和执行主任。执行委员会由代表不同学校的委员组成。但其他成员的活动范围是很广的，不受学校代表性的影响。POD 是一个非常开放的组织，鼓励其成员参与 POD 各个层次的组织活动。

为保证 POD 良好的分工与协作，POD 还设置了一些专门委员会，如奖励及认证委员会、会议委员会、多元性委员会、电子资源与交流委员会、财务与审计委员会、管理委员会、研究生专业发展委员会、资助委员会、会员管理委员会、提名与选举委员会、专业发展委员会、出版委员会、研究委员会、小型学院委员会，等等。① 这些委员会成立时间不一，是适应组织内外部需要而生，各司其职。

如小型学院委员会（Small College Committee）是专为那些规模小的

---

① POD 的委员会及设置，详情可参见 POD 的手册，http：//www.podnetwork.org/pdf/PODGovernanceManual.pdf。

院校而特别组成的委员会。这个委员会负有三项使命：1. 在 POD 组织里代表小型学院的诉求；2. 为小型学院分享信息和资源提供机会；3. 应对小型学院教师发展的特殊挑战。这个委员会代表小型学院成员的利益，并为小型学院的教师发展问题提供研讨的机会。如在许多小型学院，从事教师发展的专业人员都是普通教师兼任的，他们只是凭个人兴趣而未受过专门培训。因此，小型学院委员会的任务就是提高小型学院从事教师发展的专业人员的技能与知识；对小型学院的教师发展项目的问题作出及时回应，并为这些院校的教育开发人员赋予恰当的身份，使之符合小型学院的特殊文化背景。

三、POD 对大学教师发展概念的完善

20 世纪 60 年代中后期，美国等一些国家开始重视大学教师发展工作，相关项目设计与组织活动逐渐铺开。起初大学教师发展的目标很单一，就是帮助教师提高教学水平。经过十年左右的实践积累，至 POD 创建之时，一些学者开始梳理大学教师发展的概念，并建立相关理论模型。如伯格威斯特和菲利普斯于 1975 年提出，大学教师发展是由教学发展（过程）、组织发展（结构）和个人发展（态度）三块相关的活动组成。[①] 大学教师发展的目标开始向多元方向发展，并最终以教师的终身发展为旨归。

POD 也不例外，它明确定义了大学教师发展的概念，认为大学教师发展的内容由三部分组成：大学教师发展、教学发展和组织发展。大学教师发展是指那些针对教师个体的项目，主要包括三个层面。第一个层面，大学教师首先是教学者。大学教师发展问题的专家提供有关教学，课堂组织、学生评价、讲座技巧、提问技巧、讲座设计等方面的咨询服务。他们还为师生互动提供建议，如学生指导、学生咨询、学科方面的政策与管理。第二个层面是，大学教师是学者和专业人士，因此，相关项目要为大学教师提供职业规划、专业发展等方面的技能，如撰写申请、出版论著、

---

① 　林杰、李玲：《美国大学教师发展的三种理论模型》，《现代大学教育》2007 年第 1 期。

委员会工作、管理工作，等等。第三个层面是，大学教师还是个人，这包括健康维护、交际技巧、压力与时间管理、自信培养，以及其他与教师个体幸福相关的服务。

教学发展（Instructional Development）集中于课程和学生学习。教师与教学设计专家在一起探讨合理的课程结构与教学策略，以期达成教学目标。教学发展项目还探寻一门课程如何适应学系或学校的整体教学计划；帮助教师设计能够达到最佳教学效果的教学目标与方法；根据课程目标进行教学效果的评价；研究在课程中使用什么学习资料，等等。

组织发展（Organizational Development）关注的是高校的组织结构及其构成。其思想核心在于，如何建立一种有利于支持师生教学与学习过程的有效果、高效率的组织结构。组织发展针对的对象是院长、系主任及其他决策者，因为这些人将决定着课程教法、教师聘用和晋升。如果相关决策能够富有灵活性，那么学生学习的积极性也会大大提高。组织发展还关注一些问题，如帮助基层单位理解课程的决策过程、教师配备情况，及其他组织问题。如管理上存在哪些与组织目标背离的问题？如何改变？还有一些项目是与教师职业相关的。如教师工作如何评价与回报？教师如何适应组织的变化？组织发展关注的是制度与教师之间的互动关系，即制度如何影响教师个体，教师如何反作用于制度。组织发展是试图寻找使得这种相互作用更为人性化、更为有效的方法。

四、POD 对教师 / 教学发展项目的分类与资助

欧洲一些国家的大学教师 / 教学发展已经高度制度化，每所院校均设置了各种各样的项目以促进教师 / 教学的发展。POD 按举办类型将大学教师 / 教学发展项目分为四类：

（一）大学教师委员会设置的项目

很多院校刚起步的项目是由大学教师委员会负责设置的，大学教师委员会由对教学质量有特殊兴趣的人士构成。他们通常是志愿者，负责筹备和监管捐款。这类发展项目依赖于同行之间的合作以开展实际的工作坊、咨询、研究等活动。

（二）个人负责的项目

很多新项目由个人全权负责监督。这个人可能是一个负责教师事务的管理者，也可能是一位兼职负责发展活动的教师。和上一类项目相比，项目主管者必须依靠同行之间的合作才能开展实际工作。

（三）由教师/教学发展中心集中统一管理的项目

较大的或者实行教师发展项目已有多年的一些院校，通常会有一个行政管理部门负责相关活动，这些单位的人员主要由一些专业人士担任。工作人员的数量取决于发展项目的类型和程度。

（四）由教师/教学发展中心分散管理的项目

有些较大的高校在下属的一些组织机构开展发展活动，很多较小的学院也开始采用这样的方式。

任何一所大学或学院无论采取何种发展形式，都离不开"教师发展工作者"，即高等院校中专门负责组织发展、教学发展和教职工发展的专业人士，他们对促进高等教育的教学和学习质量负有特殊的责任。POD为他们开辟了专门的服务与指导项目，也对他们的责任提出了一系列要求，如帮助教师发展批判性思考及创造性解决学生问题的技能；帮助教师进行课程设计；通过课堂研究促进教学；利用资料促进教学评价；对教学项目成果进行评价；取得管理者和教师对新项目的支持；向系主任传授管理技巧；协助各种委员会有效工作，等等。

POD为了激励教育开发人员、管理者及大学教师积极从事、参与教师/教学发展工作，特设置了一些基金与奖励项目。如"大学教师/助教教学发展实习资助"计划可以提供5000美元的资助，其中4000美元是为处于实习期的有色人种的大学教师或助教提供职业发展的机会，另1000美元用于支持其参加POD的年会。1986年POD年会上设立了"金点子奖励"（BIA）计划，目的在于鼓励教与学上的创意，促进高等教育的实效性。其宗旨是与POD成员们分享成功经验，并激励他们将有益的创意付诸实际教学。奖励的对象包括：教学工作坊、习明纳、会议，教师发展技术，组织发展，教师咨询，助教发展。

2000 年 POD 年会设立了"蒙格斯奖"，是特为纪念著名的学者鲍伯·蒙格斯（Bob Menges），他为大学教师发展与大学教和学的咨询、行动参与和研究作出了长期而杰出的贡献。他是一个完美的导师，他善于质疑、引导，深深吸引所有人。这个用他名字命名的奖项，其本质在于分享他的智慧，并帮助他人发现自己的所长。奖励的标准是项目或研究能体现襄助并关注他人的精神，有助于促进教师的个人发展和专业发展，兼富有学术的严谨和人性的博爱。

五、POD 年会及会刊的议题

自 POD 创建时起，就形成惯例，每年召开一次国际性的 POD 年会以维系这个网络，也便于参会者相互学习关于教师、教学和组织发展的经验与知识。POD 通常有很多人参加，包括高校管理者、教师、教辅人员、研究生、独立咨询师、出版商、其他高等教育组织成员等。年会还吸引了许多富有经验的或者初入行的从事教师发展、教学发展和组织发展的实践工作者。

POD 每届年会都会确定不同的主题，而围绕着不同主题所探讨的问题域则是基本一致的，如 2006 年与 2007 年年会围绕着评价与测量、多元化、教师发展、教学发展、研究生专业发展、学习理论与研究、小型学院、教育技术、教与学的知识等几个领域展开，而每个问题域的研讨分别采取工作坊、习明纳、专题讲座、圆桌讨论、海报宣传等多种形式。与一般的年会不同，POD 年会是为了满足不同专业及个人需要，为促进教育发展，为创新与变革，为交流思想而开设。年会中的论坛一般规模不大，以互动和参与为主，主讲人不能照本宣科。

POD 一直提倡学术、参与、互动、合作和包容五大价值理念，这些理念也成为 POD 举办年会及研讨会的精神指南。"POD 精神"是研讨会不可或缺的组成部分，它特指创造出一种共同协商的和谐氛围，在研讨会中求同存异，为 POD 所服务的中等后教育组织表达关注与需求，提供对话交流的形式。正由于 POD 年会充满非正式性、富有教育意义且真正有益，因此显得颇为有趣。POD 年会洋溢的是真正的学术社团的精神和友谊，小型的论坛也能够在最大限度上满足参会者个体的要求。

POD 不仅通过年会构建一个世界范围的交流平台，也借助于传媒与出版，适时传达富有价值的研究成果与信息。POD 有数种电子及印刷刊物，这些刊物向会员免费发送，或以低廉价格出售。如最近出版的《大学教师发展指南手册》，其目标是为大学教师发展、教学发展和组织发展提供有价值的实践经验。手册会详细告诉新手教师们在职业生涯中如何有效完成各阶段的发展任务，那些富有经验的教师发展工作者在其中也会得到感兴趣的材料。《指南》成为许多院校教师发展办公室书架上的必备之物。

POD 的专门会刊是《改进大学》（*To Improve the Academy*），1982 年创刊，基本每年一期。这本刊物集中收录了 POD 会员撰写的文章。这些文章既有理论也有实践，一些描述了项目个案，一些提供了实践策略与工作坊的相关材料。《改进大学》创刊 20 余年，研讨的主题始终围绕着大学教师专业发展、教学发展、组织发展、大学的教与学。它不仅是一本会刊，业已成为相关研究领域的风向标。为了彰显 POD 分享与合作的精神，POD 不保留发表文章的版权，允许对《改进大学》中的文章进行复制，并免费赠给一些高等教育刊物。

六、POD 对大学教学的贡献

（一）为研讨大学教学问题提供了国际性平台

POD 致力于促进高等教育教学和学习的各个方面，它是从事高等教育发展与大学教师发展的工作者以及高校管理者最重要的资源之一。一方面，POD 利用年会让来自北美及世界各国的大学教学发展中心的专业工作者分享成功范例，及时将年会上一些有关促进教学与学习的创想集中发布于 POD 网站上，每年更新的通讯录及网络指南都会告诉会员应同谁分享经验、需求和兴趣；另一方面，POD 利用学术出版如《改进大学》《卓越教学论文集》等作为学术载体来推动有关大学教学与学习的研究。

（二）推动了有关教与学的学术研究（SOTL）与经验传播

在卡内基教学促进委员会前主席恩斯特·博耶（Ernest Boyer）的倡导下，"学术"（Scholarship）的定义扩大到对有关大学教学的理念、哲学、过程与方法的探究，[①] 于是有关教与学的学术研究（Scholarship of Teaching and Learning，简称 SOTL）方兴未艾。原本属于个体性、私密性的大学教学过程，被转化成为可以公开与系统研究的对象。北美一些大学的教学发展中心协同大学教师一起推进 SOTL 研究计划，以期提升教与学的质量。POD 在这场运动中也担当着义不容辞的角色。21 世纪，POD 重申其宗旨是通过大学教师发展和组织发展，进而提高大学教学和学习的质量。

（三）为大学教学发展中心和发展项目提供专业服务

从创建迄今，POD 之所以为越来越多的国家与高等院校所接受，重要原因之一在于其务实的价值取向。POD 通过许多途径去帮助任何准备开展教师 / 教学发展项目的大学与学院，如提供便宜的但非常有用的出版物，如为准备建立教学与学习中心的学校提供启动资金。如果一所学校准备开展教学发展项目，那么 POD 可以通过网络联系到这所学校所在地区的会员学校，由他们派出专业人士帮助规划发展项目，或者安排参访他们学校，最后 POD 将安排一位或更多的咨询人员协助策划该校的教师 / 教学发展项目。尽管任务与活动千差万别，但 POD 成员秉持共同的理念：POD 将为所有高校提供力所能及的服务。

---

① Ernest L. Boyer：*Scholarship Reconsidered：Priorities of the Professoriate*，Princeton，New Jersey：Princeton University Press，1990，p.16.

第五章　日本大学教师发展的经验

第一节　日本大学教师发展的理念与
实践：京都大学的个案[①]

日本大学素有重研究轻教学的传统，教学发展和学生发展一直被置于次要位置。20 世纪 80 年代末，大学教师发展从美国首次引入日本。20 世纪 90 年代之后，随着高等教育全球化、市场化和知识社会化的压力增大，日本各大学开始重视教师发展工作，将"教学学术"、课程和教学发展、学生发展和社会服务等纳入学术职业的内涵，并逐渐将大学教师发展法律化、制度化，各大学探索适应本土本校需求的实践模式。

一、日本高等教育界关于 FD 概念的争议

在日本高等教育领域，"大学教师发展"是在 20 世纪 80 年代从美国引进的外来语。Faculty Development 一般被译为"大学教师群体的资质开发"或"大学教师的资质开发"，日语中没有与之相对应的专有名词。1998 年日本大学审议会[②] 报告中使用的是日语音译，2005 年中央教育审

---

① 本节系与蒋妍合作完成。

② 大学审议会原为日本文部省下属的，以对日本的高等教育基本状况进行审议为主要目的的机构，在必要时，有对文部大臣进行劝告的权利。在 2001 年日本行政机关改组（Central Government Reform）中，被整编到中央教育审议会的大学分科会。

议会①报告中则直接使用英语简称"FD"。（本节以下均用 FD 的英文简称）有关这一概念所涵盖的内容与范围，在日本高等教育领域也存在不少争议。

日本 FD 推进先驱者之一，国际基督教大学名誉教授原一雄在 1999 年将 FD 定义为"各个大学教师维持、改进为履行对于所属大学的种种义务（教育、研究、管理、社会贡献）必需的专业能力，所进行的所有对策和活动"。②曾任广岛大学高等教育研究开发中心中心长的有本章认为，FD 在广义上是指"以教师的研究、教育、服务、管理运营、人事、职业发展等活动领域为对象，以提高大学教师的专业水准为目标的行为"。③日本大学教育学会前会长寺崎昌男也认为，应该从广义的角度来理解 FD，日本大学的使命是"教育、研究、管理运营、地域贡献"，教师负有上述责任，也就应该有与之相对应的 FD。④这些学者都着眼于大学以及大学教师的使命，提倡从广义的角度来理解 FD。

然而，在文部省 1996 年颁布的教育白皮书中，将 FD 定义为"教师为改进提高教学内容和方法所进行的有组织的举措"，⑤这一定义将 FD 仅仅限定为大学教师教学能力的提高。受此影响，日本高教界谈到 FD 的时候，一般多倾向于"教学改进中心主义"⑥或"改进大学的教学内容和方

---

① 中央教育审议会（Central Council for Education）拥有对日本的教育体育振兴等相关事件进行调查审议，并向文部科学大臣建言等职责，简称"中教审"，下设教育制度分科会、终身学习分科会、中小学教育分科会、大学分科会、运动·青少年分科会等共 5 个分科会。
② ［日］原一雄：《大学教育学会的 FD 研究活动》，1999 年，第 66—70 页。
③ ［日］有本章：《作为专业职位的大学教职员与（准）FD&SD 理论》，《高等教育概论》，密涅瓦书房 2005 年版。
④ ［日］寺崎昌男：《大学因历史思想而改变——FD·评价·私立大学》，日本东信堂 2006 年版。
⑤ ［日］文部省教育白皮书：《1994 年我国的文化教育政策谋求新的理想的大学——前进中的高等教育改革》，1996 年版。
⑥ ［日］寺崎昌男：《大学因历史思想而改变——FD·评价·私立大学》，日本东信堂 2006 年版。

法"①，甚至把 FD 等同于学生的教学评价。②

日本各大学对 FD 的定义也不尽相同。如关西地区的私立名校——立命馆大学将 FD 定义为"依据办学精神和教学理念，为实现院系以及其他教学机关所倡导的理念以及教育目标，针对课程以及课堂教学的配置、内容、方法、教材、评价的恰当性，教职员同心协力，在学生的参与下，在推进有组织的研究与研修的同时，对这些措施的妥当性和有效性不断地检验论证，以更好地改进下一步的活动"。③另一所私立大学——法政大学的 FD 中心将 FD 定义为"基于自由与进步的办学精神，为达成教学理念和教育目标，促进学习质量的提高，而针对教员、职员和学生所采取的有组织的持续的举措。"④爱媛大学参照高等教育专业与组织发展网络协会（POD）的定义，将 FD 解释为"进行教学改进以及组织变革的有组织的举措的总称"。国立教育政策研究所也参照了 POD 的定义并推出 FD 纲要，⑤随着 FD 纲要的普及，这一理解对日本的许多大学产生较大影响。⑥

日本文部科学省⑦的中央教育审议会在 2008 年发表的《为了构建学士课程教育》咨询报告中，将 FD 定义为"教师为改进教学内容和方法而进行的有组织的举措的总称"，其实践例证包括"教师间相互听课，开展关于教学方法的研讨会，针对新教师的培训等"。该报告还指出"关于 FD 的定义及内容的理解可以有很多种，不仅仅局限于改善教学内容、方

① 大冢雄作、南部广孝：《体制创新与人才培养》，《21 世纪的日本教育改革——中日学者的观点》，教育科学出版社 2009 年版，第 110—137 页。
② ［日］吉田文：《我国 FD 发展的 10 年和今后的展开》，《FD 改变大学教育》，日本文叶社 2002 年版，第 170—181 页。
③ 日本立命馆大学教育开发推进机构，2010-10-23，http：//www.ritsumei.ac.jp/acd/ac/itl/outline/outline_mechanism.html#fd。
④ 日本法政大学教育开发支援机构 FD 中心，2010-09-12，http：//www.hosei.ac.jp/kyoiku/fd/index.html。
⑤ 即实施 FD 时的指导性纲领，在本节第 4 部分进行较详细介绍。
⑥ ［日］松下佳代：《FD 交流平台形成的理念和方法——相互研修型 FD 与 SOTL》，《创建大学教育的交流平台迈向 FD 的明天》，日本东信堂 2011 年版，第 44—67 页。
⑦ 2001 年日本行政机关改组中，文部省和科学技术厅合并，改组为文部科学省，文部省的称呼被废止，相当于中国的教育部。

法的研讨进修，也指更宽泛意义上的教育改进，还包括教师群体在研究活动、社会贡献、管理运营等职业能力上的开发活动"。

有关 FD 的定义，日本的学者言人人殊，对 FD 涵盖的内容也理解有异。曾任广岛高等教育开发中心中心长的关正夫指出，FD 在狭义上指作为教师以及学者的能力改进，FD 在美国一般涵盖"专业发展、教学发展、课程发展和组织发展等四方面的企划与实施"。[①] 京都大学高等教育研究开发推进中心的中心长田中每实指出，关正夫的定义是将 FD 与学生成长、课程编排，以及教师的职业发展、教学发展、个体发展和组织发展紧密联系，应该将 FD 脱离教学能力发展的束缚，把它融入涵盖 FD 的整体背景环境中进行定义。[②]（见图 5–1）他提出了 FD 的层级论，即 FD 分为日常教学促进层级（个人级别）、课程开发层级（中间级别）和教育组织发展层级（组织层级）。[③]

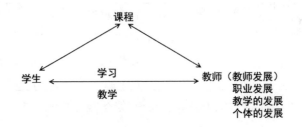

图 5–1　涵盖 FD 的整体背景

资料来源：[日] 田中每实：《Faulty Development 论——大学教育主体的相互形成》，《大学教育学》，日本培风馆 2003 年版，第 87—106 页。

基于对 FD 内涵的不同理解，所涉及的实践活动也很多。曾任日本国际基督教大学校长的绢川正吉在关正夫对于 FD 四种类型分类的基础上，

---

① [日] 关正夫：《有关大学教育改革方法的研究——从 Faculty Development 的视角》，广岛大学教育研究中心 2009 年版。

② [日] 田中每实：《Faulty Development 论——大学教育主体的相互形成》，《大学教育学》，日本培风馆 2003 年版，第 87—106 页。

③ [日] 田中每实：《探讨 FD 交流平台的展开与大学教育改革的方向性》，日本京都大学研讨会，2010 年。

强调了第五种类型，即日本类型的 FD。（见表 5–1）①

表 5–1　FD 的涵盖内容和关联实践

FD 的类型	重点内容	关联实践
PD 型（Personal Development）	研究教育的个人能力发展支援服务	新手教师培训，电脑技术
		学术教育信息系统使用
		教学研究机器使用
ID 型（Instructional Development）	教学法开发（学习支援，教材开发）	教学技术与方法
		学习支援系统的开发
		学习的评价法
CD 型（Curriculum Development）	FD 的核心，与全体教学活动相关	课程开发
		新生教育，心理辅导
		外语，信息处理
OD 型（Organizational Development）	组织开发	介绍大学的理念与目标的小组讨论活动
		对教育制度的理解
		评价（学生评教，教师同僚的教学法评价等）
第五型（日本型）		各个大学以及相关团体所进行的与大学改革相关的研究集会，座谈会

资料来源：[日] 绢川正吉：《FD 的动态》，《大学教育学会志》2007 年第 1 号。

以上日本高教界有关 FD 内涵及内容的争议反映了 FD 这一外来概念在本土化过程中面临的新课题。如文部科学省小松亲次郎审议官所宣称的：会把 FD 作为永久课题来和多面体认识。② 此外，日本高等教育领域的 FD 只指从事教学工作以及与教学相关的人员，不包括从事学生事务工作的大学相关职员；以从事学生事务及技术工作的大学职员为对象的能力发展活动被称为 Staff Development（简称 SD）。③

① [日] 绢川正吉：《FD 的动态》，《大学教育学会志》2007 年第 1 期。
② [日] 田口真奈：《谁该怎样推进 FD——专家同僚模型以及 2 个支援模型》，《创建大学教育的交流平台迈向 FD 的明天》，日本东信堂 2011 年版，第 128—142 页。
③ [日] 小松亲次郎：《FD 的相关资料》，京都大学研讨会探讨 FD 交流平台的展开与大学教育改革的方向性，2010 年。

二、日本 FD 的相关调研和政策推动

在日本，有关英国的 SD① 和美国的 FD 最早的介绍和研究已近 30 年。1982 年日本比较教育学会会长马越彻著文介绍了欧洲大学教学法研究的最新动向。② 1987 年 4 月临时教育审议会③ 在第三次报告中指出："我们希望把教师的评价作为大学自我评价的一环，大学要积极开展对教师教学研究活动和成果的评价，在教师素质的发展和提高（Faulty Development）方面作出努力"。④

1987 年一般教育学会（现大学教育学会）进行了"第一次调查"，并公布了调查报告书。⑤ 调查中针对"由院系所进行的自律性的大学评价和基于此的 FD，从大学自治的理念来看是理所当然的"这一问题，86% 的校长和 76% 的教师表示了赞成。⑥ 这次调查是向大学有关人员普及 FD 理念的良好契机。⑦

继"第一次调查"后，文部科学省、国立教育政策研究所、广岛大学、名古屋大学等机构分别就 FD 进行了若干次重要调查。（见表 5-2）通过这些调查，对 FD 的制度化过程和 FD 的普及状况有了把握（调查①）。从调查③能够看出日本大学教师的意识在发生转变，从研究志向转向教育志向，但教师的教育活动存在着"重视"和"热心"的微妙差别。除了日本大学不重视教育教学的传统，"教育活动不被评价""太忙了没有时

---

① Staff Development 的简称，但与日本指代的范围不同，英国的 SD 包括日本学术界里提到的 FD 和 SD。

② ［日］马越彻：《欧洲大学教学法研究的动向》，IDE，1982 年 8 月。

③ 临时教育审议会是 1984 年成立的直属内阁的针对教育改革的审议机构，1987 年解散。

④ 日本文部省：《为了构建学士课程教育》，日本文部省中央审议会咨询报告，2008 年。

⑤ "第一次调查"分为两个阶段，第一阶段是 1987 年 2—3 月开展的"关于 Faulty Development 的问卷调查"，第二阶段是 1987 年 10—11 月开展的"FD 关联活动的现状调查"。

⑥ ［日］大冢雄作、南部广孝：《体制创新与人才培养》，《21 世纪的日本教育改革——中日学者的观点》，教育科学出版社 2009 年版，第 110—137 页。

⑦ ［日］松下佳代：《本课题研究方法——以第一次调查以后的调查研究为基础》，《"FD 的动态"课题研究报告书》，2009 年，第 104—106 页。

间""即使参加 FD 活动也没有效果或者好处""压力太大"等成为阻碍日本大学 FD 开展的新因素（调查③④）。调查⑤⑥主要针对为了有效推行 FD 活动，国内外大学教师发展中心在活动和组织构成方面的特色进行了调研。①

表 5–2　"第一次调查"之后进行的 FD 的主要调查

实施单位	调查时间	调查名称	FD 的定义	调查方法	调查对象	概要
①文部科学省	每年	关于大学教育内容等的改革状况	教师以提高为目的，进行的改进教学内容和方法的有组织的举措的总称	问卷调查	全日本的大学（709）	FD（研修会，教学评价，教学推进中心的设置等）的现状把握
②广岛大学	2003 年	FD 的制度化的相关研究（1）—2003 年大学校长调查报告	教师群体的资质开发	问卷调查	全日本的大学校长（342/675）	FD 的制度化以及教育改善的进展情况，通过和 1989 年调查的比较，以时间的角度来把握；明确部门、专业、大学类型、职称间的差异
③广岛大学	2003 年	FD 的制度化的相关研究（2）—2003 年大学教师调查报告（2004 年）		问卷调查	全日本的大学教师（1268/3320）	
④名古屋大学	2006 年	东海地区有关大学 FD 活动实施状况的调查	具体地针对各项 FD 活动	问卷调查	日本东海地区的大学（41/125）	把握 FD 的实施状况，探讨教师能够接受的 FD 活动的实践法
⑤国立教育政策研究所	2006 年	大学的教育改进和组织体制	教学方法的改善	问卷调查＋事例报告	全日本的大学（472/700）	对推行教育改善的组织（例如，教学推进中心）的现状及课题的把握

① ［日］松下佳代：《课题研究"FD 的动态"的方法与展望》，《大学教育学会志》2007年第 1 期。

续表

实施单位	调查时间	调查名称	FD 的定义	调查方法	调查对象	概要
⑥名古屋大学	2006 年	以提高学生、教师满意度为目的的 FD 组织化的方法论的相关调查研究	为学习提高进行教学活动所必需的能力而进行的教育训练	访 问 调查＋事例报告	海外的中心（9）＋日本的大学（4）	以美国、澳大利亚、新西兰、荷兰的主要教学推进中心为对象，学习 FD 组织化的方法

资料来源：[日] 松下佳代：《课题研究"FD 的动态"的方法与展望》，《大学教育学会志》2007 年第 1 期。

伴随着 FD 调研的展开，有关 FD 的法制化进程也一直在推进。1991 年的《大学设置基准》的修订，是日本高等教育一系列改革的出发点，它在很大程度上改变了日本高等教育的现状。[①] 这次修订对大学教师的资格条件重新做了"要具备在大学担当教育工作相符的教育能力"的规定，同时也增加了大学必须进行自我检查和评估的款项。虽然没有直接提及 FD，但此修订也反映了为强化日本大学的教育能力而引入 FD 的必要性。

1998 年文部省的大学教育审议会在《21 世纪的大学及今后的改革方案》的报告中提出 FD 的目标："在《大学设置基准》中应该明确各个大学尽力实施研究进修（FD）的宗旨，这种研究进修是以改进各位教师的教学内容与方法为目的，在学校或院系范围内进行的与各个大学的理念、目标及教学内容和方法相关的有组织的活动。"紧接着 1999 年《大学设置基准》修订，在第 25 条第 2 款中，增加了"大学应该有组织地开展以改进该大学教学内容和教学方法为目的的研究进修"的内容，强调 FD 成为大学应该努力的义务。

2004 年伴随着国立大学独立行政法人化的推行，87 所大学成为国立

---

① ［日］大冢雄作、南部广孝：《体制创新与人才培养》，《21 世纪的日本教育改革——中日学者的观点》，教育科学出版社 2009 年版，第 110—137 页。

大学法人。[①] 各法人要制定六年中期目标和计划，在六年后有义务接受文部科学省下设的国立大学法人评价委员会及总务省下设的独立行政法人评价委员会的评价。同年，开始施行由认证机关施行的大学评价的法制化，即大学必须每七年一次，专业学位研究生院（以培养高水平专门职业人才为目的的研究生院，比如司法人员等）每五年一次接受文部科学大臣批准的认证评价机构所实行的评价。

在大学评价的推动下，短期大学、专业学位研究生院和研究生院逐步开展 FD。FD 作为义务最先出现在《专业学位研究生院基准》的规定里，这是由于专业学位研究生院聘用了缺乏教学经验但实践经验丰富的人担任教师的缘故。2005 年《研究生院基准》的修正针对研究生教育提出 FD 的实施义务，并规定于 2007 年 4 月开始施行。接着 2007 年的 7 月新的《大学设置基准》和《短期大学设置基准》公布，针对学士课程提出 FD 的实施义务，并从次年起施行。这也被称为"FD 义务化"的开端。（见表 5-3）

表 5-3　各类课程的现状以及 FD 制度化的过程

课程种类		大学数等	各课程的担当教师人数	FD 的依据规定等
研究生课程	博士、硕士课程	580 所大学（1570 个专业）		研究生院设置基准第 14 条 3 项 ·义务化（2007 年 4 月 1 日起施行）
	专业学位课程	106 所大学（143 个专业）		专业学位研究生院设置基准第 11 条 ·义务化（2003 年 4 月 1 日起施行）
	合计	590 所大学（1713 个专业）	96254 人（33011 人）	
本科课程等		723 所大学（1964 个专业）	133188 人	大学设置基准第 25 条 3 项 ·努力义务化（1999 年 9 月 14 日起施行） ·义务化（2008 年起施行）

① ［日］天野郁夫：《国立大学的法人化——现状与课题》，*Research Institute for Higher Education* 2006 年第 88 期。

续表

课程种类	大学数等	各课程的担当教师人数	FD 的依据规定等
短期大学课程	390 所大学（1000 个专业）	10633 人	短期大学设置基准第 11 条 3 项 ·努力义务化（1999 年 9 月 24 日起施行） ·义务化（2008 年起施行）
总计	1135 所大学	176832 人	

资料来源：该表主要出自《学校基本调查速报（2007 年）》《全国大学一览（2007 年）》《全国短期大学一览（2007 年）》；［日］铃木敏之《有关学士课程教育改革以及 FD 制度化的诸多课题》，《京都大学高等教育研究》2007 年第 13 期。

以上表明，日本政府（主要是文部科学省）对于 FD 的开展起到了很大推动作用，除了通过大学审议会（2001 年改为中央教育审议会）的咨询报告进行倡导，通过法令的制定进行政策推动以外，还有通过国库补助事业以及税金优待的实施进行财政支援，通过参与学会讲演的方式进行协助和推动等。① 此外，还开展了旨在促进大学科研发展的"COE 计划"，② 促进大学教育改革的"GP"③ 项目等。与 FD 直接相关的最重要的举措是"教育相关共同利用据点制度"，④ 此制度于 2009 年制定，2010 年 3 月进行了首次 FD·SD 中心的据点认定。

首批获得认证的有七所大学的相关机构。（见表 5-4）其中，前四个是近些年 FD 活动开展相当有影响力且成绩卓著的中心，后三个是专业性很强

① ［日］小松亲次郎：《围绕"地区社会与大学"有关的振兴政策》，《大学教育学会志》2010 年第 2 期。

② COE 计划为 Center of Excellence 的简称。

③ GP 为 Good Practice 的简称，是文部科学省在全日本的大学里通过竞标形式选定以提高教育质量为目的的大学教育改革实践，进行财政支持，分为"有特色的大学教育支援项目"（简称"特色 GP"），"现代教育需求支援项目"（简称"现代 GP"），"高质量大学教育推进项目"（简称"教育 GP"）三类。

④ 教育相关共同利用据点制度由日本文部科学省提出，希望借由这一制度的实施，各个大学在发挥各自优势的同时，能够通过和其他大学的合作，达到大学教育多样化发展的效果。

的中心。如京都大学高等教育研究开发推进中心注重理论与实践的结合，中心长田中每实率先进行了公开课的教学，并提出了"相互研修型 FD"的模型。爱媛大学教育·学生支援机构教育企划室注重于 Faculty Developer（简称 FDer，即专门从事 FD 的专业人员）的培育。东北大学高等教育开发推进中心侧重于国际交流与合作，注重国外 FD 的理论和实践研究。名古屋大学高等教育研究中心注重于教学改进的方法和技巧的开发。①

表 5–4　教育相关共同利用据点的认定情况（FD·SD 中心）

机关名称	据点名称	主要举措和参与的大学	认定理由
京都大学高等教育研究开发推进中心	相互研修型 FD 共同利用据点	全国级别：FD 交流平台的代表者会议 地区级别：关西地区 FD 协议会（近畿地区 6 个县约 130 所大学参与）	关西地区的核心据点
爱媛大学教育·学生支援机构教育企划室	教职员能力开发据点	地区级别：四国地区大学教职员能力开发交流平台（四国地区 4 个县约 34 所大学参与）	四国地区的核心据点
东北大学高等教育开发推进中心	国际合作的大学教育力开发的支援据点	地区级别：东北地区高等教育开发联合（东北地区 6 个县的国立大学），东北地区联合中的骨干校等	东北地区的核心据点
名古屋大学高等教育研究中心	FD·SD 教育改善支援据点	地区级别：由 4 所大学组成的 FD·SD 联合，以名古屋大为中心，以中部地区为对象	中部地区的核心据点
筑波技术大学残障人士高等教育研究支援中心	残障人士高等教育据点	全国级别：内容不同的 2 个交流平台 视觉方面残障·全国 40 所大学约 80 人 听觉残障·全国 16 所大学参与	残障人士教育的全国据点
千叶大学研究生院护理学研究科附属护理实践研究指导中心	护理学教育研究共同利用据点	全国级别：以全国开设护理学专业的大学（179 所大学）为对象	护理学教育的全国据点

① 孟凡丽：《日本促进大学教师专业发展的 FD 制度及其启示》，《高等教育研究》2007 年第 3 期。

续表

机关名称	据点名称	主要举措和参与的大学	认定理由
岐阜大学医学教育开发研究中心	医学教育共同利用据点	全国级别：以全国开设医学专业的大学（79 所大学）为对象	医学教育的全国据点

资料来源：[日] 小松亲次郎：《探讨 FD 交流平台的展开与大学教育改革的方向性》，日本京都大学研讨会，2010 年；日本文部科学省，2010-03-12，http：//www.mext.go.jp/b_menu/houdou/22/03/1291858.htm。

三、FD 的开展状况与实践模型

不论是出于改善大学生存状况的需要，[①] 还是由于 FD 政策上的压力，各大学纷纷成立 FD 相关组织来推进 FD 活动以及教学改革，如很多大学成立了"大学教育中心"（简称大教中心，以国立大学为主），或者成立"FD 委员会"。从 2003 年起，开展 FD 活动的日本大学数就在逐年上升，截至 2008 年止已有 97.3% 的日本大学在开展 FD 活动。（见图 5-2）

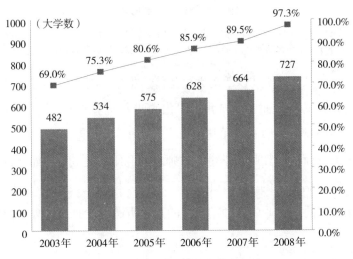

图 5-2　FD 的开展状况

资料来源：日本文部省年度报告《关于大学教育内容等的改革状况》；[日] 小松亲次郎：《探讨 FD 交流平台的展开与大学教育改革的方向性》，日本京都大学研讨会，2010 年。

---

① 孟凡丽：《日本促进大学教师专业发展的 FD 制度及其启示》，《高等教育研究》2007 年第 3 期。

如前文所示，对 FD 的理解有异，所涵盖的范围不同，日本大学 FD
活动的具体内容也多种多样，主要有研修会、报告会，还有学生评教、设
置教学改进中心。① 下图为截至 2008 年，对实施 FD 的 727 所学校进行调
研的结果。（见图 5–3）图中表明 FD 活动以报告会和研修会为主。此外，
还有学生参与型 FD，新手教师的培训进修等。

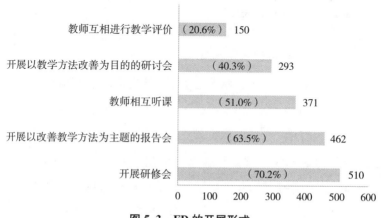

图 5–3　FD 的开展形式

资料来源：日本文部省的年度报告《关于大学教育内容等的改革状况》；［日］小松亲次郎：《探
　　　　讨 FD 交流平台的展开与大学教育改革的方向性》，日本京都大学研讨会，2010 年。

田中每实认为这些 FD 活动无论是传达报告还是相互学习，是自上而
下的制度化还是自下而上的自我组织化的两方面来考虑，综合这两方面，
他提出了“相互研修型 FD”的模型。②（见图 5–4）这一模型的“相互性”
体现在三个方面：即教师与学生，教师之间和组织之间。③ 如果将此模型
与实践对应，制度化的 FD 演讲会属于Ⅰ型，教师工会等主办的 FD 演讲
会属于Ⅱ型，同一专业内教师间自发的互相听课属于Ⅲ型，大学内定期组

---

① 孟凡丽：《日本促进大学教师专业发展的 FD 制度及其启示》，《高等教育研究》2007 年
　第 3 期。

② ［日］田中每实：《日本 FD 的现在——为什么是相互研修型》，《创建大学教育的交流
　平台迈向 FD 的明天》，日本东信堂 2011 年版，第 4—21 页。

③ ［日］松下佳代：《FD 交流平台形成的理念及方法——以 SPECC 项目为中心》，京都
　大学高等教育研究开发推进中心 2008 年版，第 304—316 页。

织的 FD 研讨会则属于Ⅳ型。① 最理想的状态当然是Ⅲ型，这也是田中每实及其所在的京都大学高等教育研究开发推进中心所倡导和努力的目标。

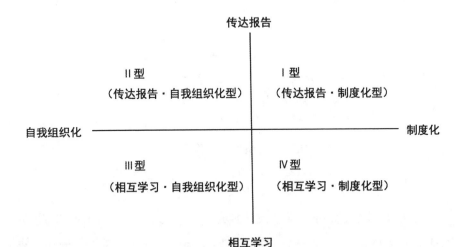

图 5–4　相互研修型 FD

资料来源：[日] 田中每实：《日本 FD 的现在——为什么是相互研修型》，《创建大学教育的交流平台迈向 FD 的明天》，日本东信堂 2011 年版，第 4—21 页。

　　此外，田口真奈从 FD 推行主体的角度提出"专家型"和"同僚型"两种模型。②（见图 5–5）"专家型"的对象是研究和教学上的新手教师，"教学专家"是具有教学方面的专业知识的人。在这一模型里，教学专家提供服务及支援，而教师则是接受或享受这种支援与服务的对象。在"同僚型"中，教师同时也是教学研究方面的专家，在日常实践中，互相学习，不断反省。这一模型中的"协调者"既可以是 FD 中心，也可以是 FD 委员会。③

① ［日］田中每实：《Faulty Development 论——大学教育主体的相互形成》，《大学教育学》，日本培风馆 2003 年版，第 87—106 页。

② ［日］田口真奈：《谁该怎样推进 FD——专家同僚模型以及 2 个支援模型》，《创建大学教育的交流平台迈向 FD 的明天》，日本东信堂 2011 年版，第 128—142 页；［日］田口真奈：《FD 推进机关的两大职能》，《媒体教育研究》2008 年第 1 期。

③ ［日］田口真奈：《谁该怎样推进 FD——专家同僚模型以及 2 个支援模型》，《创建大学教育的交流平台迈向 FD 的明天》，日本东信堂 2011 年版，第 128—142 页。

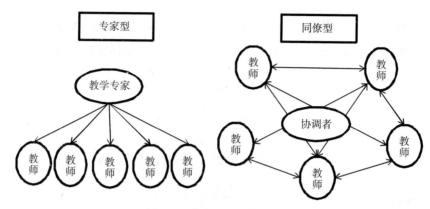

图 5-5 专家型·同僚型 FD

资料来源：[日] 田口真奈：《谁该怎样推进 FD——专家、同僚模型以及 2 个支援模型》，《创建大学教育的交流平台迈向 FD 的明天》，日本东信堂 2011 年版，第 128—142 页。

国立教育政策研究所高等教育研究部以川岛启二为首的研究小组分别从三个层面（微观、中观、宏观），四个维度（导入、基本、应用、支援）对日本各大学进行的 FD 活动进行了分析。① 他们将研究成果归纳为"FD 纲要"（FD map），面向担当 FD 工作的大学相关人员，在让他们明确"什么是 FD，FD 的目标是什么，有效地推行 FD 的方法是什么，FD 的成果由什么来体现"② 的基础上，为他们提供了指导性纲领。（见表 5-5）

表 5-5　FD 纲要

关键词级别	微观			中观			宏观		
	教师个人			教务委员			管理者		
	课堂·教学法			课程			组织的教育环境·教育制度		
	目标	方法	评价	目标	方法	评价	目标	方法	评价
Ⅰ.导入（意识，理解）									
Ⅱ.基本（能够进行实践）									

① [日] 国立教育政策研究所 FDer 研究会：《面向大学·短期大学的 FD 相关人员的 FD Map 及利用指导方针》，2009 年。

② [日] 国立教育政策研究所 FDer 研究会：《面向大学·短期大学的 FD 相关人员的 FD Map 及利用指导方针》，2009 年。

续表

关键词级别	微观			中观			宏观		
	教师个人			教务委员			管理者		
	课堂·教学法			课程			组织的教育环境·教育制度		
	目标	方法	评价	目标	方法	评价	目标	方法	评价
Ⅲ.应用（能够发展，汇报）									
Ⅳ.支援（能够教授）									

资料来源：［日］国立教育政策研究所 FDer 研究会：《面向大学·短期大学的 FD 相关人员的 FD Map 及利用指导方针》，2009 年。

四、京都大学高等教育研究开发推进中心 FD 活动的个案

京都大学高等教育研究开发推进中心秉承的是"相互研修型 FD"的理念。这一理念与卡内基教学促进委员会所提倡的"教与学的学术"（Scholarship of Teaching and Learning，以下简称 SOTL）理念很接近，但又不完全一样。根据该中心松下佳代的比较，相互研修型 FD 和 SOTL 的共同点主要有：

1. 大学教师不仅要在研究层面，在教学上也要成为专家；

2. FD 和教学改进最主要关注的是日常的课堂教学实践；

3. 大学教师对教学实践的自我反思，比解决特定的教学问题和方法更紧要；

4. 在尊重每位教师以及大学的个性和多样性的基础上开展 FD 活动；

5. 重视大学教师间的相互批评以及大学间的相互合作；

6. 构建共享教学实践资源共同体和交流平台。

相互研修型 FD 和 SOTL 的差异是：

1. SOTL"聚焦于学生的学习""将学生的学习状况作为大学的重要特征"是京都大学高等教育研究开发推进中心未予重视的。

2. 教学论文发表的比重不同。京都大学高等教育研究开发推进中心虽然在每年 3 月开展"大学教育研究论坛"，但是并没有把教学研究的论

文发表放在最优先的位置。①

　　该中心非常重视实践，在校内合作、区域合作、国内合作以及国际合作四个层次开展了大量实践活动。在校内合作层次，又从个人、学科以及全校层面分别展开。个人层面，实施公开课以及公开课后的讨论会；学科层面，和工学部合作进行大规模授课问卷调查，同文学部合作针对博士后开展 FD 活动，对工学部、农学部、文学部等学科教师进行 FD 支援；全校层面，开展全校教学学术报告会，针对研究生的教学实践讲座等。在区域合作层次，牵头成立了"关西地区 FD 联络协会"，开展与关西地区各个大学 FD 活动的合作与支援活动。在国内合作层次，通过开展"大学教育研究论坛"等活动，给全日本的大学教学工作者提供交流的平台，同时召开 FD 交流平台负责人会议（Japan FD Network），组织召集全国 FD 组织的负责人进行信息交流，讨论等。在海外合作层次，每年召开一次大型的国际性学术报告会，与国外大学教学领域的学者一起探讨当今大学教育问题，同时通过交流访问，开展与海外各个教学促进中心的交流与共同研究活动，如今已经与卡内基教学促进委员会、美国麻省理工学院、印第安纳大学、加拿大麦吉尔大学、韩国首尔大学等多个机构建立起合作关系。

　　以下通过该中心的未来教师培训（Preparing Future Faculty，简称 Pre-FD）项目来概观 FD 的实际开展情况。Pre-FD 是针对准备成为大学教师的博士生（包括博士后）的教育项目②。由于近年来日本大学教育的主要问题是教师教学能力低下，因此对博士生进行相关指导与培训更显得重要。京都大学的未来教师培训主要包括两部分，一个是针对所有研究生进行的为期一天的名为"面向研究生的教育实践讲座"，包括小讲座、讨论、身

① ［日］松下佳代：《相互研修型 FD 与 SOTL》，京都大学高等教育研究开发推进中心，2007 年，第 209—223 页。

② ［日］田口真奈、出口康夫、赤岭宏介、半泽礼之、松下佳代：《怎样培养未来的大学老师——以京都大学文学研究生院 Pre-FD 项目实践为例》，《京都大学高等教育研究》2010 年第 16 期。

体感知工作（Body Work）等，另一个为"文学研究生院 Pre-FD 项目"。（见图 5-6）

　　文学研究生院 Pre-FD 项目是针对文学研究生院博士与博士后的项目。由文学研究生院的博士或博士后进行轮流授课，此课为公开性质，京都大学高等教育研究开发推进中心必有一名教师旁听，同时有四名教务辅佐员参加，并进行录像。公开课结束后旁听者和学生分别填写反馈意见表。讨论会在公开课后进行，先由旁听者发表感想（10 分钟），授课者谈感想（3 分钟），教辅人员发表学生感想（2 分钟），最后自由讨论。接下来授课内容和讨论会的讨论要点由教辅人员总结，以电子邮件发送给此项目的所有人。一学期结束后，对学生进行问卷调查以及访谈，并召开研讨会。主要内容包括对于教学内容的反省，授课录像的视听，学生访谈结果的介绍，开发推进中心教授的小讲座、讨论等，最后颁发结业证。

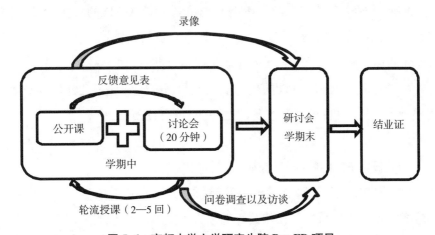

图 5-6　京都大学文学研究生院 Pre-FD 项目

资料来源：［日］田口真奈等：《怎样培养未来的大学教师——以京都大学文学研究生院 Pre-FD 项目实践为例》，《京都大学高等教育研究》2010 年第 16 期。

　　除了京都大学以外，广岛大学针对教育学研究生院的博士开展了教育实习等实践活动，筑波大学从 2008 年开始实施教学助理（Teaching Fellow）制度等。虽然到目前为止开展 Pre-FD 的日本大学还不是很多，但是由于日本的大学教师主要毕业于研究型大学这一背景，再加上近年来日本少子化所带来的学力低下的问题，Pre-FD 的展开也是大势所趋。

在被认定为据点后，在已有活动和工作的基础上，为更好地发挥作为据点的机能，京都大学高等教育研究开发推进中心中心长田中每实做了如下展望：

1. 开展各种讲演会、小组讨论活动、研究会等，提供关于 FD 进修以及研究的机会与场合。

2. 针对各个大学的要求，开展各种 FD 相关咨询活动，并提供信息及进行讲师介绍派遣。

3. 针对教师个人、大学、FD 交流平台等，分别构筑对应其需求的 FD 支援体系。

4. 提供 FD 的网络环境，以支援从事教学改进的大学教师的共同体形成以及实现资源共享。

5. 通过网络、简报、邮件等各种媒介进行有关 FD 的宣传活动。同时，进行国内外 FD、教学改进的现状调查、资料收集等，通过各种论坛和学术报告会将成果公开，与利用者进行信息共享。

6. 推进相互研修型 FD 的理论及实践的研究，并通过公开研究成果，实现相互研修型 FD 的理念普及，推进日本的 FD 研究。[①]

五、日本 FD 的特征及问题

FD 近些年在日本得到了很快发展。有关 FD 的内涵，日本学术界没有达成定论，文部科学省在相关咨询报告中提倡对 FD 的各种理解。各校开展 FD 的活动与模型，也呈现多样化的特点，从基本立场上可以划分为"输入派"和"本土派"。"输入派"以爱媛大学教育·学生支援机构教育企划室为代表，该企划室依据 POD 的理念，注重于对于教学改进的建言和服务，其中的"教学咨询"针对想要改进教学以及在教学上有困难的教

---

① ［日］田中每实：《探讨 FD 交流平台的展开与大学教育改革的方向性》，日本京都大学研讨会，2010 年。

师提供个别咨询指导，包括现状诊断，分析、收集信息，反馈等。此外还有同志社大学的山田礼子基于美国学生发展的理念，将大学生调查问卷CCS（College Senior Survey）引入日本，制定了JCCS（Japanese College Senior Survey），并于2005年和2007年进行了大规模调查。大学评价·学位授予机构的粟田佳代子翻译了关于教学档案袋（Teaching Portfolio）的几本著作，倡导用档案袋对大学教师进行教育业绩评价。

"本土派"的代表为京都大学高等教育研究开发推进中心，立足于实践与日本教师特征，在"相互研修型FD"的理念下，开展FD研究、实践与支援活动。原日本高等教育学会会长天野郁夫在肯定该中心理念的基础上，分析了日本的FD开展不能走英美道路的原因。他指出，英国的特征是政府主导，不仅大量拨款，还在2003年设立了国家中心（Higher Education Academy），并对大学教师的资格取得进行了详细的规定（Postgraduate Certificate in Higher Education）。美国的联邦政府在20世纪70年代以提供补助金的方式支援各大学建立教学促进中心。日本不能走英国模式是因为日本拥有强大的私立大学体系，所以由国家强制要求教师修习资格课程非常困难。日本不能走美国模式是因为日本研究至上，没有重视教育教学的传统，同时美国的教学促进中心仅仅是对教学和学习进行支援，多由教师发展工作者这样的专业人员担任，而日本的类似中心则要进行研究、实践以及支援等多项业务，承担这些工作的一般是教师，所以日本的大学教育工作者们从最初的模仿英美，开始逐渐思索和摸索适合日本以及所在大学的FD模式。

教育相关共同利用据点的认定反映了日本FD推进过程中"教育资源共享"的特点，这也是日本FD发展中的一个重要特色。除了文部科学省主导的据点认证以外，大学间还自发地建立起FD交流平台。2009年，日本私立大学占大学总数的77%。日本不仅私立大学多，而且很多是小规模的私立大学（规模在2000人左右），它们要开展FD活动，缺少人员、财力以及信息资源。交流平台的建立，一方面在FD的义务化的压力下，这些规模小的大学或短期大学通过加入交流平台从先进大学那里学到先进经验，① 实现教育资源的共享②；另一方面，各个大学自己解决不了的问题可以通过交流平台找到解决的办法，有效促进 FD 活动的开展。

日本第一个成立的交流平台是"大学联盟·京都"，③ 因为京都聚集了很多大学，内容包括每年举办 FD 论坛、FD 相关研讨会，还推出了"FD Man"，以漫画的形式宣传 FD 内容。另外一个较大型的交流平台为"FD 交流平台—翼"，在东日本地区共 35 所大学、短期大学和高职高专一起分享 FD 活动的经验成果，其活动形式主要有学生评价、公开课与讨论会、FD 集训讨论、FD 活动小组、个别支援型 FD（课堂诊断）、FD 报告会、学生 FD 会议（FD 监督制度）、FD 共同研习讨论会、与 FD 相关的讲师派遣等。④ 此外较大的组织与交流平台还有，以京都大学为中心的有关西地区（京都、大阪、兵库、和歌山、奈良、滋贺）的 100 多所大学加盟的"关西地区 FD 发展联络委员会"，以九州大学为中心包含九州地区 29 所大学的"九州地区大学教育改善 FD·SD 交流平台"，以立命馆大学为中心，包含早稻田大学、庆应大学等 22 所私立大学的"全国私立大学 FD 联合论坛"，以爱媛大学为中心的"四国地区大学教职员能力开发平台"等。

伴随着 FD 的义务化，FD 活动在日本各个大学开展起来，但是也存在较多问题。任职于爱媛大学的城间祥子对四国地区 FD 的状况进行了调查后指出，不同性质的学校面临着不同的难题，国立大学的难题在于"重

① ［日］小田隆治：《通过 FD 交流平台促进教学改进及教育能力的提高》，《学生与变化中的大学教育享受 FD》，日本ナカニシヤ出版社 2009 年版，第 185—197 页。
② ［日］杉原真晃：《对 FD 交流平台进行评价：回顾 FD 交流平台——翼一年的互动》，《山形大学高等教育研究企划中心纪要》2009 年第 3 期。
③ 也有研究认为以广岛大学为主成立的"全国大学教育研究中心协会"是第一个，但广岛大学主要是从社会学的角度对高等教育状况进行调查，实质牵涉 FD 实践研究的内容不多，因此本节中未采用此说法。见［日］小田隆治：《通过 FD 交流平台促进教学改进及教育能力的提高》，《学生与变化中的大学教育享受 FD》，日本ナカニシヤ出版社 2009 年版，第 185—197 页。
④ ［日］杉原真晃：《对 FD 交流平台进行评价：回顾 FD 交流平台——翼一年的互动》，《山形大学高等教育研究企划中心纪要》2009 年第 3 期。

视研究甚于教育的教师更多"，公立大学和私立大学的难题在于"不知道该怎样进行 FD"，"关于 FD 及大学教育的信息不足"，私立大学的难题在于"没有实施体制以及实施人员的制度基础"，高职高专的难题在于"关于 FD 及大学教育的信息不足"等①。杉原真晃认为，现在的 FD 活动多集中于教学法的改进，这样的做法有无视学生存在的危险②。还有学者指出，大学不仅是教育机关，还是担当科学技术发展的研究中心，为了让大学能够更好地履行使命，还要求大学教育工作者具有一定程度的管理运营能力，所以对 FD 的活动还需要进行综合性的考量③。

关于阻碍 FD 发展的原因，最大的因素可以归结于日本大学重研究轻教育的传统。另一方面，在 FD 的推进过程中，在强调提高教育教学能力的同时，没有同时建立与之相应的教育教学能力评价体系，这也让日本的大学教师们很难提起认真搞好教育教学的兴趣，导致了一些大学的 FD 仅仅流于形式。同时，许多日本的大学教师认为 FD 没有必要，日本大学的教育目标设定太过模糊，妨碍了大学教师投入职业发展活动的积极性。

第二节　日本关西地区的大学教师发展

日本最早在 1987 年，由大学教育学会展开全国第一次 FD 调查，并在 20 世纪 90 年代，随两次《大学设置基准》的修订，FD 成为法定的义务，每所高校逐渐将 FD 纳入最基本的工作范畴。不同层次、类型的高校已建立起适应本校需求的 FD 工作模式，并筹建起区域性、全国性的 FD 网络和联盟，实现 FD 信息共享和合作研究。本节基于对日本关西地区京都大学、同志社大学、立命馆大学三所不同类型高校的大学教师发展机构

---

① ［日］城间祥子：《四国地区高等教育机关 FD 的现状及需求分析》，大学教育学会第 32 次大会报告主题集，2010 年，第 156—157 页。
② ［日］杉原真晃：《学生参与型课堂中的教授——学习过程的分析从学生挫折的视角》，《支援学生学习的大学教育》，日本东信堂 2004 年版。
③ ［日］山内正平：《日本的 FD——意义和局限性》，《学生与变化中的大学教育享受 FD》，日本ナカニシヤ出版社 2009 年版，第 13—23 页。

的调研，评介了日本高校近年来教师发展和学生发展的重要进展和举措。

一、老帝国大学：京都大学

京都大学是明治维新之后，继东京大学建立的第二所帝国大学，学术力量雄居日本高校之冠。京都大学高等教育研究开发推进中心于 1994 年成立，由高等教育研究教学系统研究开发、全校通识教育课程企划开发、信息媒体教育开发等三个部门构成，是日本最早建立的教师发展机构之一。[①] 2008 年，中心从文部省那里获得为期五年的经费支持（每年有 8000 万至 1 亿日元的专门经费）。同时在 2010 年被文部省审批为全国七个大学教师发展据点之一，从 2011 年开始每年获得 1800 万日元的经费支持，到 2015 年为止。依靠国拨经费支持，中心开始组织化。中心专任教师主要的研究领域是教育评价（大塚雄作教授，中心长）、教育方法学、学习论（松下佳代教授）、学生发展、青年心理学（沟上慎一教授）、教育技术（饭吉透教授）等。

日本的国立大学，尤其是研究型大学重科研轻教学的传统长久以来根深蒂固。1991 年文部省修订《大学设置基准》，对大学教师的资格条件重新做了"要具备在大学担当教育工作相符的教育能力"的规定。1999 年再度修订《大学设置基准》，增加了"大学应该有组织地开展以改进该大学教学内容和教学方法为目的的研究进修"的内容，强调 FD 应该成为大学的义务。[②] 这些政策大大推动了各大学采取措施以促进教师教学水平的提升。京都大学教师发展工作的开展与两次《大学设置基准》的修订相关，属于相互研修型的 FD 模型，即是鉴于大学教师职业的特殊性，采取教师间相互研修，共同发展的基本策略。中心的教师发展工作在四个层面开展活动：

---

① 京都大学、东北大学、爱媛大学、名古屋大学是日本最早建立大学教师发展机构的一批大学。

② 蒋妍、林杰：《日本大学教师发展的理念和实践：京都大学的个案》，《北京大学教育评论》2011 年第 3 期。

第一是校内层次的 FD：1. 中心人员对校内各院系的 FD 活动进行支援以及与各学科合作（如京都大学工学部）；2. 新教师培训（为期一天，主要讲授大学理念、大学教学法；收集问题，然后分组讨论，总体汇报）；3. 大学生学习状况调查；4. Pre-FD，即研究生未来教师培训（与京都大学文学研究生院合作，博士生研究可能做得很好，但不一定上好课，让他们学会教学，促进教学）；①5. 针对各学科研究生跨学科的以大学课堂教学设计为主题的习明纳（2014 年 2 月开始将作为京都大学研究生选修课程，给学分）。

第二是地域层次的 FD：中心积极参与到区域性的 FD 促进工作中去，发挥京都大学的辐射作用。如作为"关西地区 FD 联络协议会"的牵头单位，每年召开一次年会，有 20—30 所学校进行汇报活动，汇报内容主要是各大学的 FD 工作开展状况。同时，该协会下设四个工作小组负责日常活动，如合作企划工作组，主要负责一些主题性研讨会的举办（曾办过 Report 写作）；再如共同实施工作组，主要负责规模小的学校的新教师联合培训等。

第三是全国层次的 FD：1. 大学教育研究论坛（每年 3 月举办，2013 年的会议包括六个主题：(1) 教育评价研究；(2) 课程研究；(3) 课堂教学研究；(4) FD 及课堂教学公开的研究；(5) e-leaning 及远程教育研究；(6) 大学生以及大学生活研究）；2. 大学生研究论坛（2008 年开始，每年 8 月举办，与知名企业"电通"合作，2012 年开始与东京大学三方合作）；3. "日本大学教师发展联盟"代表会议（Japan Faculty Development Network 每年 9 月举办，即各个区域 FD 联盟负责人的会议）；4. 教与学在线交互系统（Mutual Online System for Teaching and Learning，简称 MOST，是在美国的 KEEP Toolkit 日语化基础上开发的 FD 在线支援系统）。

---

① 京都大学高等教育研究开发推进中心的松下佳代教授研发出针对研究生未来教师培训所用的"课堂设计工作表（worksheet）"，非常有效地运用于课堂教学环节的培训。

第四是国际层次：中心对外聘请专家来做讲座或者工作坊，中心的专家也经常外出访问。"国际教与学学术学会"（ISSOTL）是该中心学者参加最多的国际 FD 联盟。[①]

中心 FD 特色项目有 MOST，由中心的酒井博之副教授负责。MOST项目系统于 2009 年成立，主要是将教师各自的教案以及实际教学情况在网络上以电子档案袋的形式公开，同时利用该系统教师间互相进行课堂教学的讨论，以资改善教学，同时有利于形成同领域同科目的教师共同体。京都大学本校的教师参与者并不多，而全国有 580 多位教师参与这个项目。同时从 2012 年开始，每年在全国自愿参加的教师中选出优秀的十名教师，参与 MOST Fellowship Program，给予一定的经费支持，目的在于让这十人用一年时间通过面对面和网络等形式互相共享，在讨论以及改进自己的课堂教学的同时，形成大学教师共同体，切实践行相互研修型 FD的理念。

特色活动还有为期一天的新教师培训，请学生课堂评价特别好的教师讲"我的课"。然后，新教师进行分组讨论，主题非常广泛，涉及学生的多样化、自主学习、英语教学、思维能力训练，以及对博士生的职业指导等。

京都大学校方对中心并无经费支持，中心活动与学校职能部门也没有关系。中心独立开展 FD 研究，并推广 FD 实践活动。

二、教会大学：同志社

同志社大学是关西地区著名的私立大学，也是一所基督教教会大学，由日本近代思想家、教育家新岛襄创立于 1875 年，历史悠久，力量雄厚，是关西地区第一私立大学，位列"关关同立"（关西学院大学、关西大学、同志社大学、立命馆大学）四所私立名校之中。同志社大学有三个校区，

---

① 京都大学：《高等教育研究开发推进中心日志》，京都大学高等教育研究 2009 年版，第
　　15 号。

共 27000 名学生。外国留学生中数中国学生最多。作为私立大学，教育教学质量就是学校的生命线，它直接影响学校在国内外的声誉，决定着招生数量和质量。同志社大学的教育哲学是以基督教原则、自由主义和国际主义为三大基础，致力于培养学生高尚的道德和人格，独立和批判的精神，坚强隐忍的性格，终生服务社会的志向。①

该校教师发展机构——学习支援和教育开发中心有五位教师、三位助教，主任任期三年。中心的负责人山田礼子教授留学于加州大学洛杉矶分校（UCLA），师从美国知名高等教育研究学者亚历山大·阿斯汀（Alexander Astin），系同志社大学社会学部教育文化学科教授。② 因此，同志社大学的学生发展（Student Development，简称 SD）非常富有特色，学生学习支援是 FD 的基础。学校建立起学生学分互换系统，课程统一编码。教育活动支援也将高中与大学的连接（日语"接续教育"）作为核心问题来进行研究和解决。同志社大学重视新生教育，重点教会新生如何交往、写论文、做访谈、利用图书馆等基本学习技能。中心针对学生的学习经验进行定期调查，以了解学生的学习时间、阅读时间、学习需求等。

同志社大学共有 800 多专任教师，每年新教师有 60 多人。中心的新教师培训主要分为两部分：一部分是 4 个校长分别介绍分管业务，另一部分是针对有特殊需要和兴趣的教师开设一些特殊的项目。新教师研修会的内容包括：教育国际化、教育活动、研究活动、学生支援体制、教育与研究伦理。此外，还开展助教（Teaching Assistant，简称 TA）培训，由研究生做学习助教，帮助实施训练项目，一周 6 小时，培训内容包括：TA 制度的目的、业务范围、TA 心得等。③

同志社大学对"高等教育"的界定就是从"知识传授"转换为引导

---

① *Doshisha University Faculty Development Handbook*，Doshisha University Center for Faculty Development，2013，p.6.

② 日本大学生事务研究有三个流派，分别为同志社大学（山田礼子）、东京大学（金子元久）、京都大学（沟上慎一）。

③ 同志社大学：《同志社大学学习支援与教育开发中心年报》，2013 年第 4 号。

学生主动学习，并为其提供"学习支援"。主动学习的创新广受关注，因此，同志社大学的目标就是成为能够让学生们通过与他人的交流及小组学习，独立发现课题后进行信息搜集分析，创造新知识的"全新学习广场"。为实现这个目标，同志社大学在今出川校区的良心馆创设了日本规模最大的学生学习共享活动空间。中心充分考虑到学生生活和课外学习的需求，将学生职能部门、食堂和学习活动室集中于良心馆，活动中心的条件与设施在日本国内属于一流水准。在中心里，照相器具、投影仪、白板可随意安装，可移动桌椅以及卷帘，可以根据需要分割出独立空间，既能进行大规模的研讨，也能进行人数较少的小组工作。中心有导师和助教常驻，为学生答疑解惑，中心成为相遇、交流、激发创意的平台。①

三、私立大学：立命馆

立命馆大学是关西地区赫赫有名的私立大学，共有 12 个学部，3 万余名本科生以及 3000 名研究生。"立命馆"的名称源于中国经典《孟子·尽心上》"养性事天，修身立命"。二战后，立命馆大学尊奉自由、和平、民主为教育理念。立命馆的教育哲学是"以学习者为中心"。因此，FD 工作的重点便是让教师们接受这种教育哲学。FD 工作做得很出色。该校教师发展机构——教育开发支援中心由两个部门构成，负责人是冲裕贵教授，中心有五位教授，教授们都各有所属专业，并为学生授课。中心有强大的行政支持，有 19 个行政人员，但与教务处等职能部门不同，立命馆的行政人员与国立大学的职员不同，具有专业性，可配合教师进行专业活动和 FD 开发活动。

立命馆大学的 FD 活动很多，共 21 类，大部分项目执行周期是一年或两年。②FD 活动主要有两大类型：1. 实践式 FD：如在线视频、学习理

---

① 同志社大学：《激发学习兴趣、创造学习效果之空间》，Doshisha University Learning Commons，2003 年。

② 立命馆大学：《立命馆大学教育开发推进中心活动方针》，Ritsumeikan University Institute for Teaching and Learning，2012 年第 27 期。

论、能动性学习等；2.同伴支持学习（Peer Support）。像同志社大学一样，该校以为学生服务为本，新生教育及同伴支持与 FD 虽无直接关系，但 FD 的目的归根结底还是为了促进学生的发展。FD 是为学生发展服务的。新生教育的内容是培训学生自主学习的能力，增强学生的主体性。同伴支持学习有 3000 多名学生参与，其特征是：1.以学生为中心；2.以提高自身己任；3.将从学生视角看到的问题提供给教师。同伴与助教（TA）不同：TA 由研究生担任，有专业性，层次较高，而同伴则是平等的。同伴支持学习已经成为立命馆大学的一大特色。①

日本大学新教师培训没有国家政策规定，只是参考英国、荷兰等国制订了指导性框架。立命馆大学新教师培训主要有两个部分组成：一是观摩优秀教师教学录像，要求两年内观看 15 门课的录像（共提供 21 门课）；二是参加 10 个工作坊（共 16 个）。应教师的特殊需要，也可以到中心进行课堂教学的咨询。上述都达标，并以教学档案袋（中心为每个教师建立教学档案袋，教师观看录像后要求撰写的报告都放置于内）的形式提交后，才可以获得有校长署名的结业证书。新教师培训工作得到各学院院长的配合，教师在职务晋升时也是重要的参考依据。② 为了尽快促进新教师的成长，中心也发起教师之间结对子的活动，新老教师一起讨论教学大纲。

立命馆大学新教师培训课程包括：高等教育论（现代高等教育、高等教育研究史、大学改革、大学评价、高等教育政策、接续教育、大学国际化）、教授学习理论、教育方法论、教授设计论、教育评价论、心理学、研究者伦理、立命馆学、大学管理运营、FD 概论。③ 此外，中心还为需要的教师提供课堂教学咨询，为教师设计教学档案袋，将教学所获的经验

---

① 冲裕贵：*Ritsumeikan University Shadowing Program*，立命馆大学教学与学习中心 2013 年，第 16—25 页。

② 像爱媛大学从 2013 年开始 100 个小时的新教师培训，如果不参加，就不能申请终身教职。

③ 立命馆大学：《2013 年度新任教员对象 FD 项目指导手册》，立命馆大学教育开发推进中心 2013 年，第 5—9 页。

系统地保留下来。

此外，中心的主要活动有午餐会（前期、后期针对不同的问题）、未来教师培训、学生评教、使用量规（Rubric）进行教学评价、课程设计方面的工作坊等。中心还有一项每年开展的追踪调查工作，即针对大学生现状的调查。调查时间由各学院自主选择，调查结果将会反馈给各学院教学副院长，目的是用于各学院的教学改进。调查分六个组，工作量很大。中心还准备与学校同窗会进行合作，对毕业生五年后的状况进行调查。

立命馆大学还领衔发起"全国私立大学 FD 联盟"（Japan Private Universities FD Coalition Forum，简称 JPFF），有 29 所规模在 8000 人以上的私立大学参加这个联盟，其组织目标是通过促进大、中规模的私立大学的教师发展，以期达成私立大学的质量保障。各加盟大学共同参与 FD 相关的实践和研究，分享与 FD 相关的信息和资源。2014 年 7 月份"国际教育发展联盟"（International Consortium for Educational Development，简称 ICED）的代表们在立命馆大学还召开了国际研讨会。①

四、总结

1. 日本大学教师发展工作，除重视教师发展之外，更重视学生发展，学生发展也是教师发展的最终目的。日本大学的大学教师发展工作，是以教师教学促进为核心，重视新教师培训，重视在职教师的群体交往和个体咨询。而有关学生学习及学生支援的研究和实践也得到广泛重视和开展。日本高教界受美国等国的影响，从重视教师的教法开始转向重视学生的学法。

2. 由于一些大学将教师发展与学生发展职能整合，因此，教师发展

---

① "国际教育发展联盟"成立于 1993 年，目的在于促进世界范围内高等教育教学、学术和教师的发展。成立至今，ICED 通过增加世界各地成员组织的数量，举办委员会会议和国际大会等形式，不断地扩大其对世界范围内高等教育的影响，为世界高等教育发展活动提供了一个国际性的交流平台。2009 年 7 月，由北京师范大学和北京理工大学共同主办，ICED 主要代表受邀在北师大举行了"大学教师发展和教学质量保障高级研讨会"。

机构的编制与规模较大，有强大的行政支持，也有诸多兼职的专业人员。其教师发展机构的职能已不单纯限于教师教学促进，也将诸如中国国内高校由教务处、学生处履行的部分职能承担过来。

3. 与国立大学相比，日本的私立大学更为重视大学教师发展的实践，采取各种措施促进教师的教学提升。由于公立大学教师退休后一般都到私立大学应聘，继续教职，因此，私立大学也拥有丰富的资源去促进在职教师，尤其是青年教师的职业发展。而偏重研究的国立大学在大学教师发展研究工作上则更胜一筹。

4. 以京都大学为代表的高校遵循相互研修型（Mutual Faculty Development）的大学教师发展模式，即为大学教师的相互学习取经创造时机和空间，不过多干预。这也符合大学教师的职业特点。日本各大学积极参与国际性的大学教师发展组织联盟，在日本国内，不同地区，公立、私立大学各有所属的大学教师发展联盟，每年定期开展研讨活动，相互取经，相互促进。

第六章 大学教师发展的前沿探索

第一节 大学教师的退休准备教育①

　　全球人口正步入老龄化阶段。② 根据国际通用标准，当一个国家或地区 60 岁及以上老年人口达到总人口的 10%，或 65 岁及以上老年人口占人口总数的 7%，该国家或地区进入老龄化社会。按照这一标准，中国也早在 1999 年就已经进入老龄化社会。③ 目前，中国已经成为世界上老龄化速度最快的国家之一，预计在 2035 年以后将面临比美国更为严重的人口老龄化问题。④ 人口老龄化不仅仅意味着老龄人口的增加，更代表着社会结构的重组。与此同时，人口的寿命的延长，意味着老龄群体将度过漫长的退休生活。因此，退休准备教育举足轻重。不同于其他人群，高校教师是有着"强烈学术与职业尊严的特殊职业群体"⑤，高校临退休教

---

① 本节系与张曼合作完成。

② 联合国：老龄化，2018-12-05，http：//www.un.org/zh/sections/issues-depth/ageing/index.html。

③ 国家信息中心：《我国人口老龄化趋势及其影响》，2016-01-22，http：//www.sic.gov.cn/News/455/5900.htm。

④ 清华大学老龄社会研究中心：《建设背景》，2018-11-01，http：//www.cas.tsinghua.edu.cn/overview/。

⑤ 阎光才：《年长教师：不良资产还是被闲置的资源》，《北京大学教育评论》2015 年第 2 期。

师① 是教学和科研成就的贡献者，他们拥有丰富的经验和学识，同时也是获得社会资源相对较多的一个群体。针对高校临退休人员的高校退休准备教育研究与实践是重要且必要。遗憾的是，国内对高校退休准备教育重视度不高，相关研究少之又少，实践尚未起步；国外高校退休准备教育研究相对较充分，而美国高校退休准备教育起步早，实践经验丰富。

一、关于高校退休准备教育研究

（一）高校退休准备教育内涵研究

退休准备（Retirement Preparation）是指在退休前做好实际性事项和心理建设的准备，其中实际性事项包括退休期间经济资源、医疗保险、税收、娱乐活动、专业发展、终身教育等安排；心理建设包含克服退休焦虑，培养对待退休的积极态度、转变工作唯一的观点，增加生活的价值感和满足感等。② 退休准备教育（Pre-retirement Education，简称 PRE；台湾地区学者称为"退休前教育"）是为临退休人员提供的退休准备的学习活动，以帮助其顺利适应退休生活的改变。退休准备教育形式多样，包括课程、演讲、研讨会等。目前在美国，退休准备教育的实施机构有工商业（企业或公司为员工提供的退休准备教育）、高等学校／社区组织（提供综合性与需求性课程）与工会组织（提供的课程有限）。③

高校退休准备教育是高等院校为临退休教师提供的一系列关于退休准备或政策的课程与活动的总称，包括退休计划、退休准备项目／课程等。高校退休准备教育旨在稳定临退休教师职业生涯后期的胜任力，提升其对于角色转换的心理调适能力，进一步促进其退休后的发展规划力，最

---

① 本节中高校临退休教师是高校中即将退休的教师，即已经达到或者即将达到退休年龄（区间），考虑或准备退休的高校教职工以及从事教学或者科研学术职业的教师。

② Jiska Cohen-Mansfield&Irit Regev，"Retirement Preparation Programs：An Examination of Retirement Perceptions，Self-Mastery，and Well-Being"，*Research on Social Work Practice*，No.4，2018，pp.428-437.

③ 双语词汇、学术名词暨辞书信息网：退休准备课程（美国），2018-11-14，http：//terms. naer.edu.tw/detail/1308832/。

终实现从工作到退休的顺利过渡。①

（二）高校退休准备教育历史发展研究

退休准备课程最早产生于 20 世纪 40 年代末的美国，50 年代中期传到英国。20 世纪五六十年代受强制性退休政策的影响，退休准备教育旨在帮助提升临退休人员对时间、金钱、人际关系等资源的掌控能力。20世纪七八十年代，受世界经济危机的波及，降低退休年龄的灵活性退休政策获得大众一致认可，遗憾的是退休准备教育没有为其做好准备，也并未抓住这一机会进行内容和结构的调整。②20 世纪 80 年代，美国政府采取渐进调整退休年龄的做法，禁止了根据年龄强制退休的法案，鼓励延迟退休，③ 退休准备教育受到广泛关注，为临退休人员提供综合性的退休准备项目成为发展的趋势④。在经历 20 世纪 70—90 年代美国经济繁荣之后，金融危机的爆发却将"婴儿潮"一代满怀期待的退休生活推入一个困窘的退休潮，美国退休准备教育将面临更加严峻的挑战。

高等学校，特别是成人教育系为社会退休人员提供退休信息和咨询项目服务开始于 20 世纪 50 年代，⑤ 高校的加入，提升了退休准备教育的质量和专业化程度；与此同时，退休准备教育受众群体扩大，退休人员被纳入到退休准备教育的范畴。芝加哥大学和密歇根大学是美国最早提供退休准备教育课程的两所大学。高校在完善其社会服务职能的同时，更将注重为其教职工提供更富于多样化的退休准备教育。

---

① 徐海伟：《美国退休准备教育对高校临退休人员管理的启示》，《湖北开放职业学院学报》2019 年第 9 期。

② Chris Phillipson，Pre-retirement education：origins and destinations，2018-11-15，http：//www.leeds.ac.uk/educol/documents/00002628.htm.

③ 全国老龄工作委员会办公室：《延迟退休：若干年后的选择》，2014-07-09，http：//www.cncaprc.gov.cn/contents/16/10496.html。

④ Joanna Walker，"Is There A Future for Retirement Education"，*Employee Counselling Today*，No.4，1990，pp.21-27.

⑤ Chris Phillipsona1，"Pre-Retirement Education：The British and American Experience"，*Ageing and Society*，No.3，1981，pp.393-413.

（三）高校退休准备教育研究主题

1. 高校退休政策与临退休教师相关研究

高校年长教师是被闲置的人力资源，研究发现，我国"高校教师学术发表呈现随年龄而逐渐递增的趋势"，"教学和科研信心基本上随着年龄增长而增强"，"但是在 59—60 岁之间略有下降"，这说明年龄是影响高校教师学术产出的边缘性因素，但是"退休"却对我国高校教师的心理和行为产生影响作用。[①] 退休对于荣誉退休教师的专业活动影响并不突出，荣誉教授在临退休前和退休后对待专业活动保持着高度的一致性；临退休前的专业活动可以很好地预测退休后专业活动。研究进一步发现，不变的学术工作环境是荣誉教授一致性行为的重要前提。[②] 尽管如此，退休政策与退休准备教育对高校教师的影响是不容忽视的。20 世纪 90 年代，美国强制退休制度的废除为美国高校教师发展与管理带来诸多问题，各高校纷纷修订其退休政策，其中"逐步退休政策"被许多美国高校采纳以鼓励教师退休。"逐步退休政策"为临退休教师提供 3—5 年的缓冲期，避免突然退休带来的心理不适应，同时也为临退休教师更多地灵活性处理工作、生活及休闲。[③] 高校退休政策的变革也会对临退休教师产生影响。美国印第安纳大学曾凭借《18/20 退休计划》[④] 网罗能力超群的多位学者，但是随着该制度的废止，临退休人员明显感受到经济的压力以及对变化的学校文化的不适应。[⑤] 此外，罗泽·格雷戈里（Lozier，G. Gregory）等通过对美国 101 所综合研究型大学 518 名退休教师进行调查，研究发现退休准备项

---

① 阎光才：《年长教师：不良资产还是被闲置的资源》，《北京大学教育评论》2015 年第 2 期。

② Lorraine T. Dorfman，"Emeritus Professors：Correlates of Professional Activity in Retirement II"，*Research in Higher Education*，No.1，1985，p.111.

③ 张旺、饶敏：《美国高校教师逐步退休政策》，《比较教育研究》2013 年第 1 期。

④ 《18 /20 退休计划》是印第安纳大学 1959 年开始执行的退休福利制度，该制度加固了"学校人"身份，蓄积了大学人才。但是随着 80 年代州政府拨款紧缩，加之重视科研，大学教师"学科人"身份日强，1988 年该制度废止。

⑤ 任玥：《一流的大学教师为何离去——美国印第安那大学特色退休制度的兴弃及反拨效应》，《现代大学教育》2018 年第 2 期。

目会影响高校教师的平均退休年龄；经济因素（经济安全及能否获得全部退休福利）是教师退休最重要的预测指标。①

2.高校退休准备教育内容相关研究

退休金和养老金是美国高校教师最关心的问题，虽然美国高校退休政策历经变革，退休准备教育内容始终紧紧围绕着经济这一中心。强制性退休政策的废止及灵活性退休政策（以下简称"新退休政策"）的施行影响了美国高校人事系统以及与之匹配的退休准备政策。而早在强制性退休政策废止之前，加州大学系统就开始探索更富灵活性的退休政策，如"志愿早退激励项目"，该项目为加州大学系统内自愿选择提前退休的教师提供了无法拒绝的优厚的经济条件，有超过三分之一的加州大学系统适龄教师选择参加这一项目，而这一项目也使加州大学系统免于新退休政策出台后面临的一系列教师流动问题。② 强制性退休政策终止后各高校纷纷通过政策和实践调整赋予临退休教师更多的选择权，美国大学教授联合会（AAUP）协同美国大学联合会（AACU）提出高校学术退休与保险计划（Academic Retirement and Insurance Plans）的重要原则和规范性要求，并指出实施退休保险计划的目的之一就是帮助大学教师能够全身心投入到学院和专业发展中。③ 新政策实施以来，美国高校基本确立了"固定收益养老金计划"（Defined Benefit，简称 DB）和"固定交款养老金计划"（Defined Contribution，简称 DC）两种类型的养老金模式。高校对养老金类型的选择最终会影响临退休教师退休准备的行为。研究发现选择 DC 计划的高校教师倾向于推迟退休，实施 DC 计划的高校更需要设计退休激励政策实现教师的流动。④

---

① Lozier，G. Gregory & Dooris，Michael J.：*Faculty Retirement Projections Beyond 1994：Effects of Policy on Individual Choice*，WICHE Publications，1991.

② Marcia Barinaga，"Early Retirement Program Cuts Deep into UC Faculties"，*Science*，No.5162，1994，p.1074.

③ AAUP，Statement of Principles onAcademic Retirement and Insurance Plans，2018-12-01，https：//www.aaup.org/report/statement-principles-academic-retirement-and-insurance-plans.

④ 张旺、孟婷婷：《美国高校教师养老金制度》，《复旦教育论坛》2012 年第 5 期。

在我国，退休准备教育研究与实践尚未形成气候，但是已有高校实践工作者有意识开始探究我国高校退休准备教育实践与研究。厦门大学离退休工作部廖玲在考察美国特拉华大学老年教育之后提出我国高校退休准备教育实施路径：组织机构方面，由人事和离退休工作部门共同开展退休准备教育，制定和实施对教职工退休生活的指导；时间安排方面，可在每年 12 月以集中指导的方式面向下一年度退休的教职工进行；教育内容方面，包括退休政策与流程（退休证的办理、退休优待证/优惠证的办理、国家及省市有关退休优惠政策）、退休保障（退休金的领取、家庭理财、老年医疗保健、应急救助、老年权益保护）、退休生活（社团，如老年大学、老年体协、老教师合唱团、老教授协会的参加程序及活动）等；具体形式可包括学习讲座、座谈和参观。同时高校应该依托各相关学院，开办或组织人员研究老年社会学、老年教育学、老年护理学等专业，为退休准备教育和高校教师退休后生活做好准备。①

3. 高校退休准备教育实施效果相关研究

对退休准备教育实施效果的研究始终伴随着退休准备教育的实施。其中既有国家层面开展的关于退休准备教育的研究计划，亦有学者的独立研究。二战后，美国就开始了对退休准备教育实施效果的评估研究，但是由于"目标混乱"使得评估工作进展困难。②20 世纪中后期，受经济危机的影响，"退休病"，即退休经历的迷茫、沮丧和压力发展成为英国社会普遍心理疾病，为此，英国教育科技部资助组织开展了关于退休准备教育的两大研究计划：一项是科尔曼萨里计划（Coleman's Surrey Project），主要调查工业界和教育界退休准备课程的数量、种类和传播力度；另一项是基尔计划（Keele Project），关注退休准备教育的质量以及项目参与者的体验。两大研究计划批判了退休准备教育存在问题，包括退休准备教育目

---

① 廖玲：《美国特拉华大学老年教育之考察与借鉴》，2014-05-14，http：//www.xmlndx.cn/news_201508040002_3040002.html。

② Chris Phillipsona1，"Pre-Retirement Education：The British and American Experience"，*Ageing and Society*，No.3，1981，pp.393-413.

标缺失；忽视参与者个人需求；讲座泛滥，指出目前的退休准备教育并没有培养参与者的问题解决能力、主动性与"自我造血"能力。[1]AAUP 退休问题委员会（Pre Retirement Association）分别在 2000 年和 2005—2006年针对美国高等教育退休政策进行两次调研。第一次调研的目的是进一步丰富和健全美国高校退休政策和实践的相关材料，重点关注终身教职退休项目，退休激励项目和阶段性退休项目的特点与普及，退休教师政策以及对强制性退休政策终止的态度。[2] 第二次调研基于大学教师老龄化趋势，探究各高校退休政策对激增的医疗保健费用的应对情况，以及退休计划的参与情况，通过对定期退休项目（Regular Retirement Programs）、退休计划（Retirement Planning）、退休激励项目（Retirement-Incentive Programs）、其他退休福利（Other Benefits for Retired Faculty）等进行统计分析，发现教师退休决策的背景和环境具有一致性（项目实施）和多样性（政策和实施）的特点[3]。

学者们的研究倾向于通过前后测实验研究退休准备教育对教师的影响。索海儿·贝德勒（Soheir Bader El-din）通过前后测实验研究退休准备教育项目对埃及米尼亚大学（El-Minia University）大学护理学院教师退休准备的影响，发现教师申请退休准备项目一个月之后，相关知识有了显著增长，处理有关健康、幸福和经济问题的信心增加；更倾向于通过进一步咨询和指导更多地了解退休准备。[4] 阿尔拉蒂亚·哈里斯等（Harris Allatiaet）基于角色退出理论（Role Exit Theory）研究美国达拉斯县社区

① Eileen Hornsey, "Health Education in Pre-retirement Education-a Question of Relevance", *Health Education Journal*, No.4, 1982, pp.107-113.

② Ronald G. Ehrenberg, "areer's End：A Survey of Faculty Retirement Policies", *Academe*, No.4, 2001, pp.24-29.

③ AAUP：Survey of Changes in Faculty Retirement Policies 2007, 2018-09-21, https：//www.aaup.org/sites/default/files/2007 Retirement Survey Report pdf.

④ Soheir B. El-din1&Gehan R. Mohamed&Manal H. Abo El Maged, "Pre-retirement Education Program for Faculty of Nursing Employees in El-Minia University", *Journal of American Science*, No.2. 2012, pp.378-385.

学院（Dallas County Community College District）教师角色退出过程，教师在面临退休时情感、行为、人际关系等方面呈现不同的特征，为管理者与在任教师提供启发和借鉴。① 吉斯卡·科恩－曼斯菲尔德等（Jiska Cohen-Mansfield）通过前后测实验（2010.10—2011.06）对包括大学教职工在内的 84 名临退休人员② 进行跟踪调查，对比研究了伊拉克退休准备项目实施效果。研究发现，退休准备项目可以影响退休期待值，改变临退休人员对退休的态度，进而调整退休期待值与个人期望、社会环境和现实之间的关系。③

4.高校退休准备教育中的女性研究

退休准备教育实施初期，女性的角色是被忽视的；即使到了 20 世纪80 年代，以女性为代表的第三年龄④ 人员仍然是受益退休准备教育最少的人群。传统的退休准备教育被称为"男性主导的 PRE"。⑤20 世纪 80 年代后，女权运动推动了女性研究的发展，性别差异也成为退休准备教育研究关注的内容。阶段性退休计划的实施过程中存在着高校教师退休规划的性别差异：男性教师倾向于在 60 岁之前或 70 岁之后规划退休，而女性教师往往在 60 岁即将来临时；女性教师更容易受家庭环境的影响，而男性教师更多考虑的是事业环境。⑥ 高校教师会倾向于临近退休两年内开始探讨、处理退休相关事项，关心他人成为高校临退休教师的共同经验，女性教师尤甚；高校女教师承担着"妻子""母亲""教师"三种角色，她们倾

① Harris，A. Ann.，"The Role Exit Process of Community College Faculty：A Study of Faculty Retirements"，*Humanities and Social Sciences*，No.12，2002，p.4036.

② 实验前测实施时间是退休前 1—3 个月；后测实施时间是退休后 4—8 个月。

③ Jiska Cohen-Mansfield & Irit Regev，"Retirement Preparation Programs：An Examination of Retirement Perceptions，Self-Mastery，and Well-Being"，*Research on Social Work Practice*，No.4，2018，pp.428-437.

④ 第三年龄人员包括女性、少数族裔、农村居民、个体户经营者，以及早期退休者。

⑤ Joanna Walker，"Is There A Future For Retirement Education"，*Employee Counselling Today*，No.4，1990，pp.21-27.

⑥ David W. Leslie&Natasha Janson，"Easing the Exit，An Aging Professoriate Likes Options"，*Change：The Magazine of Higher Learning*，No.6，2005，pp.41-47.

向于将其需求让位于生命中重要他人，同时高校女性教师在退休阶段会感觉到自身对于同事和学生的重要性①。以高校教师为主体的拥有较高学历、较高收入和较高社会地位的我国京津冀女性专业人员，尽管在社会性别认知、职业认知、年龄认知方面的退休准备表现不同，但是"养老房""独生子女政策""家庭责任""职业技能"等成为影响女性专业人员退休准备的不可忽视的因素。②

高校教师是一个有着强烈学术与职业尊严的特殊职业群体，而临退休教师是高校教学和科研成就的贡献者。服务于高校临退休教师的退休准备教育重要且必要。高校退休准备教育起步早，内容历经变革而逐渐丰富，高校退休准备教育研究领域不断拓宽之时也更加关注内部分化与差异。与此同时，高校退休准备教育在实践领域也在不断探索。

二、高校退休准备教育的实践

美国是退休准备教育发源地，拥有丰富的退休准备教育经验。美国高校为其教职工提供了丰富的、综合性的退休准备教育。本节主要以美国作为研究对象国，选取美国私立研究型大学斯坦福大学、公立研究型大学密歇根大学、文理学院明德学院（Middlebury College）作为案例高校，探究三所高校退休准备教育实践，将从组织机构、教育内容、实践特色等维度探究美国高校退休准备教育实践发展。

（一）高校退休准备教育组织机构

高校退休准备教育组织机构是高校组织实施退休准备教育的校内外机构。美国高校退休准备教育并非由单一机构包揽，而是由人力资源部门负责，多个部门协作分工完成。

---

① Heather L. Schultz：*The Journey Toward Teacher Retirement TheExperiences*，*Emotions*，*and Challenges that Teachers Encounter When Retiring From the Education Sector and the Implications for Educational Leaders During the Retirement Stages*，Loyola University，2016.

② 王曦影、吕道昱：《个体与家庭的选择：京津中年女性专业人员的退休准备》，《华东理工大学学报》（社会科学版）2018 年第 1 期。

1. 斯坦福大学："人力资源服务团队"

斯坦福大学退休准备教育是由"人力资源服务团队"协同教务处共同实施。"人力资源服务团队"是学校人力资源部门下设机构，旨在为教职工和退休人员提供关于健康、生活与退休的全方位、个性化、一站式服务，以应对重大生活事件变化，其中退休准备服务，包括退休储蓄项目与退休医疗保险，是其一项重要职能。①"人力资源服务团队"负责解答临退休教职工有关退休准备的相关疑问，进而帮助临退休教职工就退休医疗项目或退休储蓄计划作出适宜的选择。② 教务处服务于斯坦福大学临退休教师，通过与"人力资源服务团队"合作为临退休教师，尤其是"正式退休教师"③ 提供资源与退休项目计划，帮助临退休教师实现积极退休。④

2. 密歇根大学：福利办公室

福利办公室是密歇根大学人力资源部门下设机构，负责全校综合性福利项目，包括医疗、保险、残障和退休事项，为全校教职工提供高质量服务，从而规划更满意的未来。⑤ 退休准备教育是福利办公室一项重要职能。福利办公室服务于密歇根大学所有教职工，满足其一般需求的基础上重视个性化需求。此外，福利办公室积极与校外机构——社会保障署、美国教师退休基金会、富达投资集团（Fidelity Investments）开展交流与合作，通过讲座等形式进校园与教师沟通交流的机会，就临退休教师关心的

① Stanford. Educated Choices：Meet the University HR Service Team，2015-02-24，https：// cardinalatwork.stanford.edu/engage/news/educated-choices-meet-university-hr-service-team.

② Stanford. Prepare to Retire，2018-11-24，https：//cardinalatwork.stanford.edu/benefits-rewards/retirement/prepare-retire.

③ 大学正式退休教师是符合一定条件的退休专任教师的特有称呼，获得该称号的教师将被教务长授予荣誉或荣誉教师的称号，成为学术委员会的高级成员，享有一定特权并在委员会中任职。参见 Stanford. Retiree Status & Privileges，2018-11-24，https：// cardinalatwork.stanford.edu/benefits-rewards/retirement/prepare-retire/faculty-retirement-checklist/retiree-status-privileges。

④ Stanford.Faculty Retiremen，2018-11-24，https：//facultyaffairs.stanford.edu/faculty-retirement.

⑤ MC.BenefitsOffice，2018-11-21，https：//hr.umich.edu/about-uhr/service-areas-offices/benefits-office.

医疗、退休基金、储蓄问题提供专业服务，为临退休教师答疑解惑。①

3. 明德学院：人力资源部

人力资源部是明德学院退休准备教育主体机构，教职工通过单位向人力资源部提交书面退休申请批准后将启动退休准备教育。人力资源部负责教职工退休准备教育的既有专职人员，亦有福利专家和收益分析师，他们管理明德学院的退休计划以及退休人员的医疗和牙科计划，通过与教职工面对面交流，了解其退休意愿和需求。② 人力资源部为临退休教师提供更多选择，临退休教师在决定退休阶段，需要与学术事务副校长与院长及时沟通，商定退休方案；在退休前 6 个月，与教师发展与研究中心确认荣誉教师身份资格，荣誉教师制度旨在通过为退休教师提供便利与研究支持进而保持退休教师的学术活力；③ 通过退休准备教育鼓励符合条件的临退休教师加入这一项目，临退休教师能够在退休后与学院保持密切联系，继续从事学术工作④。

（二）高校退休准备教育内容

高校退休准备教育内容是高校为临退休教职工提供的退休准备教育与服务，其中文本资料、课程、工作坊、退休项目与计划是美国三所案例高校退休准备教育的主要内容。

1. 斯坦福大学：退休准备清单

斯坦福大学"人力资源服务团队"分别为临退休的员工和教师制定了"退休准备清单"，"退休准备清单"以"明确退休时间"为起点，以月份为单位，制定了不同时间段临退休教职工需要考虑与准备的相关事

---

① MC. Retirement Education，2018-11-22，https：//hr.umich.edu/benefits-wellness/retiring-u-m/planning-retirement/retirement-savings-counseling/retirement-education.

② MC.Human Resources Staff Members，2019-11-13，http：//www.middlebury.edu/offices/business/hr/contact/hrstaff.

③ MC.Retirement Planning，2019-11-10，http：//www.middlebury.edu/academics/administration/retirees.

④ MC.Emeritus Policy，2018-11-06，http：//www.middlebury.edu/academics/administration/retirees/emeritus.

项，提供了清晰的退休准备行为指南。（见表 6-1）"退休准备清单"包含多样化的退休准备教育内容：以"退休健康医疗福利"为主题的工作坊，提供了关于退休健康医疗程序包括资格、福利选择及资源等详尽说明；①丰富的文本学习材料，如员工 / 教师退休准备指南，"聘用的终点：退休"员工小册子；退休准备计划和项目，如"教师退休激励计划"（Faculty Retirement Incentive Plan，简称 FRIP），这一项目成为斯坦福大学退休准备教育特色项目。斯坦福大学退休准备教育形成了制度化、流程化且相对完善的工作机制，临退休教职工在不同的退休准备阶段，完成特定的退休准备教育内容，这一过程不仅可以顺利实现退休准备的事务性过渡，更是心理调适与接受的过程。

表 6-1　斯坦福大学退休准备清单

退休准备阶段	退休准备清单	
	员工（staff）	教师（faculty）
确认资格、退休时间	填写"退休人员资格表" 参加工作坊："退休健康医疗福利" 文本："员工退休计划指南""聘用的终点：退休"小册子 确认退休健康医疗报销资格 确定退休时间，告知领导 退休福利咨询："离退假期"	填写"退休人员资格表" 与院长商榷 确认资格加入"教师退休激励计划" 正式退休教师加入退休健康医疗计划 返聘须知
退休前4个月		文本："教师退休计划指南" 参加工作坊："退休健康医疗福利" 知晓院长，提交退休意向书
退休前2—3个月	加入联邦医疗计划 A&B	符合不返聘或不超过全职工作量 50% 的标准可加入联邦医疗计划 A&B 申请加入"教师退休激励计划"

① Stanford. Your Health Care Benefits in Retirement，2019-11-10，https：//cardinalatwork. stanford.edu/benefits-rewards/health/retirees/workshop.

续表

退休准备 阶段	退休准备清单	
	员工（**staff**）	教师（**faculty**）
退休前 1 个月	选择退休健康医疗保险 （65 岁及以上）加入医疗优势计划 选择性申请社会保障福利 办理退休储蓄金	
退休后	2—3 周内保险、医疗变更相关事项	

资料来源：Stanford. Staff Retirement Checklist，2018-11-24，https：//cardinalatwork.stanford.edu/benefits-rewards/retirement/ready-retire/staff-retirement-checklist。

2. 密歇根大学：综合性退休准备教育

密歇根大学是最早参与社会退休准备教育的大学之一，拥有丰富的退休准备教育经验。密歇根大学为本校教职工提供了多样化的退休准备教育内容。"退休课程"由退休福利办公室每月开设，旨在帮助临退休教师做好充分的退休准备。课程主题涵盖退休资质、退休福利、医疗缴费、退休收入选择、额外的退休特权等。课程采用预约制，报满即止。对于不能到现场参与课程的临退休教师，退休福利办公室提供了丰富且实时更新的文本材料和影像资源，方便退休教师下载学习。[①]"个人退休福利问答"是针对六个月内即将退休的教职工个性化安排，临退休教师在参与"退休课程"之后仍有疑惑可以预约该服务，就退休福利的终极性问题进行咨询和沟通。[②]针对临退休教师普遍关注的社会保障和医疗教育，密歇根大学福利办公室协同社会保障管理局通过校园演讲、一对一服务和文本学习帮助临退休教师通晓医疗资格、申请程序、申请时间、退休福利相关内容，

[①] U-M. Retirement Classes，2018-11-21，https：//hr.umich.edu/benefits-wellness/retiring-u-m/planning-retirement/retirement-classes.

[②] U-M. Individual Retirement Benefits Q&A Sessions，2018-11-21，https：//hr.umich.edu/benefits-wellness/retiring-u-m/planning-retirement/individual-retirement-benefits-qa-sessions.

为退休做好准备。① 退休储蓄咨询是密歇根大学福利办公室协同美国教师退休基金会和富达投资集团就临退休教师关心的储蓄问题通过一对一咨询会议的形式答疑解惑，解决临退休教师担忧的养老基金问题②。

3. 明德学院：资源主导的退休准备教育

明德学院非常重视退休对教师的经济、社会与情感影响，为临退休教师提供了丰富的退休准备资源："员工和家庭援助计划"是与企业合作，为临退休教师在储蓄和心理上做好退休准备；"安全优势"项目是明德学院专门为临退休教师开设的为期三个月的免费财务培训，并有经过认证的财务规划师提供免费的强化训练，以确保退休之前教师各项财务状况井井有条。临退休教师参与退休准备计划是学习如何筛选适合自己的退休计划，为此人力资源部门提倡教师在确定退休时间之前与美国教师退休基金会财务咨询师进行面谈，了解各种可能的选择后结合自身情况作出决定。明德学院也为临退休教师了解关于社会保障收入福利提供多种途径③。

（三）高校退休准备教育特色

尽管有很多内容和形式的相似性，美国高校在实践退休准备教育过程中也不断创新，形成了独具特色的退休准备教育项目。这些特色项目成为高校吸引人才、留住人才的优势资源，更是临退休教职工做好退休准备，过好退休生活的保障。

1. 斯坦福大学：教师退休激励计划

"教师退休激励计划"（FRIP）是斯坦福大学一项特色退休准备教育项目，通过返聘的方式，旨在为临退休教师提供经济支持。"教师退休激励计划"服务对象是年龄在 63—71 岁之间，且拥有 15 年一半以上全时工作量服务时长的教师；员工参与该项目须在退休前五年担任学术委员会

① U-M. Social Security and Medicare Education，2018-11-22，https：//hr.umich.edu/benefits-wellness/retiring-u-m/planning-retirement/social-security-medicare-education.

② U-M. Retirement Savings Counseling，2018-11-22，https：//hr.umich.edu/benefits-wellness/retiring-u-m/planning-retirement/retirement-savings-counseling.

③ MC. Leaving Middlebury-Retirement，2019-11-10，http：//www.middlebury.edu/offices/business/hr/staffandfaculty/leaving-midd-retirement.

成员或医学中心专员或胡佛高级研究员。斯坦福大学"教师退休激励计划"的特色是为不同退休年龄阶段，即63—67岁与68—71岁的临退休教师提供选择，不同年龄段退休教师的返聘时长与工资构成有所差异（见表6–2）；但是参与该项目的教师都将拥有斯坦福正式退休人员的身份，并获得"荣誉教师"或荣誉头衔，享受斯坦福提供的优厚福利待遇。[①]

表6–2　斯坦福大学"教师退休激励计划"返聘与薪资待遇

退休年龄（岁）	50%FTE返聘时长（年）	返聘薪资待遇		
		返聘中/年	返聘后	总薪资
63—67	2	0.5*工资+0.5*FRIP福利	1*FRIP福利	2* FRIP福利+1*工资
68—71	1	0.5*工资+0.5*FRIP福利	0.5*工资	1*FRIP福利+0.5*工资

资料来源：Summary of Faculty Retirement Incentive Program，2013-04-15，https：//facultyaffairs.stanford.edu/sites/g/files/sbiybj9981/f/frip_summary_chart_2013_04_15.pdf。

2.密歇根大学：终身发展理念的指导

人力资源是密歇根大学教学、科研和服务持续卓越的最重要的因素，无论是教师还是员工，都应得到专业发展。正是基于这一理念，密歇根大学成立了美国第一个教师发展中心，树立了全球大学教师发展中心的标杆；明确了员工专业发展是知识、技能和个人效能的增长，提供政策、资源与技术的支持；[②] 将教职工专业发展内涵延伸至职业生涯发展的范畴。临退休阶段是教职工发展的重要节点，理应受到更多的关注和重视。密歇根大学将教职工专业发展视为终身发展的过程，尤其重视职业生涯后期教职工发展与退休准备教育的问题。密歇根大学为全校教职工提供丰富多元的退休准备教育，强调个性化和一对一服务解决临退休教师面临的问题，

---

① Stanford.The Faculty Retirement Incentive Program，2018-11-10，https：//facultyaffairs.stanford.edu/sites/g/files/sbiybj9981/f/frip_program_statement.pdf.

② U-M. The University of Michigan Staff Development Philosophy，2018-11-22，https：//hr.umich.edu/about-uhr/staff-development-philosophy.

正是终身发展理念的实践。此外，密歇根大学也为临退休教师的退休生活提供了选择，如"退休教师志愿者活动与发展机会"为临退休教师提供了在志愿者活动、学习与提升、短期聘任与科研活动等领域发展的多种可能性。①

3. 明德学院：阶段性退休项目

明德学院为临退休教职工提供两种可供选择的退休路径：一种是由全职状态直至退休；一种是获得准会员身份，参与"阶段性退休项目"。②"阶段性退休项目"通过渐进式退休方式帮助那些愿意过渡到退休状态而非立即退休的教职工。但是明德学院也为参与"阶段性退休项目"设置了资格限制：拥有全职福利的教职工，或者获得准会员身份的教师；且年龄在59.5岁以上；且45岁以后在明德学院全职工作至少十年以上；且获得副校长的书面批复。参与这一计划的临退休教职工将签订协议同意在退休前最长三年时间内减少四至五成工作量直至完全退休，接受按照比例发放的薪水。人力资源部和学院院长分别负责员工和教职工该项目的咨询与答疑。③

三、后续研究与实践的可能性

（一）"冷热共生"的现状

高校退休准备教育研究与实践用"冷热共生"来描述最恰当不过，这涉及四对概念，两组对照：国内与国外、学术与实践。国内与国外是"冷"与"热"的对照，国内高校退休准备教育的研究与实践是"冰冷"，目前管理者和学者似乎无暇顾及高校临退休教师这一边缘群体的发展与退

---

① U-M. Volunteer and Enrichment Opportunities for Retirees，2018-11-22，https：//hr.umich. edu/benefits-wellness/retiring-u-m/planning-retirement/volunteer-enrichment-opportunities- retirees.

② MC. Retirement Planning，2019-11-10，http：//www.middlebury.edu/academics/ administration/retimrees.

③ Middlebury Health and Welfare Benefits Plan：Summary Plan Description，MiddleburyCollege，2009，p.546.

休准备教育，庆幸的是有学者开始"破冰"研究美国高校退休准备教育对我国的启示；① 而国外，以英美国家为代表，对高校退休准备教育的关注相对较为火热。基于国外来说，研究与实践是"冷"与"热"的另一组对照，已有研究仍然处于高校退休准备教育的边缘，并没有深入思考高校退休准备教育的特殊性与需求；而高校退休准备教育实践如火如荼，但其反射出来的目标取向与价值理念却愈加模糊。

（二）研究的着力点

高校退休准备教育研究应基于对其意义和价值深刻认识的基础上，高校退休准备不仅仅是临退休教师个体的事情，也是高校教师队伍建设的内在要求，更是高等教育人才观的体现。意义与价值问题是高校退休准备教育研究的逻辑起点。

高校退休准备教育的本质是一种学校教育，但又是区别于一般的学校教育，先前的教育者变成了受教育者，这种教育不再指向人的全面发展，而是为退休做准备。但是教育所具有的知识储备、能力发展与价值观塑造的作用并没有因此湮没。高校退休准备教育理应对临退休教师关于退休准备的知识、退休准备能力和退休准备心理进行培养。所以，高校退休准备教育研究应该回归教育的本质去研究，而美国高校退休准备教育过重强调经济要素以及其背后的原因与价值理念值得进一步探讨。

高校临退休教师发展研究是高校退休准备教育研究的子课题。高校临退休教师发展是否隶属于大学教师发展的研究范畴值得进一步研究；但是不可否认，"大学教师发展是大学教师的教学发展、专业发展、个体发展和组织发展的集合体"，高校退休准备教育是高校教师个体发展的要求，是高校教师终身教育不可或缺的一部分。"大学教师发展已不仅止于大学教师的个体回报，而与整个高等教育质量攸关"，② 因此，高校临退休教师发展研究与教师发展具有内在的一致性。

---

① 徐海伟：《美国退休准备教育对高校临退休人员管理的启示》，《湖北开放职业学院学报》2019 年第 9 期。

② 林杰、魏红：《大学教师发展的国际趋势》，《高校教育管理》2016 年第 1 期。

（三）实践的切入点

美国高校退休准备教育积累丰富的实践经验，且独具特色；相比较我国高校退休准备教育尚未起步，这种事实的差距很容易让未来我国高校退休准备教育实践选择"借鉴"模式，而美国最有可能成为借鉴的对象。但是必须清楚地知道，"借鉴"的前提是对需求的尊重和满足，更要分清楚哪些是可以借鉴的，哪些是需要慎重的。以组织机构为例，"合作"成为美国退休准备教育组织间工作的主要方式，这种"合作"方式既包括校内职能部门之间，也包括校内部门与校外专业机构之间，是优势互补的合作，共同致力于为临退休教师提供优质的退休准备教育。我国高校退休准备教育也并非单独部门能够胜任的，需要人事处、教务处、离退休处和教师发展中心等多个部门相互协作，而这种合作也将颠覆传统高校职能部门间合作模式。再讲高校退休准备教育内容，经济方面的准备是美国高校退休准备教育第一要务，其背后是美国社会保障制度和养老保险制度宏观背景，而具体到每位教职工，寿命的延长与退休时间提前导致退休时间增长（斯坦福寿命研究中心发现 1950 年美国人 65 岁退休后要度过 8 年，而现在是 19 年甚至更多），进而对退休后生活带来的经济压力催生了临退休教职工对储蓄、保险计划的刚性需求，这一需求如果得不到满足，退休准备教育就是不成功的。不难看出，美国高校退休准备教育主旋律是一种"为退休而储蓄"的阶段，中国高校临退休教师拥有不同的退休准备需求，高校退休准备教育应该逐步探索"为退休而准备"的路径。[①]

理想状态下高校退休准备教育研究与实践并非是相互分割的，尽管目前的研究与实践呈现这样的特点，未来高校退休准备教育研究与实践是契合的，二者相辅相成，高校冲破"等靠要"的保守思想，研究担负起更多的社会责任，实践先行或是研究先行，高校退休准备教育指日可待。

---

① Stanford.Envisioning your retirement，2019-11-09，https：//bewell.stanford.edu/envisioning-your-retirement/.

第二节　大学教师发展的国际趋势①

大学教师发展从狭义而言，是指促进教师教学和科研能力提升的过程；从广义而言，还包括促进学生学习的活动。② 随着时代变迁和高等教育发展，大学教师发展的内涵与重点也在发生变化。21 世纪后，在美国等实施大学教师发展的先发国家，高等教育国际化、教育信息化等外部要素，学术职业、学生群体、教学和学术观念的变化等内部要素对大学教师发展提出新的挑战，③ 大学教师发展呈现一些新的趋势。

一、大学教师发展目标的提升

美国是最早进行大学教师发展实践的国家，20 世纪 60 年代，美国一些研究型大学开始尝试大学教师发展活动，其直接原因之一是 60 年代的大学生抗议活动。当时的美国步入高等教育大众化阶段，高等教育规模的急遽扩张导致高等教育质量下滑，引起学生不满。研究型大学的教育教学质量问题尤为突出。在丹弗斯基金会等民间组织的支持下，哈佛大学、西北大学等知名高校遂尝试开展大学教师发展工作，以提升教师的教学水平，提高教学质量和学生满意度。④ 因此，大学教师发展工作早期的目标是为了提升教师教学技能，为了满足教师站稳讲台的需要。其后，随着大学教师发展工作的组织化与制度化，越来越多的美国大学和学院设立大学教师发展专门机构，大学教师发展由最初的教师个体目标向学校的组织目

---

① 本节系与魏红合作完成。

② Eble，K. E.& McKeachie，W.J.：*Improving Undergraduate Education through Faculty Development*，San Francisco，CA：Jossey Bass，1985，p.11.

③ Ann E. Austin，"Research and Current Trends in Faculty and Organizational Development"，*Theory，Practice and Implications：Professional and Organizational Development for Chinese Higher Education in the Global Context*，July 13-16，2009.

④ 林杰：《美国大学教师发展运动的历程、理论与组织》，《比较教育研究》2006 年第 12 期。

标演进：优质的大学教师发展项目和活动可以极大促进教师教学，提高学校的声誉。

近 20 年来，大学教师发展的目标从学校的组织目标又进一步跃升为国家的战略目标，成为一国高等教育质量保障体系的基础。这一趋势与世界高等教育质量保障体系的重心转移有关。在经过较长时期的以外部认证、政府与中介评估为主的外部质量保障阶段之后，世界主要先发国家已从外部质量保障为主转向内部质量保障为主，即更强调学校的自我发展和自我评估。① 在高等教育内部质量保障体系的建设中，教育教学质量是重中之重，而教师教学直接决定着教育教学水平的高低。大学教师发展工作长期以来追求的"教学卓越"，已成为大学自我发展的基础。世界高等教育的发展也大大改变了大学教师发展的投资与收益关系：大学教师发展已不仅止于大学教师的个体回报，而与整个高等教育质量密切攸关。

高等教育质量决定着一个国家的国际地位和文化软实力，优质的高等教育意味着可以将高等教育作为一种重要的战略商品进行输出：有越来越多的外来留学生主动来学习，高等教育输出国也将获得经济、政治与文化上的多重收益。反之，一国的高等教育质量低下，意味着本国的学生更多选择出国留学，输入别国的高等教育。久而久之，这个国家将在国际交往与战略意图的实现上处于不利地位。提升高等教育质量，主要依靠大学教师队伍整体的质量和水平。

大学教师队伍的素质和质量一方面取决于科研，另一方面也离不开教学。在使一所大学获得国际声誉的过程中，教学的重要性甚至超过科研。以澳大利亚为例，近 20 年来，其高等教育发展取得的成就令人瞩目，越来越多的外国学生选择赴澳留学。从 1994 年至 2004 年，澳大利亚的留学生数量几乎以每年 10% 的速度增长。② 其原因之一是澳大利亚极其重视高等教育质量保障体系的建设，为了有效提高教育教学质量，许多大学不

① 蔡敏：《欧洲大学内部质量保障体系的建构与评价》，《比较教育研究》2012 年第 1 期。
② 马骜：《澳大利亚改善留学生体验的政策与实施研究》，北京师范大学硕士学位论文，2015 年，第 14 页。

惜改变大学教师的评价机制，如昆士兰大学规定教师业绩量中教学和科研所占比例都占到总业绩量的 30%；阿德雷德大学在业绩考核中将教师教学置于科研和专业活动之前。[①] 大学教师评价机制的改变提高了教学的地位，也深刻影响了大学教师发展工作的地位与内容。

二、大学教师发展方式的信息化

信息化是 20 世纪 60 年代由日本学者提出，主要指当时新兴的信息产业，而今的信息化是以数字化和网络化为特征。通过数字化手段产生的大量信息，可借助于网络化平台进行传播与发展。信息化从根本上改变了高等教育的面貌：数字化意味着任何教育教学资源都可以转化为 0 和 1 的存储方式；网络化意味着大学成为一个开放的公共领域，数字化资源通过网络的传播，通行无阻。

美国在 2014 年 1 月发布的关于高等教育在线学习状况的第 11 份年度报告《等级变化：追踪美国的在线教育》中，依据网络使用的程度对大学课程进行了分类：不借助任何网络手段的传统课程、网络促进课程（1%—29% 的教学内容通过网络传授）、混合课程（30%—79% 的教学内容通过网络传授）、在线课程（80% 以上的教学内容通过网络传授）。[②] 大学教学走向信息化是大势所趋，如今没有哪位大学教师完全还依靠传统的教学方法和手段，排斥任何教育技术与信息手段。

在大学课程教学走向信息化的大势下，一方面，大学教师发展机构要培训教师学会使用信息化与数字化教学技术；另一方面，大学教师发展的方式和手段也要运用信息化手段进行革新。大学教师虽然在工作时间上享有高度的自由，但要经常将教师集合在固定的时间和固定的场所进行学习和研讨并不容易，并且大学教师的需要又很难高度统一。而信息化

---

① 吴雪萍、刘辉：《澳大利亚高等教育教学质量保障策略探究》，《比较教育研究》2004 年第 9 期。

② Elaine Allen，JeffSeaman：*Grade Change：Tracking Online Education in the United State*，Babson Survey Research Group and Quahog Research Group，LLC，2014，p.6.

则可以较好地解决这个问题：大学教师发展机构在更多的时间里，使用现场与在线并存的方式，为教师提供所需要的服务。不像传统的培训和学习方式，须统一时间统一地点，而是根据教师个体的需要，随时随地连线解决教师个体的问题。英美等国大学教师发展活动常用的方式有在线研讨会（Webinar）或在线会议（Online Conference）。

美国一些社会机构也积极推动高等教育的信息化。如总部设在马萨诸塞州的"在线学习联盟"（Online Learning Consortium），是一个面向全球的非营利性组织，它建立22年来，一直致力于将在线教育引入高等教育的主流，帮助大学教师提升在线教育的质量、广度和深度。它的理念即是在任何时间，任何地点进行学习（Learn Anytime. Anywhere）。①

三、大学教师发展资源的整合

大学教师发展专门机构的建立即是将大学、大学联盟的教师发展相关资源进行的第一次整合。经整合后的资源，可以大大提升大学教师培训和发展的质量和效益。在美国等先发国家建立大学教师发展专门机构时，主要问题是如何克服资源有限的障碍，积累更多教师需要的资源、信息和材料。但如今，教师发展专门机构面临的主要问题不是资源太少，而是资源太多。如何从浩瀚的信息库中筛选出最适应需要、最可操作的资源付诸行动方案，成为教师发展机构的要务。

在新的信息化手段的支持下，大学教师发展专门机构的资源整合程度得到进一步强化。传统的大学教师发展机构对资源进行加工、分类与存储，以备教师不时之需，其功能类似于"书签"（Bookmarking）。教师可以根据个体需要，按照"书签"的标识找到所需的信息或资源。教师发展机构类似一个信息仓库。而如今，除了传统的"书签"功能之外，教师发展机构还是一个信息交换器（Innovation Hub），不仅负担着信息输出的功

① Sloan Goes Online，2014-7-7，https：//www.insidehighered.com/news/2014/07/07/sloan-consortium-renames-itself-online-learning-consortium.

能，也扮演着信息交换的角色，每个带着问题来教师发展机构寻求支持的教师同时也带来了大量资源。

为避免重复设置，实现资源共享，美国等先发国家通过跨校或多校区合作的方式，进行了大学教师发展资源的第二次整合。大学或大学联盟的教师个体或群体可以借助于教师发展机构进行理念、资源、人员、信息的共享，以及优势互补。除了跨校合作外，一些大学的教师发展机构也从面向单一校园的组织向面向多校区的组织转型。如加州州立大学的教学中心就为加州州立大学系统所属的 23 个校区提供教师专业发展的支持与合作。[①] 在英国，不同高校之间通过结对（Twinning）模式，为大学教师教学技能实践能力的持续发展提供动力。[②]

四、联合培养未来教师

大学教师的培养并非在入职后才开始，为了满足一些研究生毕业后从事教职的需要，也为了促进研究生的就业，一些先发国家的大学教师发展机构在行有余力的条件下，将服务对象扩展到研究生群体。这些机构一般都是实力雄厚的研究型大学，也有专业组织，它们培养研究生从事教职必需的专业技能，实际上担负起为其他大学提前培养新教师的使命。在地区，在全国发挥着引领和辐射作用。这意味着大学教师发展资源整合超越了单一院校的界限，促成了各大学跨组织的联合培养。

在英国、澳大利亚，许多大学通过先修课程（Recognition of Prior Learning）的形式培养准教师。研究生在入职以后，成为新教师，所在学校承认其先前的学习经历，一些针对新教师的培训课程可以免修。其承认的内容包括获得的奖励、奖章和电子证书。[③] 颁发奖章和授予证书可以是

---

① CSU.Mission Statement of the Institute for Teaching and Learning，2015-04-23，http：//www.calstate.edu/itl/.

② 李俐：《英国高校教师发展研究》，西南大学硕士学位论文，2013 年，第 74—76 页。

③ CII.Recognition of Prior Learning，2015-4-22，http：//www.cii.co.uk/about/accreditation-services/accreditation-schemes-for-individuals/recognition-of-prior-learning/.

其他大学的教师发展机构，也可以是"在线学习联盟"这样的非政府组织。大学教师发展机构有权根据教师应该具备的技能来决定什么样的证书和培训有效。

在美国，许多大学实施"培养未来教师"项目，研究生可以通过参加先修课程的学习获得相关证书。而针对最有可能成为大学教师的博士后人员，美国国家科学基金会（NSF）也提供资助，支持博士后通过导师项目研究，成长为未来的优秀教师。[①]

在日本，一些国立大学效法美国的未来教师培养计划，针对研究生开设大学教师准备课程（Pre-FD），最早实施这一课程的广岛大学，为研究生开设 2 学分的学术职业研讨课（Academic Career Seminar），北海道大学 2009 年开设"以研究生为对象的大学教师培养讲座"，2011 年作为正课科目，授予学分。京都大学研究生院开设横跨型项目"在大学教书"，2013 年开始正式作为研究生的课程。还有一些私立大学，如立命馆大学的先修课程包含六个领域：学习活动的设计、教学以及学习活动的展开、课堂教学的质量保证、有效的学习环境以及学习支援环境的开发、自我专业性的继续发展、大学特有且必需的能力等。[②]

五、教师共同体的作用

在美国，大学教师发展模式根据教师与同行的互动方式，可分为环状模式（Circle）、共同体模式（Community）和专家—发展者（Expert-developer）模式。其中，环状模式是小组成员围绕着某个主题，进行研讨，最后达到解决问题，共同提高的目的。这种模式目的明确、成效显著，但由于大学教师工作的自由度较高，要持续推进的难度也大。共同体模式是组织大学教师共同工作，通过互助、合作和交流实现组织成员的共同发展。专家—发展者模式则是一种高互动的师徒指导型的发展模

①　CELT.For Grad Students & Postdocs Graduate Students and Postdoctoral Associates，2015-4-2，http：//www.celt.iastate.edu/grad-students-postdocs/.

②　蒋妍：《日本 Pre-FD 活动简介》，京都大学教育学研究科 2012 年，第 5—12 页。

式。① 这几种模式都注重发挥教师共同体在大学教师发展中的作用。

　　美国的许多研究证明，大部分大学教师需要同事的支持，并有与同事合作的愿望。那么，鼓励教师进行合作，为大学教师共同体提供交流平台，也是一个教师发展机构的重要工作原则。许多教师参加大学教师发展活动，主要动机也是想从别的同行那里获得教学经验。教师间的对话和交流有利于促进教师采取新的教学理念与方法。② 相较别的方式与途径，大学教师更倾向于从同事与同行那里获取关于教学的高见。

　　午餐会、研讨会等非定期形式有利于教师共同体的交流；此外，美国一些大学和学院还实行同行指导项目，即新教师或需要提高的教师向擅长教学创新和教育技术的同事学习相关技能。在大学教师发展中，老教师的角色不仅是学者、教师，还是新教师和年轻教师发展的工作者，项目从单向的知识传授转向双向的知识传授。即谁是导师，谁是学习者的角色是可以互换的。③ 老教师在一些问题上也可以向新教师学习。在日本，教师之间相互研修的"同僚型"模式在许多大学被推广。④

六、学生参与和学生发展

　　大学教师发展的概念不仅包含促进教师的教学，也包含着促进学生的学习。在美国，将教学研究和学生发展研究结合起来具有较长的历史。如全美第一所大学教师发展专门机构——密歇根大学学习与教学研究中

---

① 李颖：《台湾地区大学教师发展研究——以台湾师范大学为例》，厦门大学硕士学位论文，2015年，第13页。

② Mary D. Sorcinelli, "Ten Principles of Good Practice in Creating and Sustaining Teaching and Learning Centers", In K. H. Gillespie, L. R. Hilsen, & E. C. Wadsworth (Eds.), *A Guide to Faculty Development*: *Practical Advice*, *Examples*, *and Resources*, Boston: Anker, 2002, p.19.

③ Hanover Researach.Three Trends in Higher Education Faculty Development, 2015-4-23, http://www.hanoverresearch.com/insights/3-trends-in-higher-education-faculty-development/? i=higher-education.

④ 蒋妍、林杰：《日本大学教师发展的理念和实践：京都大学的个案》，《北京大学教育评论》2011年第3期。

心（CRLT）在 20 世纪 60 年代创建伊始，即对本科生的就读经验展开研究，内容涵盖大学生的学习产出、学习压力、社会化、专业化、考试焦虑，等等。[①]

每一届学生群体的特征都会发生变化，如教育背景、性别、民族、阶层、年龄、学习准备，等等。学生群体的多元性对大学教师发展工作提出挑战。因为多元性意味着学生学习需求与学习模式的多样化，这对教师教学提出更高要求。2002 年，美国学院与大学联合会（AACU）的报告认为：美国约一半的大学生在进入大学后在阅读、写作和数学方面缺乏基本的技能。除了学术准备不足外，不少学生还缺乏自信、学习习惯不好。这是大学教师面临的主要教育问题。[②] 因此，大学教师发展就要促进教师教学方法和策略的提升，使得教师能够帮助学生提高解决问题、团队合作的能力。

现代教学强调以学习者为中心。许多教师习惯于传统的讲授法。以学生为中心的教学需要促进学生主动学习，因此需要新的教学策略和技巧。许多教师担心这种教学方法不能完整传授教学内容，评价也不好把握。其实，这种方法是对学生要求更高，学生需要组织学习内容、进行讨论、相互学习。而教师的任务是做好课程设计，提供给学生更充分的反馈。大学教师发展机构的任务之一是为教学和学习的整合提供各种技术支持和培训。

在英国，同行促进项目的参与者不仅包括同行教师，也包括学生。因为学生既是教学的对象，也是课堂教学最积极的反馈者，在评估中发挥重要影响力。有效教学离不开学生的积极参与和合作。在英国，以精英化、小规模著称的牛津布鲁克斯大学（Oxford Brookes University）实施的同行促进教学提升项目就让学生参与进来，学生在决定重点选择、协助进

---

① 屈廖健：《美国研究型大学教师发展中心运行机制变迁研究》，北京师范大学博士学位论文，2015 年，第 86—87 页。

② Mary D. Sorcinelli：*Faculty Development：The Challenge Going Forward. Peer Review*，The Association of American Colleges and Universities，Fall 2007，p.6.

行课程改进和评价其影响方面起到参与决策的作用。①

在教学关系中，教师的教归根结底是为了学生的学。大学教师发展不仅是为了教师个体的发展，也是为了学生的发展。所以，一些先发国家的大学将学生发展作为工作的重心，从新生导航到老生学习支援，无不体现着"以学习者为中心"的教育关怀。由于一些大学将教师发展与学生发展的职能整合，因此，教师发展机构的编制与规模较大，有强大的行政支持，也有诸多兼职的专业人员。其教师发展机构的职能已不单纯限于教师教学促进，也将诸如中国高校由教务处、学生处履行的部分职能承担过来。②

七、多元化的教师发展体系

随着经验丰富的老教师的逐渐退休，每年都有大量新教师补充进大学教师队伍，所以，每所大学的教师发展机构都将新教师作为工作的重点对象。新教师的导航、如何进行教学与研究、如何获得终身聘任、如何平衡工作与生活的关系、如何进行职业生涯规划等，成为新教师发展的热点内容。

相对处于教职生涯初期问题诸多的新教师，那些处于教职生涯中期和晚期的老教师并非没有问题，或问题很少。老教师的思维和行为模式容易固化，在进入教职生涯的高原期后，往往较难实现新的突破和创新。有调查数据显示，在同行促进项目中，那些处于教职生涯中期的教师也能从中受益。③有经验的老教师也有一些教和学方面的复杂微妙的问题，但他们在工作坊中不好意思提出他们的问题。针对教职生涯中期教师的项目，

---

① 宋文红、邹卫宁：《英国高校教师专业发展的经验和启示——以牛津布鲁克斯大学教职员和学习发展中心为例》，《青岛科学大学学报》2013 年第 2 期。

② 林杰：《日本关西地区大学教师发展的现状与举措——京都大学、同志社大学、立命馆大学三校调研》，《高校教育管理》2014 年第 3 期。

③ Hanover Researach.Three Trends in Higher Education Faculty Development，2015-4-23，http：//www.hanoverresearch.com/insights/3-trends-in-higher-education-faculty-development/？ i=higher-education.

就可以通过给需要帮助的教师找一位也处于教职中期的教师结对子，这种互惠的关系往往能够帮助教师解决一些复杂的问题。

兼职教师和未获终身聘任的教师是大学教师发展的新方向。越来越多的高等教育机构聘用兼职教师或未获终身聘任的教师进行教学以节省财政开支。大学教师发展应该支持任何一位教师的需求。大学教师发展机构可以举办兼职教师的导航或研讨会，学院的同事可以向兼职教师传授教学经验，讲解学院和学校的相关政策。

多元化的教师发展体系不仅是面向教职生涯全程的所有类型的教师，也要能满足教师多层次的需要。一直以来，大学教师发展工作的重点是放在与提高教师教学技能相关的教学发展和教育技术方面。[1] 教育信息化对大学教师发展工作的内容和方式产生深刻影响。新教师必须能够设计、提供在线教育课程。即使是老教师，除了要追踪本领域的前沿外，还要参与跨学科的研究。所有的教师都要不断学习、掌握新的教育技术，重新设计他们的课程和教法。

教学发展和教育技术是教师发展的重中之重，而教师的需求是多层次多方面的，处于同一教职生涯的教师，具体需求也可能大大不同。比如一般教师在从业七八年之后会有一个职业倦怠的高发期，大部分教师可以通过自我努力加以克服，而个别教师则需要组织力量来进行帮扶、缓解，因此，大学教师的个人发展和专业发展也应该受到足够的关注。现代学术职业也对大学教师的管理能力（如项目管理、财务管理、时间管理、冲突管理）和合作能力等提出较高要求，这都属于组织发展的内容。大学教师发展是大学教师的教学发展、专业发展、个体发展和组织发展的集合体。大学教师发展机构要建立起专业化的咨询体系以应对大学教师各种发展内容的需求。

---

[1]　Yvonne Steinert. Faculty Development in the New Millennium：Key Challenges and Future Directions. Medical Teacher，2000（1）：44.

参 考 文 献

1.[美] 安吉洛、克洛斯：《课堂评价技巧：大学教师手册》，唐艳芳译，浙江大学出版社 2006 年版。

2.陈奎喜：《现代教育社会学》，台湾师范大学书苑 1998 年版。

3.[日] 大冢雄作、南部广孝：《体制创新与人才培养》，《21 世纪的日本教育改革——中日学者的观点》，教育科学出版社 2009 年版。

4.[日] 吉田文：《我国 FD 发展的 10 年和今后的展开》，《FD 改变大学教育》，日本文叶社 2002 年版。

5.[美] 康斯坦斯·库克等：《提升大学教学能力——教学中心的作用》，陈劲、郑尧丽译，浙江大学出版社 2011 年版。

6.[日] 立命馆大学：《2013 年度新任教员对象 FD 项目指导手册》，立命馆大学教育开发推进中心 2013 年版。

7.林杰：《美国大学教师发展组织和项目》，山西教育出版社 2018 年版。

8.[日] 冲裕贵：*Ritsumeikan University Shadowing Program*，立命馆大学教学与学习中心 2013 年版。

9.[日] 山内正平：《日本的 FD——意义和局限性》，《学生与变化中的大学教育享受 FD》，日本ナカニシヤ出版社 2009 年版。

10.[日] 杉原真晃：《对 FD 交流平台进行评价：回顾 FD 交流平台—翼一年的互动》，《山形大学高等教育研究企划中心纪要》2009 年第 3 期。

11.[日] 寺崎昌男：《大学因历史思想而改变——FD·评价·私立大学》，日本东信堂 2006 年版。

12. ［日］ 松下佳代：《FD 交流平台形成的理念和方法——相互研修型 FD 与 SOTL》，《创建大学教育的交流平台迈向 FD 的明天》，日本东信堂 2011 年版。

13. ［日］ 田中每实：《Faulty Development 论——大学教育主体的相互形成》，《大学教育学》，日本培风馆 2003 年版。

14. ［日］ 田中每实：《日本 FD 的现在——为什么是相互研修型》，《创建大学教育的交流平台迈向 FD 的明天》，日本东信堂 2011 年版。

15. ［日］ 田口真奈：《谁该怎样推进 FD——专家同僚模型以及 2 个支援模型》，《创建大学教育的交流平台迈向 FD 的明天》，日本东信堂 2011 年版。

16. ［美］ 威尔伯特·麦肯齐等：《大学教学精要：高等院校教师的策略、研究和理论》，徐辉译，浙江大学出版社 2005 年版。

17. ［日］ 文部省教育白皮书：《1994 年我国的文化教育政策谋求新的理想的大学——前进中的高等教育改革》，1996 年版。

18. ［日］ 小田隆治：《通过 FD 交流平台促进教学改进及教育能力的提高》，《学生与变化中的大学教育享受 FD》，日本ナカニシヤ出版社 2009 年版。

19. ［日］ 有本章：《作为专业职位的大学教职员与（准）FD&SD 理论》，《高等教育概论》，密涅瓦书房 2005 年版。

20. ［美］ 詹姆斯·杜德斯达：《美国公立大学的未来》，刘济良译，北京大学出版社 2006 年版。

21. AECT Task Force：*The Definition of Educational Technology*，Washington，D.C.：Association for Educational Communications and Technology，1977.

22. Barbara Gross Davis：*Tools for Teaching*，San Francisco：Jossey-Bass，2009.

23. Carter V. Good，*Dictionary of Education*，New York：McGraw-Hill，1959.

24. Donald K.Jarvis：*Junior Faculty Development*：*A Handbook*，New York：The Modern Language Association of America，1991.

25. Douglas Mauger：*Small Group Instructional Feedback*：*A Student Perspective of its Impact on the Teaching and Learning Environment*，Portland：George Fox University，2010.

26. Eble，K. E.& McKeachie，W. J.：*Improving Undergraduate Education through Faculty Development*，San Francisco，CA：Jossey Bass，1985.

27. Ernest L. Boyer：*Scholarship Reconsidered：Priorities of the Professoriate*，Princeton，New Jersey：Princeton University Press，1990.

28. Farr Darling，Linda.：*Collective Improvisation in a Teacher Education Community*，Springer Netherlands，2007.

29. Frederick Rudolph：*The American College and University：A History*，New York：Vintage Books，1965.

30. Howard R. Bowen & Jack H. Schuster，*American Professors：A National Resource Imperiled*，Oxford University Press，1986.

31. Jack H. Schuster & Dan Wheeler，*Enhancing Faculty Careers：Strategies for Development and Renewal*，San Francisco：Jossey-Bass，1990.

32. James L. Pence，*Understanding Faculty Development*，Denver Colorado Academic Library Committee，1992.

33. Jerry G. Gaff：*Toward Faculty Renewal：Advances in Faculty，Instructional，and Organizational Development*，San Francisco：Jossey-Bass，1975.

34. Jeffrey W. Alstete：*Post Tenure Faculty Development：Building a System of Faculty Improvement and Appreciation*，San Francisco：Jossey-Bass，2000.

35. John A. Centra：*Faculty Development Practices in U.S. Colleges and Universities*，Pr-76-30. Princeton，N.J.：Educational Testing Service，1976.

36. John A. Centra：*Reflective Faculty Evaluation：Enhancing Teaching and Determining Faculty Effectiveness*，San Franeisco：Jossey-Bass，1993.

37. John C. Smart：*Higher Education：Handbook of Theory and Research*，Vol.19，Springer Netherlands，2004.

38. Joseph Katz & Mildred Henry：*Turning Professors into Teachers：A New Approach to Faculty Development and Student Learning*，New York：American Council on Education，1988.

39. Joyce P. Lunde & Madelyn Healy：*Doing Faculty Development by Committee.*

Stillwater, *OK*: *Professional and Organizational Development Network in Higher Education*, New Forums Press, Inc., 1991.

40. Kenneth Eugene Eble. & Wilbert James McKeachie, *Improving Undergraduate Education Through Faculty Development*: *An Analysis of Effective Programs and Practices*, San Francisco: Jossey-Bass, 1985.

41. Kenneth J. Zahorski: *The Sabbatical Mentor*, Bolton MA: Anker Publishing, 1994.

42. Laurent A. Daloz: *Effective Teaching and Mentoring*: *Realizing the Transformational Power of Adult Learning Experiences*, San Francisco: Jossey-Bass, 1986.

43. Lawrence T. Alexander & Stephen L. Yelon: *Instructional Development Agencies in Higher Education*, ESSO Education Foundation, New York, N.Y., 1972.

44. Maryellen Weimer: *Improving College Teaching*, San Francisco: Jossey-Bass Publishers, 1991.

45. National Education Association: *Faculty Development in Higher Education*: *Enhancing a National Resource*, Washington, DC, 1992.

46. Thomas G. Cummings & Christopher G. Worley: *Organization Development and Change*, South-Western College Publishing, 2005.

47. Walter C. Eells & Ernest V. Hollis, *Sabbatical Leave in American Higher Education. Washington*, DC.US Office of Education Bulletin 17, 1962.

48. Whitney Mcgowan: *Faculty and Student Perceptions of the Effects of Mid-course Evaluations on Learning and Teaching*, Provo: Brigham Young University, 2009.

49. William H.Bergquist& Steven R.Phillips: *A Handbook for Faculty Development*, Washington, D.C.: Council of Independent Colleges, 1975.

【文章类】

1. 别敦荣、李家新、韦莉娜：《大学教学文化：概念、模式与创新》，《高等教育研究》2015 年第 1 期。

2. 蔡敏：《欧洲大学内部质量保障体系的建构与评价》，《比较教育研究》2012 年第 1 期。

3. 冯明、尹明鑫：《胜任力模型构建方法综述》，《科技管理研究》2007 年第 9 期。

4. [美] 亨利·莱文、徐则宇：《中国高等教育扩展中的问题及探讨》，美国哥伦比亚大学教育学院中国教育研究中心，2003 年。

5. 黄雅蓉：《大学教师的挑战与发展》，《教育研究月刊》2002 年第 12 期。

6. 蒋妍、林杰：《日本大学教师发展的理念和实践：京都大学的个案》，《北京大学教育评论》2011 年第 3 期。

7. [日] 绢川正吉：《FD 的动态》，《大学教育学会志》2007 年第 1 期。

8. 林杰：《美国大学教师发展运动的历程、理论与组织》，《比较教育研究》2006 年第 12 期。

9. 林杰：《美国大学教师发展的组织化历程及机构》，《清华大学教育研究》2010 年第 2 期。

10. 林杰、李玲：《美国大学教师教学发展的背景与实践》，《中国大学教学》2007 年第 9 期。

11. 林杰：《致力于大学教师与教学的发展——高等教育专业和组织发展网络的构建》，《大学》（学术版）2009 年第 11 期。

12. 林杰、魏红：《大学教师发展的国际趋势》，《高校教育管理》2016 年第 1 期。

13. [日] 马越彻：《欧洲大学教学法研究的动向》，IDE，1982 年 8 月。

14. 彭豪祥：《有效教学反馈的主要特征》，《中国教育学刊》2009 年第 4 期。

15. 孟凡丽：《日本促进大学教师专业发展的 FD 制度及其启示》，《高等教育研究》2007 年第 3 期。

16. 秦国柱：《课堂教学评估：学生有话要说》，《大学》（学术版）2011 年第

5 期。

17. 邱于真、李文瑜、陈玟伶：《Dr. Wilkinson 谈哈佛大学教学中心的发展方向与策略》，《台湾大学教学发展中心电子报》2007 年 12 月 31 日。

18. 任玥：《一流的大学教师为何离去——美国印第安纳大学特色退休制度的兴弃及反拨效应》，《现代大学教育》2018 年第 2 期。

19. 宋文红、邹卫宁：《英国高校教师专业发展的经验和启示——以牛津布鲁克斯大学教职员和学习发展中心为例》，《青岛科学大学学报》2013 年第 2 期。

20. [日] 杉原真晃：《学生参与型课堂中的教授——学习过程的分析从学生挫折的视角》，《支援学生学习的大学教育》，日本东信堂 2004 年版。

21. [日] 田口真奈：《FD 推进机关的两大职能》，《媒体教育研究》2008 年第 1 期。

22. [日] 田口真奈等：《怎样培养未来的大学教师——以京都大学文学研究生院 Pre-FD 项目实践为例》，《京都大学高等教育研究》2010 年第 16 期。

23. [日] 天野郁夫：《国立大学的法人化——现状与课题》，*Research Institute for Higher Education* 2006 年第 88 期。

24. [日] 松下佳代：《课题研究"FD 的动态"的方法与展望》，《大学教育学会志》2007 年第 1 期。

25. [日] 小松亲次郎：《围绕"地区社会与大学"有关的振兴政策》，《大学教育学会志》2010 年第 2 期。

26. 王春玲、高益民：《美国高校教师发展的兴起及组织化》，《比较教育研究》2006 年第 9 期。

27. 王炜：《标准的尴尬与现实的焦虑：现行大学教师课堂教学评价的省思》，《浙江师范大学学报》2007 年第 3 期。

28. 王曦影、吕道昱：《个体与家庭的选择：京津中年女性专业人员的退休准备》，《华东理工大学学报》（社会科学版）2018 年第 1 期。

29. 魏红、赵彬：《我国高校教师发展中心的现状分析与未来展望——基于 69 所高校教师发展中心工作报告文本的研究》，《中国高教研究》2017 年第 7 期。

30. 徐海伟：《美国退休准备教育对高校临退休人员管理的启示》，《湖北开放职业学院学报》2019 年第 9 期。

31. 阎光才：《年长教师：不良资产还是被闲置的资源》，《北京大学教育评论》2015 年第 2 期。

32. 于开莲：《发展性评价与相关评价概念辨析》，《当代教育论坛》2007 年第 3 期。

33. 张旺、孟婷婷：《美国高校教师养老金制度》，《复旦教育论坛》2012 年第 5 期。

34. 张旺、饶敏：《美国高校教师逐步退休政策》，《比较教育研究》2013 年第 1 期。

35. 张志桢、乌美娜：《1988—1995 年美国教育技术的状况与分析》，《开放教育研究》1998 年第 3 期。

36. Alan McCord& Marija Franetovic：*Supporting Organization Development by Linking Systems Implementation and Faculty Orientation*，TCC 2014 Proceedings，2014.

37. American Educational Research Association，*The Center for Research on Learning and Teaching*，Educational Researcher，No.4，2000.

38. Angela R. Linse & Denice D. Denton & Robin Adams.，"Making Assessment Projects Sustainable：Using Mid-term Class Interviews to Gather Student Feedback in an International Research and Design Course"，*Frontiers in Education Conference*，2002.

39. Ann E. Austin，"Research and Current Trends in Faculty and Organizational Development"，*Theory*，*Practice and Implications*：*Professional and Organizational Development for Chinese Higher Education in the Global Context*，July 13-16，2009.

40. Ann E. Austin& Mary Deane Sorcinelli，"The Future of Faculty Development：Where Are We Going"，*New Directions for Teaching and Learning*，No.133，2013.

41. Baldwin，Roger G & Blackburn，Robert，"The Academic Career as a Developmental Process：Implications for Higher Education"，*The Journal of Higher Education*，No.6，1981.

42. Bennett, H.G.& Scroggs S., "Sabbatical Leave", *The Journal of Higher Education*, No.3, 1932.

43. Bernstein D. J., Jonson J., Smith K., "An Examination of the Implementation of Peer Review of Teaching", *New Directions for Teaching and Learning*, No.83, 2000.

44. Beverly Black, "Using the SGID Method for a Variety of Purposes", *To Improve the Acadmy*, 1998.

45. Camblinj R. Lanthand&Steger Josepha, "Rethinking Faculty Development", *Higher Education*, No.39, 2000.

46. Carl H. Boening & Michael T. Miller, "Research and Literature on the Sabbatical Leave: A Review", *Information Analyses*, 1997.

47. Carol A. Paul, "The Relationship of Institutional Planning and Institutional Research to Faculty Development", *To Improve the Academy*, No.38, 1983.

48. Carolin S. Keutzer. "MidtermEvaluation of Teaching Provides Helpful Feedback to Instructors", *Teaching of Psychology*, No.4, 1993.

49. Charles J. Anderson & Frank J. Atelsek, *Sabbatical and Research Leaves in Collegesand Universities*, Washington, DC: American Council on Education, 1982.

50. Charles Louis Bassano, "SabbaticalLeave for Teachers", *PAR Analysis*, Number 211. 1976-01-00.

51. Cheryl A. Wright &Scott D. Wright, "The Role of Mentors in Career Development of Young Professionals", *Family Relations*, No.2, 1987.

52. Chris Phillipsona1, "Pre-Retirement Education: The British and American Experience", *Ageing and Society*, No.3, 1981.

53. Christine A. Stanley, "Mathew L. Ouellett. On the Path: POD as a Multicultural Organization", *To Improve the Academy*, No.18, 2000.

54. Christine A. Stanley, "The Faculty Development Portfolio: A Framework for Documenting the Professional Development of Faculty Developers", *Innovative*

Higher Education，No.1，2001.

55. Celina M. Sima，"The Role and Benefits of the Sabbatical Leave in Faculty Development and Satisfaction"，*New Directions for Institutional Research*，No.27，2000.

56. Clinton J. Wallington，"Generic Skills of an Instructional Developer"，*Journal of Instructional Development*，No.4，1981.

57. Constance Ewing&Mary Deane Sorcinelli，"The Value of a Teaching Center"，*Chronicle of Higher Education*，April 26，2002.

58. D. Christopher Brooks & Lauren Marsh &，Kimerly J. Wilcox et al.，"Beyond Satisfaction：Toward an Outcomes-Based，Procedural Model of Faculty Development Program Evaluation"，*Journal of Faculty Development*，No.3，2011.

59. Dannielle J. Davis&Patricia Boyer& Isela Russell，"Mentoring Postsecondary Tenure-track Faculty：A Theory-Building Case Study and Implications for Institutional Policy"，*Administrative Issues Journal*，No.1，2016.

60. David B. Whitcomb & Susanne W. Whitcomb，"Organizational Development Approaches to Faculty Development"，*California Journal of Teacher Education*，No.4，1977.

61. David M. Irby，"Models of Faculty Development for Problem-based Learning"，*Advances in Health Sciences Education*，No.1，1996.

62. Diane M. Hamilton，et al.，"The Effects of Using In-class Focus Groups on Student Course Evaluations"，*Journal of Education for Business*，No.3，2002.

63. David W. Leslie & Natasha Janson，"Easing the Exit，An Aging Professoriate Likes Options"，*Change：The Magazine of Higher Learning*，No.6，2005.

64. Elaine Becker & Johanna Schaffner，*Faculty Mentoring Program：Pittsburgh Technical Institute*. Faculty Development Center，1999.

65. Ellen E. Fagenson，"The Mentor Advantage：Perceived Career/job Experiences of Protégés Versus Non-protégés"，*Journal of Organizational Behavior*，

No.4，1989.

66. Eileen Hornsey，"Health Education in Pre-retirement Education-a Question of Relevance"，*Health Education Journal*，No.4，1982.

67. Eugene H. Jabker& Ronald S. Halinski，"Instructional Development and Faculty Rewards"，*The Journal of Higher Education*，No.4，1978.

68. Felix Kwan，"Formative Assessment：the One-minute Paper vs. the Daily Quiz"，*Journal of Instructional Pedagogies*，No.1，2011.

69. Frederick H. Gaige，"Long-Range Planning and Faculty Development"，*To Improve the Academy*，No.33，1983.

70. G. Roger Sell&Nancy V. Chism，"Finding the Right Match：Staffing Faculty Development Centers"，*To Improve the Academy*，No.10，1991.

71. Gayle A. Brazeau & Jeanne H.Van Tyle，"Sabbaticals：The Key to Sharpening our Professional Skills as Educators. Scientists，and Clinicians"，*American Journal of Pharmaceutical Education*，2006.

72. Gerie B. Bledsoe，"The Local Association：Supporting Faculty"，*The NEA Higher Education Journal*，No.12，1993.

73. Greg Light & Susanna Calkins & Melissa Luna et al.，"Assessing the Impact of a Year Long Faculty Development Program on Faculty Approaches to Teaching"，*International Journal of Teaching and Learning in Higher Education*，No.2，2009.

74. Haim H. Gaziel，"Sabbatical Leave，Job Burnout and Turnover Intentions Among Teachers"，*International Journal of Lifelong Education*，No.4，1995.

75. Harris，A. Ann.，"The Role Exit Process of Community College Faculty：A Study of Faculty Retirements"，*Humanities and Social Sciences*，No.12，2002.

76. Heather L. Schultz：*The Journey Toward Teacher Retirement TheExperiences，Emotions，and Challenges that Teachers Encounter When Retiring From the Education Sector and the Implications for Educational Leaders During the Retirement Stages*，Loyola University，2016.

77. I. Leonard Stright，"Sabbatical Leave：A Critique"，*The Journal of Higher*

Education，No.7，1964.

78. James Pounder，"Is Student Evaluation of Teaching Worthwhile? An Analytical Framework for Answering the Question"，*Quality Assurance in Education*，No.2，1993.

79. Jeanette McDonald&Denise Stockley，"Pathways to the Profession of Educational Development：An International Perspective"，*International Journal for Academic Development*，No.3，2008.

80. Jerry G. Gaff & Ronaid D. Simpson，"FacultyDevelopment in the United States"，*Innovative Higher Education*，Vol. 18，Issue 3，1994.

81. Jiska Cohen-Mansfield & Irit Regev，"Retirement Preparation Programs：An Examination of Retirement Perceptions，Self-Mastery，and Well-Being"，*Research on Social Work Practice*，No.4，2018.

82. Joanna Walker，"Is There A Future for Retirement Education"，*Employee Counselling Today*，No.4，1990.

83. John A. Centra，"Types of Faculty Development Programs"，*The Journal of Higher Education*，No.2，1978.

84. John F. Chizmar &Anthony L. Ostrosky，"The One-minute Paper：Some Empirical Findings"，*Journal of Economic Education*，No.1，1998.

85. John Kucsera & Marilla Svinicki，"Rigorous Evaluations of Faculty Development Programs"，*Journal of Faculty Development*，No.2，2010.

86. Joseph W. Fordyce，"Faculty Development in American Community Junior"，*Peabody Journal of Education*，No.4，1971.

87. Juanita Johnson-Bailey& Ronald M. Cervero，"Mentoring in Black and White：The Intricacies of Cross-Cultural Mentoring"，*Mentoring and Tutoring*，No.1，2004.

88. Judy A.Horton& Suzanne S Hintz，，"The New Faculty Orientation and Mentoring Program：A Strategic Approach"，*Northern Virginia Community College*，2002.

89. Judith Levinson-Rose & Robert J. Menges，"Improving College Teaching：A Critical Review of Research"，*Review of Educational Research*，No.51，1981.

90. Judson Faurer，Cynthia Sutton，Larry Worster，"Faculty Mentoring：Shaping A Program"，*Contemporary Issues In Education Research*，No.7，2014.

91. Kang Bai&Michael T. Miller&Richard ENewman，"Sabbatical Assessment Measures：Evaluating Faculty Leave Programs"，*Journal of Staff Program & Organization Development*，No.1，2000.

92. Karron G. Lewis，"Gathering Data for Improvement of Teaching：What Do I Need And How Do I Get It"，*New Directions for Teaching and Learning*，No.48，1991.

93. Karron G. Lewis，"Making Sense of Student Written Comments"，*New Directions for Teaching and Learning*，No.87，2001.

94. Kathleen McKinney& Pat Jarvis，"Beyond Lines on the CV：Faculty Applications of Their Scholarship of Teaching and Learning Research"，*International Journal for the Scholarship of Teaching and Learning*，No.1，2009.

95. Kathy E. Kram,，"Phases of the Mentor Relationship"，*Academy of Management Journal*，No.4，1983.

96. Kimberly Buch& Yvette Huet& Audrey Rorrer and Lynn Roberson，"Removing the Barriers to Full Professor：A Mentoring Program for Associate Professors"，*Change*，No.6，2011.

97. L. Dee Fink，"Innovative Ways of Assessing Faculty Development"，*New Directions for Teaching & Learning*，No.133，2013.

98. Lanthan D.，Camblin JRJr.，& Joseph A. Steger，"Rethinking Faculty Development"，*Higher Education*，Vol. 39，2000.

99. Laurie L. Grupp，"Faculty Developer as Change Agent：A Conceptual Model for Small Institutions and Beyond"，*Journal on Centers for Teaching and Learning*，No.6，2014.

100. Linda C. Tillman，"Mentoring African Faculty in Predominantly White

Institutions", *Research in Higher Education*, No.42, 2001.

101. Lorraine T. Dorfman, "Emeritus Professors: Correlates of Professional Activity in Retirement II", *Research in Higher Education*, No.1, 1985.

102. Lozier, G. Gregory & Dooris, Michael J.: *Faculty Retirement Projections Beyond 1994: Effects of Policy on Individual Choice*, WICHE Publications, 1991.

103. Mara H. Wasburn, Joseph M.LaLopa, "Mentoring Faculty For Success: Recommendations Based on Evaluations of a Program", *Planning and Changing*, No.3, 2003.

104. Marcia Barinaga, "Early Retirement Program Cuts Deep into UC Faculties", *Science*, No.5162, 1994.

105. Margie K. Kitano & Bernard J. Dodge & Patrick J. Harrison et al., "Faculty Development in Technology Applications to University Instruction: An Evaluation", *To Improve the Academy*, No.17, 1998.

106. Marie A. Wunsch, "From Faculty Developer to Faculty Development Director: Shifting Perspectives and Strategies", *To Improve the Academy*, No.12, 1993.

107. Marie A. Wunsch & Linda K. Johnsrud, "Breaking Barriers: Mentoring Junior FacultyWomen for Professional Development and Retention", *To Improve the Academy*, No.11, 1992.

108. Mary D. Sorcinelli, "Ten Principles of Good Practice in Creating and Sustaining Teaching and Learning Centers", In K. H. Gillespie, L. R. Hilsen, & E. C. Wadsworth (Eds.), *A Guide to Faculty Development: Practical Advice, Examples, and Resources*, Boston: Anker, 2002.

109. Matthew Kaplan, Constance E. Cook & Jeffrey Steiger, "Using Theatre to Stage Instructional and Organizational Transformation", *Change*, No.3, 2006.

110. Michael W. Galbraith, "Mentoring Development for Community College Faculty", *The Michigan CommunityCollege Journal*, 2001.

111. Nancy DuBetz & Steve Turley, "Mentoring in Higher Education: A Self

Study of Faculty Socialization", *Networks*, No.1, 2001.

112. Nancy V. Chism: *A Professional Priority*: *Preparing Future Developers*, Paper presented at the 32nd Annual Meeting of the Professional and Organizational Development Network in Higher Education (POD), Oct.2007.

113. Natalie B. Milman, "The Mid-term Tune-up: Getting Student Feedback Before It Is Too Late", *Distance Learning*, No.3, 2006.

114. Quirk M. E., Dewitt T., Lasser D., et al., "Evaluation of Primary Care Futures: A Faculty Development Program for Community Health Center Preceptors", *Academic Medicine*, No.6, 1998.

115. Ralph E. Heiges, "On Sabbatical Leave", *Peabody Journal of Education*, No.1, 1954.

116. Richard A. Yanikoski, "Review ofToward Faculty Renewal", *The School Review*, Vol.85, No.4. 1977.

117. Robert J. Menges, "The Real World of Teaching Improvement: A Faculty Perspective", *New Directions for Teaching and Learning*, No.48, 1991.

118. Robert M. Diamond, "Instructional Development: One Biased View (Problems, Issues, and the Future)", *Educational Technology*, No.2, 1980.

119. Roberta G. Sands, L. Alayne Parson & Josann Duane, "Faculty Mentoring Faculty in a Public University", *The Journal of Higher Education*, No.2, 1991.

120. Ronald A. Berk, et al., "Measuring the Effectiveness of Faculty Mentoring Relationships", *Academic Medicine*, No.1, 2005.

121. Ronald G. Ehrenberg, "Career's End: A Survey of Faculty Retirement Policies", *Academe*, No.4, 2001.

122. Sharan B. Merriam, Thomas K. Thomas, Catherine P. Zeph, "Mentoring in Higher Education: What We Know Now", *The Review of Higher Education*, No.11, 1987.

123. Sharon K. Gibson, "Mentoring in Business and Industry: The Need for a Phenomenological Perspective", *Mentoring and Tutoring*, No.2, 2004.

124. Sheelagh C.Booth&Higbee C. Eliot，*A Comparative Study of Sabbatical Leave Practices in Selected Commonwealth and U.S. Universities*，Paper No. OIR-30. 1974-02-00.

125. Shirley M. Clark，Mary Corcoran& Darrell R. Lewis，"The Case for an Institutional Perspective on Faculty Development"，*Journal of Higher Education*，No.2，1986.

126. Simon P. Albon，Isabeau Iqbal& Marion L. Pearson，"Strategic Planning in an Educational Development Centre：Motivation，Management，and Messiness"，*Collected Essays on Learning & Teaching*，No.9，2016.

127. Stephen P. Bogdewic & Elizabeth G. Baxley & P. K. Jamison，"Leadership and Organizational Skills in Academic Medicine"，*Family Medicine*，No.4，1997.

128. Steven R. Phillips，"What is Faculty Development"，*Association of Departments of English 049 Bulletin*，1976.

129. Soheir B. El-dinl，Gehan R. Mohamed & Manal H. Abo El Maged，"Pre-retirement Education Program for Faculty of Nursing Employees in El-Minia University"，*Journal of American Science*，No.2. 2012.

130. Susan R. Hines，"Investigating Faculty Development Program Assessment Practices：What's Being Done and How Can It Be Improved"，*Journal of Faculty Development*，No.3，2009.

131. Susan Wilcox，"Becoming a Faculty Developer"，*New Directions for Adult & Continuing Education*，2003.

132. Therese Huston & Carol L. Weaver，"Peer Coaching：Professional Development for Experienced Faculty"，*Innovative Higher Education*，No.2，2007.

133. Valerie J. Shute，"Focus on Formative Feedback"，*Review of Educational Research*，No.1，2008.

134. Veronica Diaz，PB Garrett & Ed Kinley et al.，"Faculty Development for the 21st Century"，*Educause Review*，No.3，2009.

135. Vesna Ostertag："Part Time Faculty Staff development Model for the

Nineteen", *Enhancing the Quality of Teaching in Postsecondary Institutions*: *Challenges for the 90's*, Charleston, SC, February, 1991.

136. Victoria J. Marsick & Karen E. Watkins, "Informal And Incidental Learning", *New Directions for Adult and Continuing Education*, No.89, 2001.

137. W. Alan Wright&Judith Miller, "The Educational Developer's Portfolio", *The International Journal for Academic Development*, No.5, 2000.

138. W. James Popham, "Higher Education Commitment to Instructional ImprovementPrograms", *Educational Researcher*, No.3, 1974.

139. William H. Bergquist & Steven R. Phillips, "Components of an Effective Faculty Development Program", *The Journal of Higher Education*, No.2, 1975.

140. Yvonne Steinert, "Faculty Development in the New Millennium: Key Challenges and Future Directions", *Medical Teacher*, No.1, 2000.

【网址类】

1. 北京师范大学教师发展简报，2019-06-10，http：//fd.bnu.edu.cn/docs/20171 009163216812865.pdf.

2. 北京大学教师教学发展中心，2019-10-25，http：//cetl.pku.edu.cn/peking/cetl/ view1/index.jsp.

3. 东吴大学教学资源中心教学评鉴研究组：教学回馈评量，2011-2-19，http：//webbuilder.scu.edu.tw/builder/web_page.php？web=214&pid=1851.

4. 辅仁大学教师发展与教学资源中心，2011-02-11，http：//www.teachers.fju. edu.tw/index.php？option=com_content&task=category&sectionid=6&id=18&Itemid= 117.

5. 联合国.老龄化，2018-12-05，http：//www.un.org/zh/sections/issues-depth/ ageing/index.html.

6. 清华大学老龄社会研究中心.建设背景，2018-11-01，http：//www.cas. tsinghua.edu.cn/overview/.

7. 全国老龄工作委员会办公室：《延迟退休：若干年后的选择》，2014-07-

09，http：//www.cncaprc.gov.cn/contents/16/10496.html.

8. 日本立命馆大学教育开发推进机构，2010-10-23，http：//www.ritsumei.
ac.jp/acd/ac/itl/outline/outline_mechanism.html#fd.

9. 日本法政大学教育开发支援机构 FD 中心，2010-09-12，http：//www.hosei.
ac.jp/kyoiku/fd/index.html.

10. 双语词汇、学术名词暨辞书信息网.退休准备课程（美国），2018-11-14,
http：//terms.naer.edu.tw/detail/1308832/.

11. 厦门大学离退休工作部廖玲：美国特拉华大学老年教育之考察与借鉴，
2014-05-14，http：//www.xmlndx.cn/news_201508040002_3040002.html.

12. AAUP，Statement of Principles onAcademic Retirement and Insurance
Plans，2018-12-01，https：//www.aaup.org/report/statement-principles-academic-
retirement-and-insurance-plans.

13. AAUP：Survey of Changes in Faculty Retirement Policies 2007，2018-09-
21，https：//www.aaup.org/sites/default/files/2007 Retirement Survey Report pdf.

14. Amber Casolari，Significant Changes in Faculty Development Since the Late
1960s，January 27，2009，http：//www.rcc.edu/administration/board/2008-2009/
january2009/committees/VI-A-6_backup1.pdf.

15. Bruce Kelley，Center for Teaching and Learning AY15 Annual Report，
2019-08-07，https：//www.usd.edu/-/media/files/ctl/ay15-annual-report-ctl.ashx?
la=en.

16. BYU Center for Teaching and Learning. Students Consulting on Teaching
（SCOT），2013-01-05，http：//ctl.byu.edu/scot.

17. CELT. For Grad Students & Postdocs Graduate Students and Postdoctoral
Associates，2015-4-2，http：//www.celt.iastate.edu/grad-students-postdocs/.

18. Chris Phillipson，Pre-retirement education：origins and destinations，2018-
11-15，http：//www.leeds.ac.uk/educol/documents/00002628.htm.

19. CII.Recognition of Prior Learning，2015-4-22，http：//www.cii.co.uk/about/
accreditation-services/accreditation-schemes-for-individuals/recognition-of-prior-

learning/.

20. CRLT. About CRLT, 2013-09-13, http：//www.crlt.umich.edu/aboutcrlt/aboutcrlt.

21. CRLT Annual Report 2013-2014, University of Michigan, 2014-10-12, http：//www.crlt.umich.edu/sites/default/files/resource_files/2013-2014-12-20-14.pdf.

22. CRLT. Center for Research on Learning& Teaching 2017-2018 Annual Report, 2019-06-10, http：//crlt.umich.edu/sites/default/files/AnnualReport_CRLT_2017-2018.pdf.

23. CRLT.Collecting Data about Student Learning, 2013-12-11, http：//www.crlt.umich.edu/assessment-evaluation/collecting-assessment-data.

24. CRLT.Course Planning, 2014-09-10, http：//www.crlt.umich.edu/node/5783.

25. CRLT, LSA Quantitative Reasoning Assessment, 2019-07-24, http：//www.crlt.umich.edu/assessment/lsaqrassessment.

26. CRLT.Midterm Student Feedback, 2013-10-10, http：//www.crlt.umich.edu/node/57832.

27. CRLT.Mission Statement, 2013-10-14, http：//www.crlt.umich.edu/aboutcrlt/mission.

28. CELT. On-Line Course Evaluation, 2014-08-11, http：//www.celt.iastate.edu/pdfs-docs/classclimate/research/2008_NJTI_online-student-evaluation-supportingmaterial-2008-10-13.pdf.

29. CRLT. Promoting Excellence and Innovation in Teaching and Learning at U-M. University of Michigan l CRLT Annual Report 2007-2008, 2010-01-21, http：//www.crlt.umich.edu/index.php.

30. CRLT Staff Directory, 2014-06-14, http：//www.crlt.umich.edu/about-crlt/staff-directory

31. CRLT, Teaching Close Reading Skills in a Large Lecture Course, 2019-07-02, http：//crlt.umich.edu/sites/default/files/resource_files/Close_Reading_FINAL.pdf.

32. CSU.Mission Statement of the Institute for Teaching and Learning，2015-04-23，http：//www.calstate.edu/itl/.

33. External Colleges，Universitiesnd Organizations Served for 2006-2007，2008-10-11，http：//www.crlt.umich.edu/aboutcrlt/AnnualReport07.

34. Hanover Researach.Three Trends in Higher Education Faculty Development，2015-4-23，http：//www.hanoverresearch.com/insights/3-trends-in-higher-education-faculty-development/? i=higher-education.

35. Julie Libarkin，Concept Inventories in Higher Education Science，2019-08-07，http：//sites.nationalacademies.org/cs/groups/dbassesite/documents/webpage/dbasse_072624.pdf.

36. MC. Benefits Office，2018-11-21，https：//hr.umich.edu/about-uhr/service-areas-offices/benefits-office.

37. MC.Emeritus Policy，2018-11-06，http：//www.middlebury.edu/academics/administration/retirees/emeritus.

38. MC.Human Resources Staff Members，2019-11-13，http：//www.middlebury.edu/offices/business/hr/contact/hrstaff.

39. MC. Leaving Middlebury-Retirement，2019-11-10，http：//www.middlebury.edu/offices/business/hr/staffandfaculty/leaving-midd-retirement.

40. MC. Retirement Education，2018-11-22，https：//hr.umich.edu/benefits-wellness/retiring-u-m/planning-retirement/retirement-savings-counseling/retirement-education.

41. MC. Retirement Planning，2019-11-10，http：//www.middlebury.edu/academics/administration/retimrees.

42. MSU Faculty Mentoring Policy，2018-10-05，https：//www.hr.msu.edu/policies-procedures/faculty-academic-staff/faculty-handbook/mentoring_policy.html.

43. NSU Sabbatical Leave Overview and History，www.nova.edu/cwis/vpaa/forms/sabbatical.pdf，2005，p.7.

44. POD. What is Educational Development，2017-6-17，https：//podnetwork.

org/about-us/what-is-educational-development/.

45. Professional and Organizational Development in Academia，2016-11-28，http：//www.kardiagroup.com/node/65.

46. Richard J. Torraco，Richard E. Hoover & Sheri A. Knippelmeyer，Organization Development and Change in Universities，2016-9-18，https：//pdfs.semanticscholar.org/f6ce/beec4b13c9c8e52d98643ad3cb27ed4402fd.pdf.

47. Sloan Goes Online，2014-7-7，https：//www.insidehighered.com/news/2014/07/07/sloan-consortium-renames-itself-online-learning-consortium.

48. Stanford. Educated Choices：Meet the University HR Service Team，2015-02-24，https：//cardinalatwork.stanford.edu/engage/news/educated-choices-meet-university-hr-service-team.

49. Stanford.Envisioning Your Retirement，2019-11-09，https：//bewell.stanford.edu/envisioning-your-retirement/.

50. Stanford.Faculty Retiremen，2018-11-24，https：//facultyaffairs.stanford.edu/faculty-retirement.

51. Stanford. Retiree Status & Privileges，2018-11-24，https：//cardinalatwork.stanford.edu/benefits-rewards/retirement/prepare-retire/faculty-retirement-checklist/retiree-status-privileges.

52. Stanford.The Faculty Retirement Incentive Program，2018-11-10，https：//facultyaffairs.stanford.edu/sites/g/files/sbiybj9981/f/frip_program_statement.pdf.

53. Stanford. Your Health Care Benefits in Retirement，2019-11-10，https：//cardinalatwork.stanford.edu/benefits-rewards/health/retirees/workshop.

54. The Teaching Assistant's Role，2014-05-15，https：//teachingcommons.stanford.edu/grad-support/grad-teaching-development/teaching-assistant%e2%80%99s-role.

55. U-M. Individual Retirement Benefits Q&A Sessions，2018-11-21，https：//hr.umich.edu/benefits-wellness/retiring-u-m/planning-retirement/individual-retirement-benefits-qa-sessions.

56. U-M. Retirement Classes，2018-11-21，https：//hr.umich.edu/benefits-wellness/retiring-u-m/planning-retirement/retirement-classes.

57. U-M. Retirement Savings Counseling，2018-11-22，https：//hr.umich.edu/benefits-wellness/retiring-u-m/planning-retirement/retirement-savings-counseling.

58. U-M. Social Security and Medicare Education，2018-11-22，https：//hr.umich.edu/benefits-wellness/retiring-u-m/planning-retirement/social-security-medicare-education.

59. U-M. The University of Michigan Staff Development Philosophy，2018-11-22，https：//hr.umich.edu/about-uhr/staff-development-philosophy.

60. U-M. Volunteer and Enrichment Opportunities for Retirees，2018-11-22，https：//hr.umich.edu/benefits-wellness/retiring-u-m/planning-retirement/volunteer-enrichment-opportunities-retirees.

61. UMass Amherst.The Office of Faculty Development（OFD）at the University of Massachusetts Amherst，2009-09-12，http：//www.umass.edu/ofd/index.html.

62. Videotaping Your Class，2014-08-12，http：//isites.harvard.edu/icb/icb.do?keyword=k1985&pageid=icb.page29687.

后　记

　　2003 年，我博士毕业后进入北京师范大学教育学院工作。像所有年轻教师一样，我在职业生涯初期面临的一个关键问题是未来的专业定向。正当我为此困惑不解时，时任高等教育研究所所长刘慧珍老师点醒我："高等教育有三个主体，大学组织、大学教师和学生。我们做高等教育研究，只要抓住这三个主体就不会错。"于是，我就选择了大学组织理论和大学教师发展作为两个主攻方向。当时，国内针对大学教师发展的研究还刚刚起步。我和我的学生选择最早开展大学教师发展工作的美国为研究对象，从最基础的译介开始做起，陆续发表了几篇论文。

　　近十年来，我国高等教育国际化的外部压力，以及高校教师队伍结构与规模的变化对高校教师的质量与水平提出越来越高的要求，大学教师发展工作日益受到重视。2012 年，以 30 所国家级教师教学发展示范中心的创建为契机，越来越多的高校把大学教师发展作为一项组织使命，设立专门的大学教师发展机构。北师大教师发展中心作为 30 所国家级示范中心之一，借助北师大教育学心理学等优势学科资源，使得本校的教师发展工作一开始就处于高起点。自北师大教师发展中心建立起，我有幸被中心主任张斌贤老师、李芒老师、魏红老师聘为兼职专家，得以参与中心的一些项目与活动，从同行老师和年轻教师那里受益良多，也促使我思考大学教师发展理论与实践相结合的问题。

　　2013 年，我结束了援藏工作，回到我的新单位——北师大国际与比较教育研究院。此时，国内大学教师发展的研究已成为热点与重点领域。虽然，大学教师发展已不再是我研究的主要方向，但我还是立足于比较教育的学科视角，独立或合作，陆续做了一些具体问题的研究。书中一些内容系合作，这些章节在文中做了标注。在此，特别感谢李玲、蒋妍、邢俊、张曼、晁亚群！

感谢北师大国际与比较教育研究院刘宝存院长的不断敦促！使我有机会将工作以来关于大学教师发展这一研究领域的成果进行了整理与补充。感谢教育部高校师资培训与交流北京中心主任李俊杰老师的激励与启发！感谢北师大教育学部的出版资助！也感谢人民出版社责任编辑，他们的努力使本书最终得以付梓。

林　杰

2020 年 7 月 2 日

责任编辑：郭星儿

封面设计：源　源

图书在版编目（CIP）数据

大学教师发展的理论与实践：以美国、日本为例/林杰 等著. —北京：
　人民出版社，2020.12（2022.1 重印）
ISBN 978-7-01-022484-8

Ⅰ.①大… Ⅱ.①林… Ⅲ.①高等学校-师资培养-研究 Ⅳ.①G645.12

中国版本图书馆 CIP 数据核字（2020）第 176193 号

大学教师发展的理论与实践

DAXUE JIAOSHI FAZHAN DE LILUN YU SHIJIAN

——以美国、日本为例

林　杰　等著

人民出版社 出版发行

（100706　北京市东城区隆福寺街 99 号）

北京兴星伟业印刷有限公司印刷　新华书店经销

2020 年 12 月第 1 版　2022 年 1 月第 2 次印刷

开本：710 毫米×1000 毫米 1/16　印张：18　字数：265 千字

ISBN 978-7-01-022484-8　定价：54.00 元

邮购地址 100706　北京市东城区隆福寺街 99 号
人民东方图书销售中心　电话 （010）65250042　65289539